"十三五"全国高等院校民航服务专业规划教材

现代民航 基础知识

高　宏　崔祥建◎编著

Basic Knowledge of Modern Civil Aviation

清华大学出版社
北京

内 容 简 介

本书将民航基础知识系统化、简约化与集约化，旨在用深入浅出、通俗易懂的方式，帮助读者建立起对民航的总体认识，加深对民航的职业感，为后续的专业学习打下良好的基础。本书内容主要围绕着以下五个主题：第一，飞机与飞行；第二，民航保障与飞行影响因素；第三，机场及运行、航空公司及民航运输业务；第四，民航法律与民航文化；第五，智慧机场。这五个主题基本上涵盖了现代民航的发展趋势和行业特点，较完整地体现了民航系统的总体概貌，凸显了本教材的时代感。

本书可以作为民航相关专业民航基础知识教学的教材，也可以作为各大航空公司企业员工的培训教材和培训机构的参考教材。

图书在版编目（CIP）数据

现代民航基础知识 / 高宏，崔祥建编著. —北京：清华大学出版社，2021.3（2023.9重印）
"十三五"全国高等院校民航服务专业规划教材
ISBN 978-7-302-56937-4

Ⅰ．①现… Ⅱ．①高… ②崔… Ⅲ．①民航运输—高等学校—教材 Ⅳ．①F56

中国版本图书馆 CIP 数据核字（2020）第 228147 号

责任编辑：杜春杰
封面设计：刘　超
版式设计：文森时代
责任校对：马军令
责任印制：丛怀宇

出版发行：清华大学出版社
　　　　网　　　址：http://www.tup.com.cn, http://www.wqbook.com
　　　　地　　　址：北京清华大学学研大厦 A 座　　　　邮　　编：100084
　　　　社 总 机：010-83470000　　　　　　　　　　邮　　购：010-62786544
　　　　投稿与读者服务：010-62776969, c-service@tup.tsinghua.edu.cn
　　　　质量反馈：010-62772015, zhiliang@tup.tsinghua.edu.cn

印 装 者：大厂回族自治县彩虹印刷有限公司
经　　销：全国新华书店
开　　本：185mm×260mm　　　印　　张：15　　　字　　数：347 千字
版　　次：2021 年 3 月第 1 版　　　　　　　印　　次：2023 年 9 月第 5 次印刷
定　　价：55.00 元

产品编号：088308-01

"十三五"全国高等院校民航服务专业规划教材
丛书主编及专家指导委员会

丛 书 总 主 编　刘　永（北京中航未来科技集团有限公司董事长兼总裁）

丛 书 副 总 主 编　马晓伟（北京中航未来科技集团有限公司常务副总裁）

丛 书 副 总 主 编　郑大地（北京中航未来科技集团有限公司教学副总裁）

丛 书 总 主 审　朱益民（原海南航空公司总裁、原中国货运航空公司总裁、原上海航空公司总裁）

丛 书 英 语 总 主 审　王　朔（美国雪城大学、纽约市立大学巴鲁克学院双硕士）

丛 书 总 顾 问　沈泽江（原中国民用航空华东管理局局长）

　　　　　　　　汪光弟（原上海虹桥国际机场副总裁）

丛 书 总 执 行 主 编　王益友［江苏民航职业技术学院（筹）院长、教授］

丛 书 艺 术 总 顾 问　万峻池（美术评论家、著名美术品收藏家）

丛 书 总 航 空 法 律 顾 问　程　颖（荷兰莱顿大学国际法研究生、全国高职高专"十二五"规划教材《航空法规》主审、中国东方航空股份有限公司法律顾问）

丛书专家指导委员会主任

　　　　　　　　关云飞（长沙航空职业技术学院教授）

　　　　　　　　张树生（国务院津贴获得者，山东交通学院教授）

　　　　　　　　刘岩松（沈阳航空航天大学教授）

　　　　　　　　宋兆宽（河北传媒学院教授）

　　　　　　　　姚　宝（上海外国语大学教授）

　　　　　　　　李剑峰（山东大学教授）

　　　　　　　　孙福万（国家开放大学教授）

　　　　　　　　张　威（沈阳师范大学教授）

　　　　　　　　成积春（曲阜师范大学教授）

"十三五"全国高等院校民航服务专业规划教材编委会

陈烜华（上海民航职业技术学院）　　陈　卓（长沙航空职业技术学院）

周佳楠（上海应用技术大学）　　金　恒（西安航空职业技术学院）

郑菲菲（南京旅游职业学院）　　周茗慧（山东外事翻译职业学院）

胥佳明（大连海事大学）　　赵红倩（上饶职业技术学院）

柳　武（湖南流通创软科技有限公司）　　胡　妮（南昌航空大学）

柴　郁（江西航空职业技术学院）　　钟　科（长沙航空职业技术学院）

唐　珉（桂林航天工业学院）　　高　青（山西旅游职业学院）

倪欣雨（斯里兰卡航空公司空中翻译，原印度尼西亚鹰航乘务员）

高　熔（原沈阳航空航天大学继续教育学院）

郭雅萌（江西青年职业学院）　　高　琳（济宁职业技术学院）

黄　晨（天津交通职业学院）　　黄春新（沈阳航空航天大学）

黄紫葳（抚州职业技术学院）　　黄婵芸（原中国东方航空公司乘务员）

崔祥建（沈阳航空航天大学）　　曹璐璐（中原工学院）

梁向兵（上海民航职业技术学院）　　崔　媛（张家界航空工业职业技术学院）

彭志雄（湖南艺术职业学院）　　梁　燕（郴州技师学院）

操小霞（重庆财经职业学院）　　蒋焕新（长沙航空职业技术学院）

庞　敏（上海民航职业技术学院）　　李艳伟（沈阳航空航天大学）

史秋实（中国成人教育协会航空服务教育培训专业委员会）

郭勇慧（哈尔滨幼儿师范高等专科学校）　　范钰顺（四川传媒学院）

杨　琴（上饶职业技术学院）　　刘文珺（南昌航空大学）

张贺滕（山东外事职业大学）　　王永霞（潍坊职业学院）

出 版 说 明

随着经济的稳步发展，我国已经进入经济新常态的阶段，特别是十九大指出：当前中国社会的主要矛盾已经转化为人民日益增长的美好生活需要和不平衡不充分的发展之间的矛盾，这客观上要求社会服务系统要完善升级。作为公共交通运输的主要组成部分，民航运输在满足人们对美好生活的追求和促进国民经济发展中扮演着重要的角色，具有广阔的发展空间。特别是"十三五"期间，国家高度重视民航业的发展，将民航业作为推动我国经济社会发展的重要战略产业，预示着我国民航业将会有更好、更快的发展。从国产化飞机 C919 的试飞，到宽体飞机规划的出台，以及民航发展战略的实施，标志着我国民航业已经步入崭新的发展阶段，这一阶段的特点是以人才为核心，而这一发展模式必将进一步对民航人才质量提出更高的要求。面对民航业发展对人才培养提出的挑战，培养服务于民航业发展的高质量人才，不仅需要转变人才培养观念，创新教育模式，更需要加强人才培养过程中基本环节的建设，而教材建设就是其首要的任务。

我国民航服务专业的学历教育，经过 18 年的探索与发展，其在办学水平、办学结构、办学规模、办学条件和师资队伍等方面都发生了巨大的变化，专业建设水平稳步提高，适应民航发展的人才培养体系初步形成。但我们应该清醒地看到，目前我国民航服务类专业的人才培养仍存在着诸多问题，特别是专业人才培养质量仍不能适应民航发展对人才的需求，人才培养的规模与高质量人才短缺的矛盾仍很突出。而目前相关专业教材的开发还处于探索阶段，缺乏系统性与规范性。已出版的民航服务类专业教材，在吸收民航服务类专业研究成果方面做出了有益的尝试，涌现出不同层次的系列教材，推动了民航服务的专业建设与人才培养，但从总体来看，民航服务类教材的建设仍落后于民航业对专业人才培养的实践要求，教材建设已成为相关人才培养的瓶颈。这就需要我们以引领和服务专业发展为宗旨，系统总结民航服务实践经验与教学研究成果，开发全面反映民航服务职业特点、符合人才培养规律和满足教学需要的系统性专业教材，积极有效地推进民航服务专业人才的培养工作。

基于上述思考，编委会经过两年多的实际调研与反复论证，在广泛征询民航业内专家的意见与建议、总结我国民航服务类专业教育的研究成果后，结合我国民航服务业的发展趋势，致力于编写出一套系统的、具有一定权威性和实用性的民航服务类系列教材，为推进我国民航服务人才的培养尽微薄之力。

本系列教材由沈阳航空航天大学、南昌航空大学、郑州航空工业管理学院、上海民航职业技术学院、长沙航空职业技术学院、西安航空职业技术学院、中原工学院、上海外国语大学、山东大学、大连外国语大学、沈阳师范大学、曲阜师范大学、湖南艺术职业学院、陕西师范大学、兰州大学、云南大学、四川大学、湖南民族职业学院、江西青年职业学院、天津交通职业学院、潍坊职业学院、南京旅游职业学院等多所高校的众多资深专家和学者共同打造，还邀请了多名原中国东方航空公司、原中国南方航空公司、原中国国际航空公司和原海南航空公司中从事多年乘务工作的乘务长和乘务员参与教材的编写。

目前，我国民航服务类的专业教育呈现多元化、多层次的办学格局，各类学校的办学模式也呈现出个性化的特点，在人才培养体系、课程设置以及课程内容等方面，各学校之间存在着一定的差异，对教材也有不同的需求。为了能够更好地满足不同办学层次、教学模式对教材的需要，本套教材主要突出以下特点。

第一，兼顾本、专科不同培养层次的教学需要。鉴于近些年我国本科层次民航服务专业办学规模的不断扩大，在教材需求方面显得十分迫切，同时，专科层面的办学已经到了规模化的阶段，完善与更新教材体系和内容迫在眉睫，本套教材充分考虑了各类办学层次的需要，本着"求同存异、个性单列、内容升级"的原则，通过教材体系的科学架构和教材内容的层次化，达到兼顾民航服务类本、专科不同层次教学之需要。

第二，将最新实践经验和专业研究成果融入教材。服务类人才培养是系统性问题，具有很强的内在规定性，民航服务的实践经验和专业建设成果是教材的基础，本套教材以丰富理论、培养技能为主，力求夯实服务基础，培养服务职业素质，将实践层面行之有效的经验与民航服务类人才培养规律的研究成果有效融合，以提高教材对人才培养的有效性。

第三，落实素质教育理念，注重服务人才培养。习近平总书记在党的十九大报告中强调，"要全面贯彻党的教育方针，落实立德树人根本任务，发展素质教育，推进教育公平，培养德智体美全面发展的社会主义建设者和接班人"，人才以德为先，以社会主义价值观铸就人的灵魂，才能使人才担当重任，这也是高校人才培养的基本任务。教育实践表明，素质是人才培养的基础，也是人才职业发展的基石，人才的能力与技能附着在精神与灵魂，但在传统的民航服务教材体系中，包含素质教育板块的教材较为少见。根据党的教育方针，本套教材的编写考虑到素质教育与专业能力培养的关系，以及素质对职业生涯的潜在影响，首次在我国民航服务专业教学中提出专业教育与人文素质并重、素质决定能力的培养理念，以独特的视野，精心打造素质教育教材板块，使教材体系更加系统，强化了教材特色。

第四，必要的服务理论与专业能力培养并重。调研分析表明，忽视服务理论与人文素质所培养出的人才很难有宽阔的职业胸怀与职业精神，其未来的职业生涯发展就会乏力。因此，教材不应仅是对单纯技能的阐述与训练指导，更应该在不淡化专业能力培养的同时，强化行业知识、职业情感、服务机理、职业道德等关系到职业发展潜力的要素的培养，以期培养出高层次和高质量的民航服务人才。

第五，架构适合未来发展需要的课程体系与内容。民航服务具有很强的国际化特点，而我国民航服务的思想、模式与方法也正处于不断创新的阶段，紧紧把握未来民航服务的发展趋势，提出面向未来的解决问题的方案，是本套教材的基本出发点和应该承担的责任。我们力图将未来民航服务的发展趋势、服务思想、服务模式创新、服务理论体系以及服务管理等内容重新进行架构，以期能对我国民航服务人才培养，乃至整个民航服务业的发展起到引领作用。

第六，扩大教材的种类，使教材的选择更加宽泛。鉴于我国目前尚缺乏民航服务专业更高层次办学模式的规范，各学校的人才培养方案各具特点，差异明显，为了使教材更适用于办学的需要，本套教材打破了传统教材的格局，通过课程分割、内容优化和课外外延化等方式，增加了教材体系的课程覆盖面，使不同办学层次、关联专业可以通过教材合理组合，以获得完整的专业教材选择机会。

本套教材规划出版品种大约为四十种，分为：① 人文素养类教材，包括《大学实用语文》《民航乘务人员应用文写作》等。② 语言类教材，包括《民航客舱服务英语教程》《民航客舱实用英语口语教程》《民航实用英语听力教程》《民航播音训练》《机上广播英语》《民航服务沟通技巧》等。③ 专业类教材，包括《民航概论》《民航服务概论》《中国民航常飞客源国概况》《民航危险品运输》《客舱安全管理与应急处置》《民航安全检查技术》《航空运输地理》《民航服务法律实务与案例教程》等。④ 职业形象类教材，包括《空乘人员形体与仪态》《空乘人员职业形象设计与化妆》《民航体能训练》等。⑤ 专业特色类教材，包括《民航服务手语训练》《空乘人员求职应聘面试指南》《民航面试英语教程》等。

为了开发职业能力，编者联合有关 VR 开发公司开发了一些与教材配套的手机移动端 VR 互动资源，学生可以利用这些资源体验真实场景。

本套教材是迄今为止民航服务类专业较为完整的教材系列之一，希望能借此为我国民航服务人才的培养，乃至我国民航服务水平的提高贡献力量。民航发展方兴未艾，民航教育任重道远，为民航服务事业发展培养高质量的人才是各类人才培养部门的共同责任，相信集民航教育的业内学者、专家之共同智慧，凝聚有识之士心血的这套教材的出版，对加速我国民航服务专业建设、完善人才培养模式、优化课程体系、丰富教学内容，以及加强师资队伍建设能起到一定的推动作用。在教材使用的过程中，我们真诚地希望听到业内专家、学者批评的声音，收到广大师生的反馈意见，以利于进一步提高教材的水平。

丛 书 序

《礼记·学记》曰："古之王者，建国君民，教学为先。"教育是兴国安邦之本，决定着人类的今天，也决定着人类的未来。企业发展也大同小异，重视人才是企业的成功之道，别无二选。航空经济是现代经济发展的新趋势，是当今世界经济发展的新引擎。民航是经济全球化的主流形态和主导模式，是区域经济发展和产业升级的驱动力。发展中的中国民航业有巨大的发展潜力，其发展战略的实施必将成为我国未来经济发展的增长点。

"十三五"正值实现我国民航强国战略构想的关键时期，"一带一路"倡议方兴未艾，"空中丝路"越来越宽阔。高速发展的民航运输业需要持续的创新与变革，同时，基于民航运输对安全性和规范性要求比较高的特点，其对人才有着近乎苛刻的要求，只有人才培养先行，夯实人才基础，才能抓住国家战略转型与产业升级的巨大机遇，实现民航运输发展的战略目标。我国民航服务人才发展经历多年的积累，建立了较为完善的民航服务人才培养体系，培养了大量服务民航发展的各类人才，保证了我国民航运输业的高速持续发展。与此同时，我国民航人才培养正面临新的挑战，既要通过教育创新提升人才品质，又需要人才培养过程精细化，把人才培养目标落实到人才培养的过程中，而教材作为专业人才培养的基础，需要先行，以发挥引领作用。教材建设发挥的作用并不局限于专业教育本身，其对行业发展的引领，专业人才培养方向的把握，人才素质、知识、能力结构的塑造以及职业发展潜力的培养具有不可替代的作用。

我国民航运输发展的实践表明，人才培养决定着民航发展的水平，而民航人才的培养需要社会各方面的共同努力。我们惊喜地看到，清华大学出版社秉承"自强不息，厚德载物"的人文精神，发挥品牌优势，投身于民航服务专业系列教材的开发，改变了民航服务教材研发的格局，体现了其对社会责任的担当。

本套教材组织严谨，精心策划，高屋建瓴，深入浅出，具有突出的特色。第一，从民航服务人才培养的全局出发，关注了民航服务产业的未来发展趋势，架构了以培养目标为导向的教材体系与内容结构，比较全面地反映了服务人才培养趋势，起到了良好的统领作用；第二，使教材的本质——适用性得到了回归，体现在每本教材均有独特的视角和编写立意，既有高度的提升、理论的升华，也注重教育要素在课程体系中的细化，具有较强的可用性；第三，引入了职业素质教育的理念，补齐了服务人才素质教育缺少教材的短板，可谓对传统服务人才培养理念的一次冲击；第四，教材编写人员参与面非常广泛，这反映出本套教材充分体现了当今民航服务专业教育的教学成果和编写者的思考，形成了相互交流的良性机制，势必会对全国民航服务类专业的发展起到推动作用。

教材建设是专业人才培养的基础，其与教材服务的行业的发展交互作用，共同实现人才培养—社会检验的良性循环，是助推民航服务人才培养的动力。希望这套教材能够在民航服务类专业人才培养的实践中，发挥更积极的作用。相信通过不断总结与完善，这套教材一定会成为具有自身特色的、适应我国民航业发展要求并深受读者喜欢的规范教材。

原海南航空公司总裁、原中国货运航空公司总裁、原上海航空公司总裁

朱益民

2017 年 9 月

前　言

民航业是我国经济发展重要的战略产业。改革开放以来，我国民航业快速发展，行业规模不断扩大，服务能力逐步提升，安全水平显著提高，为我国改革开放和社会主义现代化建设做出了突出贡献。同时，我国民航业的发展仍具有巨大空间，特别是随着大飞机的国产化进程的加快和社会发展的需要，民航业必将进一步发挥助推经济发展和社会进步的独特作用，而这一发展过程，最不可或缺的是民航人才，这就需要强化人才培养过程，夯实培养环节，保证人才培养质量，努力培养出懂民航、爱民航，有志于献身民航事业的现代民航人才。

民航是复杂的系统，涉及众多部门，技术与方法更侧重于应用层面，因此，民航专业的人才培养和学习过程，需要以行业的特点、运行规律为出发点，以宽泛的知识为支撑，以职业情感、职业能力和娴熟技能培养为核心。实践表明，民航基础知识传授作为手段，对民航各类人才的培养，及其职业生涯的发展，都将起到不可替代的作用。

民航基础知识是个比较宽泛的概念。在内容上，它既是对民航整体的介绍，也是对具体内容的详略适度概括；在功能上，它既是民航专业教育课程体系的基础，也是学生理解民航专业知识和技能训练的基石。目前，民航各相关专业均设置了与民航基础知识相关的课程，对民航专业人才的培养起到了重要作用。为了满足这种专业人才培养的需要，本着服务教学、服务读者的基本理念，编者总结了多年教学实践中所积累的经验，经过充分的专业需求调研，设置了本书体系，力争做到既能完整描述民航的总体概貌，又能符合"基础知识"教材的属性，力图做到综合与简化相协调，内容上宽泛适度、深浅适中，在编写风格上深入浅出，通俗易懂，图文并茂，以给读者提供必要的与现代民航相关的基本知识与丰富的信息。

考虑到本书涉及内容比较宽泛，本着"基础知识"教材的基本导向，本书内容主要围绕着以下五个主题展开：第一，飞机与飞行；第二，民航保障与飞行影响因素；第三，机场及运行、航空公司及民航运输业务；第四，民航法律与民航文化；第五，智慧机场。这五个主题基本上体现了现代民航的发展趋势和行业特点，较系统地介绍了民航系统的总体概貌，也凸显了本书的时代感。

本书可以作为民航非技术类专业的民航基础知识相关课程教学的教材，也可作为企业员工培训教材和培训机构的参考教材。

本书编写过程中，查阅、参考了大量的书刊和资料，在此谨向被引用的书刊和资料的作者一并致以诚挚的谢意。同时，由于编写水平和时间的限制，本书定有诸多不妥，甚至错误的地方，恳请专家和读者提出宝贵的意见与建议，以便再版时改进与完善。

编　者
2020 年 9 月

CONTENTS 目录

第一章 绪论 1

第一节 民航的基本概念 3
第二节 民用航空的组成 6
第三节 民航运输的特点与作用 9
第四节 民航的发展简史 11

第二章 飞机与民航飞行的基本知识 23

第一节 飞机的结构与功能 25
第二节 民航飞机的主要型号 38
第三节 飞机飞行的基本常识 49

第三章 飞行的影响因素与航线地理 56

第一节 飞行影响因素 58
第二节 地球运动与飞行 63
第三节 航线地理 65

第四章 民航运行保障体系 71

第一节 概述 72
第二节 飞行保障 73
第三节 机务维修保障 79

第四节　机场应急救援保障 83

第五章　民用机场基本知识 86

第一节　民用机场概述 88
第二节　机场的等级与功能区划分 94
第三节　飞行区 96
第四节　航站区 104
第五节　机场的其他功能区 112
第六节　机场代码及世界主要机场简介 114

第六章　航空公司及运输常识 121

第一节　航空公司的基本概况 123
第二节　国内外航空公司介绍 129
第三节　民航旅客运输基本知识 145

第七章　民航组织管理机构 154

第一节　国际航空运输组织介绍 155
第二节　我国民航运输组织与管理机构 161

第八章　民航文化与从业的基本要求 164

第一节　民航文化 166
第二节　民航企业从业的基本要求 168

第九章　民航法律基础知识 182

第一节　民航法律的含义及其调整对象和特征 184
第二节　我国民航法律体系及其主要内容 186
第三节　民航法律的发展历史和我国民航立法 189

第四节　民航法律基础、法律制度简介 ………………………………………… 194

第五节　民航法律主要国际公约 …………………………………………………… 199

第十章 智慧机场与发展简介 …………………………………………………… 205

第一节　智慧机场概念与发展背景 ………………………………………………… 207

第二节　国内外智慧机场的发展状况 ……………………………………………… 210

第三节　智慧机场的未来发展 ……………………………………………………… 218

参考文献 ……………………………………………………………………………… 222

第一章

绪　论

本章学习目的

民航可谓近代人类认识自然和改造自然进程中最活跃、最具影响的科学技术领域，也是快速发展的产业，现代技术进步、经济发展和社会进步成就了今天的民航。民航在早期是从梦想和探索中产生的，人类对飞行的探索自古就有，比如：我国战国时代的风筝、三国时的孔明灯、晋代的竹蜻蜓、宋代的火箭；在欧洲的文艺复兴时期达·芬奇花了 20 多年观察与研究鸟、蝙蝠、昆虫的飞行，写成了《鸟类飞行手稿》；20 世纪初美国莱特兄弟发明飞机；直到第二次世界大战之后民航迅速发展。我国从中华人民共和国成立后的"八一"开航，历经 70 多年的历程，今天我们在成为民航大国的同时，正在向民航强国的行列发展。民航不仅仅是飞机概念与技术的进步，更是一个完整的监管与运行体系，其范畴跨越国界，赋予了全球的概念，也正因如此，民航赋予了我们更广泛的概念与思维空间。了解民航就需要知晓民航的整体概况，清晰民航的特殊构成与运行特点，从总体上把握民航，只有这样有志者才能成为真正的民航人。

本章的学习目的包括以下内容。

1．理解民航概念与构成，从而理解民航的系统性；

2．理解民航运输的特点与作用；

3．了解民航的发展过程，增强爱民航、爱民族的热情。

 导读

民航的贡献——让世界"更小"，"一会儿见"不足为奇

如果说互联网拉近了人们的交流距离，那飞机的发明与民航的发展，实实在在地缩短了人与人之间的物理距离。自古以来，飞翔一直是人类的梦想，很多人为此付出了不懈的努力，甚至是生命的代价。"我欲乘风归去""关山度若飞"的诗句描绘了人们希望飞行的梦想。在所有交通工具中，与车、船的几千年历史相比，飞机发明后这一百多年的历史是短暂的，但对改变世界所起的作用是其他发明所不能替代的。1903 年，美国的莱特兄弟发明的真正意义上的第一架飞机开启了航空业发展的历史进程，使人类进入一个飞翔的世界。第二次世界大战结束后，飞行器的逐步成熟和经济发展的需要，促使民航运输诞生，并得到了快速发展。

我国的民航事业走过了 70 多年的历程，民航运输发生了翻天覆地的变化，我国已经成为世界民航大国。今天人们无论是国内旅行，还是去国外交流，交通工具不再是障碍，四通八达的航空运输网络架设了跨越国界的空中桥梁。坐飞机旅行，登上飞机，一觉醒来，你就到达另一个世界了！有了飞机，世界变得"很小"，"一会儿见"已经成为现实。

第一节 民航的基本概念

一、航空的概念及分类

航空是一种复杂而有战略意义的人类活动，人们的好奇心和探索欲望一直是世界不断进步的推动力。在生存与发展的过程中，资源消耗，环境变化，挑战增加，人类的生存空间和生存质量受到严峻的挑战，而未知的宇宙空间所蕴藏的神秘力量和一切的可能吸引着有识之士，去不断探索宇宙的奥秘。现代科技的进步为这种探索提供了各种新的手段与方法，使人类活动延伸到宇宙空间的可能变为现实，就像康·埃·齐奥尔可夫斯基所说，"今天不可能的事明天将变为可能"，世界的航空之路正是这样走过来的。

人类的探索，不仅局限于从陆地到海洋，从海洋到大气层，更延伸到宇宙空间，而在探索宇宙空间过程中，人类发现了无限的魅力，成就了今天的航空事业。

1. 航空的概念

通常我们说的航空是指载人或不载人的飞行器在地球大气层中（空气空间）的飞行（航行）活动，以及与此相关的科研教育、工业制造、公共运输、专业作业、航空运动、国防军事、政府管理等众多领域。通过对空气空间和飞行器（航空器）的利用，航空活动可以细分为众多独立的行业和领域，典型的如航空制造业、民用航空业等。常常可以见到人们在各自的领域使用"航空"这一词语，其内涵极其丰富和多变，演变出今天多种与航空有关的蓬勃发展的行业。

航空的核心是有目的的飞行活动，而飞行本身必须具备空气介质和克服航空器自身重力的升力两个条件才能实现，大部分航空器还要有产生相对于空气运动所需的推力（由置于飞行器上的动力装置产生）。空气介质是完成航空活动的自然基础条件，而航空器，也就是从事飞行活动的飞行器，是完成飞行活动的载体。

2. 飞行器的分类

飞行器可以分为轻于空气的和重于空气的两大类。轻于空气的飞行器，如气球、飞艇等，利用空气静浮力升空，如图 1-1 所示。

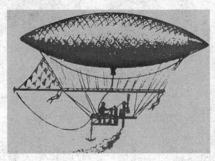

图1-1 轻于空气的飞行器——飞艇

而重于空气的飞行器，如飞机、直升机等，则利用空气动力升空，规范用于军事和民用领域。如图 1-2 所示为重于空气的飞行器——飞机和直升机。

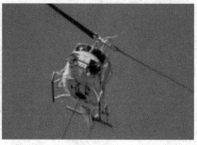

图1-2　重于空气的飞行器——飞机和直升机

3. 航空的分类

航空按其使用方向有军用航空和民用航空之分，这是根据航空活动的用途来分类，这样可以更明确不同用途的差异与要求。

军用航空泛指用于军事目的的一切航空活动，民用航空就是非军事用途的飞行及相关活动。军用航空主要包括作战、侦察、运输、警戒、训练和联络救生等。在现代高科技战争中，夺取制空权、战略防御与进攻是取得战争胜利的重要手段，军事航空是一个国家的立国之器，是一个国家强大的重要标志之一。

军用航空活动主要由军用飞机来完成，军用飞机可分为作战飞机和作战支援飞机两大类。典型的作战飞机有战斗机（又称歼击机）、攻击机（又称强击机）、战斗轰炸机、反潜机、战术和战略轰炸机等。作战支援飞机包括军用运输机、预警指挥机、电子战飞机、空中加油机、侦察机、通信联络机和军用教练机等。除固定翼飞机外，直升机在对地攻击、侦察、运输、通信联络、搜索救援以及反潜等方面也发挥着巨大的作用，已成为现代军队，特别是陆军的重要武器装备。图 1-3 所示的运-20A 运输机和图 1-4 所示的中国战机歼 20 就是军用航空器的典型代表。

图1-3　运-20A运输机　　　　　　　　　　　　　图1-4　歼20战机

二、民用航空的概念及分类

1. 民用航空的概念

民用航空泛指与使用各类飞行器相关的所有活动（除国防、警察和海关等国家航空活动外）。民用航空活动是航空活动的一部分，同时以"使用"航空器界定了它和航空制造业的界限，用于"非军事等性质"飞行活动才属于民航的范畴，表明了它和军事航空等国家航空活动的不同之处。航空作为一个整体，军事航空的水平在一定意义上决定着民用航空的发展，也可以说从军航可以看民航的水平。民用航空与其他航空的区别在于以下几点。

（1）民用航空是航空活动的一部分，航空包括民用航空，民用航空只是航空的一部分。

（2）"使用"航空器界定了它和航空制造业的界限，也就是有关飞机的研发、制造以及相关领域不属于民用航空，民航只包含飞机的使用范畴，如航空公司、机场、空管等。

（3）民航和军事航空等国家航空活动的不同在于活动的目的。

2．民用航空的分类

在广泛的民航领域，为了便于研究与发展，可以根据不同的飞行目的，把民用航空分为公共航空和通用航空两大类。

1）公共航空

公共航空是指在国内和国际航线上的商业性客、货（邮）运输活动。这类运输服务主要由国内和国际干线客机、货机或客货两用机以及国内支线运输机完成。其特点是航班时间、航线固定，主要承接旅客或者货物运输。它的经营性表明这是一种商业活动，以营利为目的，属于商业航空；它又是运输活动，这种航空活动是交通运输的一个组成部门，与铁路、公路、水路和管道运输共同组成了国家的交通运输系统。

公共航空企业的运行必须在《公共航空运输企业经营许可规定》下，按照 CCAR－121 部（《大型飞机公共航空运输承运人运行合格审定规则》）规定，完成公共航空承运人运行合格审定，取得运行合格证后方可正式投入航线运营，并接受民航相关部门的安全审查与监督，以确保安全。

公共航空具有快速、安全、舒适、远程运输、高效益和不受地形限制等特点，在交通运输体系中发挥着重要作用，商业航空在交通运输结构中占有独特的地位，它促进了国内和国际贸易、旅游和各种交往活动的发展，使在短期内开发边远地区成为可能。近年来，航空运输在总产值上的排名不断提升，而且在经济全球化的浪潮中和国际交往上发挥着不可替代的、越来越大的作用，因此商业航空在交通运输行业中有很好的发展前景。在全世界范围内，由于航线的广泛布局，定期航线密布于世界各大洲，因此，全世界主要国家均有公共航空。进入 21 世纪，全球航空公司的数量不断增加。据民航资源网的资料显示，截至 2017 年，全球机队规模超过一百架的航空公司有 60 余家。表 1-1 所示为 2018 年全球十大航空公司综合竞争力排行榜。

表 1-1　2018 年全球十大航空公司综合竞争力排行榜

排　序	企业名称	评　分
1	美国航空集团公司	95.37
2	美国达美航空公司	93.47
3	法国航空—荷兰皇家航空集团	92.71
4	中国国际航空公司	91.88
5	中国南方航空公司	90.23
6	英国国际航空公司	88.46
7	中国东方航空公司	87.42

排　序	企业名称	评　分
8	德国汉莎航空公司	85.85
9	阿联酋航空公司	84.76
10	加拿大航空公司	82.86

2）通用航空

通用航空是指公共航空运输以外的民用航空活动，用于公务、工业、农林牧副渔业、地质勘探、遥感遥测、公安、气象、环保、救护、通勤、体育和观光游览等方面的飞行活动。通用飞机主要有公务机、农业机、林业机、轻型多用途飞机、巡逻救护机、体育运动机和私人飞机等。直升机在近海石油勘探、海陆紧急救援、短途运输和空中起吊作业中也发挥着独特的作用。通用航空业是以通用航空飞行活动为核心，涵盖通用航空器研发制造、市场运营、综合保障以及延伸服务等全产业链的战略性新兴产业体系。

相对于公共航空而言，我国的通用航空发展比较晚，相对发达国家还比较落后，但潜力巨大，国家在"十三五"规划中，提出了发展通用航空的目标：飞行器从 2235 架增加到 5000 架；通用机场从 300 个增加到 500 个，并制定一系列支持通用航空发展的政策与措施，通用航空将成为我国未来经济发展的支柱产业。

按照《通用航空经营许可管理规定》（中华人民共和国交通运输部令 2020 年第 18 号）中第一章第七条规定，经营性通用航空活动由原来的四类归并为如下三类。

（1）载客类，是指通用航空企业使用符合民航局规定的民用航空器，从事旅客运输的经营性飞行服务活动。

（2）载人类，是指通用航空企业使用符合民航局规定的民用航空器，搭载除机组成员以及飞行活动必需人员以外的其他乘员，从事载客类以外的经营性飞行服务活动。

（3）其他类，是指通用航空企业使用符合民航局规定的民用航空器，从事载客类、载人类以外的经营性飞行服务活动。

载客类经营活动主要类型包括通用航空短途运输和通用航空包机飞行。载人类、其他类经营活动的主要类型由民航局另行规定。

从商业的属性看，所有经营性的航空活动（包括公共航空和通用航空的主要部分）都叫作商业航空。通用航空与公共航空的区别在于航空活动内容的不同，绝大多数通用航空活动都是营利性的（如观光、旅游、农业、林业用途等），都可以说是商业航空。

第二节　民用航空的组成

一、政府管理部门

民用航空活动是很复杂的，对安全保障要求高，必须对相关活动进行严格统一管理与监督，而且民航是国际化程度最高的行业，涉及国家主权和国际交往，必须建立高效、迅速的统一协调机制，正因为如此，世界上几乎所有的国家都设有独立的政府机构来管理民航事务。我国目前由中国民用航空局（CAAC）来负责管理，中国民用航空局是中华人民共和国国务院主管民用航空事业的、由部委管理的国家局，归交通运输部领导，其前身为中国民用航空总局。

二、民航企业

民航企业是指从事和民航业有关的各类企业，其中最主要企业是我们常说的航空公司（包括公共航空和通用航空公司）和其他类型的航空类企业（如围绕着运输企业开展活动的油料、航材、销售等）。民航企业中，航空公司是主体，是民航运输服务的提供者，而除航空公司以外的民航企业都是围绕着航空公司的业务开展保障与附属工作的。

航空公司运用航空器从事民航的生产运输，是民航业生产收入的主要来源。作为公共航空运输的主体的航空公司，需要根据 CCAR-121 部规定审定合格方可运营。民航局发布的《2018 年民航行业发展统计公报》披露，截至 2018 年年底，我国共有运输航空公司 60 家，其中全货运公司 9 家，运输飞机 3639 架，定期航班航线 4945 条，定期航班国内通航城市 230 个（不含香港、澳门特别行政区和台湾地区）。截至 2018 年年底，国内航空公司按机队规模排名是南方航空（605 架）、东方航空（525 架）、国际航空（404 架）、海南航空（237 架），拥有 50 架飞机的航空公司为 15 家。

三、民用机场

1. 民用机场的概念

民用机场是指专供民用航空器起飞、降落、滑行、停放以及其他活动使用的划定区域，包括附属的建筑物、装置和设施。

民用机场是民用航空和整个社会的结合点，机场也是一个地区的公众服务设施，因此，机场既带有营利的企业性质，同时也带有为地区公众服务的事业性质，因而世界上大多数机场是地方政府管辖下的半企业性质的机构，主要为航空运输服务的机场，称为航空港或简称空港，使用空港的一般是较大的运输飞机，空港要有为旅客服务的区域（候机楼）和相应设施。

机场作为民航运输的节点，决定着民航运输网络的布局，机场越多，民航运输网络的覆盖率越高，民航的发展水平就越高。改革开放以来，我国的民航发展正是通过民用机场的建设来保证民航运输的发展的。到 2018 年年底，我国共有颁证运输机场 235 个，其中4F 机场 12 个，4E 机场 35 个，有新开工、续建机场项目 174 个，完成旅客吞吐量 12.65 亿人次。

代表当代世界最高水平之一的北京大兴国际机场于 2019 年 9 月 25 日正式投入运营，2020 年 3 月 28 日，大兴机场预计开通 119 条航线，其中国内航线 104 条，国际及港澳台地区航线 15 条；覆盖全球 118 个航点，包括国内航点 103 个（直航航点 93 个），国际及港澳台航点 15 个（直航航点 13 个，其中欧洲 5 个、非洲 1 个、东南亚 4 个、南亚 2 个、港澳台地区 1 个）。远期的旅客吞吐量预计将达每年 1 亿人次。图 1-5 所示为北京大兴国际机场鸟瞰图，其气势磅礴，展大国雄姿。

图1-5　北京大兴国际机场鸟瞰图

　　随着飞机性能的拓展，机场不仅建在陆地，也可建在水上，称为水上机场，如海洋观光旅游、水面运输等，图 1-6 所示为淮州新城的成都（金堂）通用航空机场，是国内水陆两栖通用航空机场之一。

图1-6　淮州新城的成都（金堂）通用航空机场

　　机场也可以建在楼顶（称为直升机起降点），如用于应急医疗救援直升机的起降，这样对于交通不便的山地、交通拥挤的道路、景区和发生突发事件的高速路，就可以更好地解决应急救援问题。此类服务国外发达国家比较完善，而我国正处于起步阶段，目前，许多城市正在积极推进此项目开展。我国的即时性应急救援系统有望有所改善。图 1-7 所示为武汉亚心总医院高架直升机场。

图1-7　武汉亚心总医院高架直升机场

2. 民用机场的分类

民用机场可以按照不同的标志进行分类，例如，运输机场与通用机场。运输机场的规模较大，功能较全，使用较频繁，知名度也较大，如北京国际机场、北京大兴国际机场、上海浦东国际机场等；而通用机场主要供专业飞行使用，使用场地较小，因此，一般规模较小，功能单一，对场地的要求不高，设备也相对简陋，如用于通航飞机使用的机场。

机场还可按照地位和辐射范围分为以下几类。

（1）国际机场。为国际航班出入境而指定的机场，它需有办理海关、移民、公共健康、动植物检疫和类似程序手续的机构，如北京大兴国际机场、上海浦东国际机场、广州白云国际机场等。

（2）门户机场。国际航班第一个抵达和最后一个始发地的国际机场。北京、上海、广州、昆明机场分别成了华北、华东、华南地区和中西部的国际门户枢纽机场。

（3）国内机场。供国内航班使用的机场。

（4）地区机场。经营短程航线的中小城市机场。

（5）轴心机场。有众多进出港航班和高额比例衔接业务量的机场。

（6）备降（用）机场。由于技术等原因导致预定降落变得不可能或不可取的情况下，飞机可以前往的另一个机场。

第三节 民航运输的特点与作用

一、民航运输的特点

1. 运输速度快

航空运输的最大优势是运输速度快。一般飞机的飞行速度在 700～1000 千米/小时，距离越长，节省的时间越多，优势越显著。飞机速度是动车/高铁速度的 3～5 倍，轮船的速度与飞机更不在一个数量级上。

2. 机动灵活性好

飞机在空中飞行，受航线条件限制的程度相对较小，几乎可飞越任何地理障碍到达其他运输方式难以到达的地方。也就是说，原则上两地有机场的地方都可以进行民航运输，而两地之间的地理自然情况对飞行不构成实质性的影响。

3. 舒适、安全

现代民航客机平稳舒适，客舱宽敞、优雅、噪声小，机内有供膳、视听等设施，可为乘客带来超出想象的飞行体验。

4. 基本建设周期短、投资少

发展航空运输仅需添置飞机和修建机场，与修建铁路和公路相比，其建设周期短，占地少，投资省，收效较快，如具有北京新地标之称的北京大兴国际机场，2015 年 9 月全面开工，至 2019 年 9 月 25 日启用，整个建设周期为 4 年时间，规模小的中小机场的建设周期更短。

二、民航运输的作用

1. 以民航产业链支撑国民经济的持续发展

民航是经济全球化的主流形态和主导模式，是区域经济发展和产业升级的驱动力。在经济全球化背景下，航空运输不再仅仅是一种交通运输方式，而成为了区域经济融入全球经济的最佳通道。航空运输还改善了投资环境，优化了地区经济结构，带动了产业升级和服务业发展，营造了区域经济与国际市场的无障碍运输环境，增加了地区就业机会，因而是区域经济和城市竞争力的重要组成部分。统计表明，民航投入与国民经济回报大约是1∶8 的关系。尤其是大型国际枢纽机场已突破了单一运输功能，通过与多种产业有机结合，形成带动力和辐射力极强的"临空经济区"，成为区域经济发展的"发动机"。

还可以看到，民航是催生相关领域科技创新的需求导向，是国家航空产业化战略的积极参与者。民航业科技含量高、产业链条长，民航业的进一步发展，将为相关领域的科技创新提供广阔空间。特别是上游的航空制造业，因其产业链长，技术、资金、知识密集，可拉动材料、冶金、化工、机械制造、特种加工、电子、信息等产业的发展和创新，是一国经济发展的战略性行业以及先导性高技术产业，也是一国现代化、工业化、科学技术和综合国力的重要标志。

2. 以"无障碍"运输优势，架构完善的现代交通运输体系

交通运输既是经济发展的需要，也是社会进步的标志，民航以克服自然障碍能力架构畅通的交通网络，是其他交通工具所不能及的。不同交通工具的相互弥补，使交通运输形成完整的体系，消灭了交通的死角，缩小了地域差距，增强了国家的实力。

现代服务业的迅速发展，产生了巨大的人流、物流和信息流，公务商务人员的旅行，公务商务文件的快递和科技含量高、体积小、价值大的产品的运输，一般都依赖航空运输。

3. 以独特、便利、舒适的优势，满足人们对美好生活的需求

民用航空改变了人们的时空观念和生活方式，人们对民航生活的追求不再是一种奢望。休闲假日旅游促进了旅游业的发展，拉动了经济发展。从飞机发明至今，一百年过去了。飞机变大变快使地球越变越小，变成了真正意义上的"地球村"。航空运输彻底改变了人们的时空观念和传统的经济地理概念，使得人们的视野拓宽了，工作的机会增加了，消费的选择范围扩大了。航空运输还使得相距遥远的人群和不同的民族能够更容易地交流思想、文化、情感、艺术、宗教、风俗等，加深彼此的了解与沟通，共同推进社会文明的发展。

4. 以潜在的军事价值，保障和维护国家安全

民用航空具有准军事性质，可随时服从国家军事部门的调遣或完全转为战时军事运输体系。以美国为例，联邦航空局（FAA）战时隶属于国防部。联邦航空局局长由国会而不是总统任命，任命层次的提升表明国家对民用航空的看重。此外，美国制定了一系列法律，明确规定战争期间军方经国会授权可对民航实施军事管理和征用。截至 2007 年 1

月，美国 38 家航空公司的 1382 架飞机列入国防预备计划，随时保证国防需要。该计划最高可以满足90%的部队运输、40%的军用物资运输和全部伤病员运输。在第一次海湾战争中，美国政府征用的民用飞机向海湾地区运送了大量人员和物资，分别占总数的 2/3 和 1/4。美国发达的通用航空也为可能的战争储备了大量准军事飞行人员。

与此同时，航空运输具有快速机动的特点，是抢险救灾、应对突发事件的空中桥梁。例如，我国民航在抵御 2008 年年初南方冰冻灾害、2008 年 5 月的汶川地震和 2010 年 4 月的玉树地震的抗震救灾工作中，都发挥过十分重要的作用。

5. 跨国航线已成为世界不同文明沟通交流的重要桥梁

全球化背景下，国际交流是一个国家走向世界的基础，民航不仅仅是一种产业，已成为外交谈判的筹码、发展双边或多边关系的纽带。各国政府有时利用采购飞机、开辟航线、开放机场等方式加强彼此间的政治互信和经贸联系。各主要国家与我国发展双边关系过程中，民航事务始终是一些国家非常关注并不断提及的议题。在推进区域合作方面，航空运输也是其中重要的合作内容。

第四节　民航的发展简史

一、飞行的探索与飞机的诞生

1. 鲁班飞天

今天，在建筑领域，人们能记得鲁班。鲁班是春秋时期的鲁国人，著名的发明家。在飞行探索中，知道鲁班的人甚少。据《墨子·鲁问》中记载："公输子削竹木以为鹊，成而飞之，三日不下。"传说，鲁班造出的木鸟不但能飞三日而不下，而且可以载人飞行。人骑上木鸟，触发机关就起飞，近处少击几下，远处多击几下。载着一个人，居然只需要敲击不到十下就可以。据说，他从山东滕州飞到凉州只需要敲击三下，后来鲁班去寻他父亲时也是骑着木鸟，这说明木鸟可能不只造了一只，而且方向也是可以控制的。图 1-8 所示为春秋鲁班的飞天探索。

图1-8　春秋鲁班的飞天探索——木鸟

2. 万户——第一个利用火箭飞行的人

火箭是现代发射人造卫星和宇宙飞船的运载工具，是我们祖先首先发明的。起始，只在过年过节放烟火时使用，到 13 世纪，人们把火箭用作战争武器，以后传入欧洲。

第一个想到利用火箭飞天的人是中国人——明朝的万户。我国著名"两弹一星功勋奖"钱学森常讲万户的故事，以此激励他的学生。

14 世纪末期，明朝的士大夫万户把 47 个自制的火箭绑在椅子上，自己坐在椅子上，双手举着大风筝，设想利用火箭的推力，飞上天空，然后利用风筝平稳着陆。不幸火箭爆炸，万户也为此献出了生命。

目前，只有火箭才能把人送上太空。以此为标准，最早的载人航天应是约 600 年前的万户飞天。西方学者考证，万户是"世界上第一个想利用火箭飞行的人"。

万户考虑到了上升的工具，也考虑到了安全下落的降落伞——风筝，这都是前所未有的。为纪念万户，月球上的一座环形山以这位古代的中国人的名字命名。

美国国家航空航天局曾将月球表面的一个陨石坑命名为"万户"。美国火箭专家赫伯特·基姆在其著作《火箭与喷气发动机》中记载了"万户"的事迹。华盛顿的美国航空和航天博物馆的飞行器陈列大厅中，有一块标牌，上面写着："最早的飞行器就是中国的风筝和火箭。"

有人说，中国人的载人飞船研究其实从 600 多年前便开始了。而在人类第一个宇航员加加林上天 40 多年之后，这一伟大的进程，终于回到了人类登天的"祖国"——中国。"神舟"号，是为了完成万户没有实现的古老梦想。

3. 达·芬奇的《论鸟的飞行》

欧洲文艺复兴时期的三杰之一达·芬奇学识渊博、多才多艺。据说他曾经花了 20 多年观察与研究鸟、蝙蝠、昆虫的飞行，并且计划将他的发现写成一本著作。1505 年，达·芬奇写成了研究手稿《鸟类飞行手稿》。他指出"由于大气本身是具有可压缩的性质的物质，当有某种物体以比它的流动更快的速度拍击大气时，它就要受到压缩"。还指出"除非翅膀拍击空气的运动比空气压缩时自身的运动速度快，否则翅膀下的空气不会变得很密，因此鸟就不会在空中支承自己的重量"。达·芬奇在这里已经有了作用与反作用的思想，即鸟的翅膀拍击空气，空气给鸟的翅膀以升力，并通过研究鸟的羽毛的结构，认为羽毛的排列特点是当它向下扇动时，结构致密的羽毛压缩空气的效果显著；而当翅膀上扬时，羽毛变得松散以减少空气阻力，这个结论与今天所研究的飞行原理有异曲同工之妙。

达·芬奇研究了鸟的飞行规律，形成了空气运动产生升力的理论的萌芽，并根据鸟的飞行原理，设计了飞机、降落伞、直升机。图 1-9 所示为达·芬奇在《鸟类飞行手稿》中绘制的飞机草图。

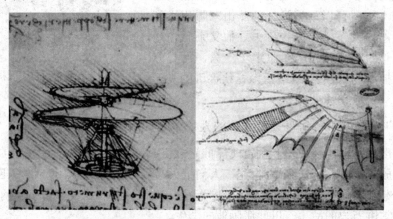

图1-9　达·芬奇在《鸟类飞行手稿》中绘制的飞机草图

4. 利用气球和飞艇飞行

1783 年 10 月 21 日，来自法国里昂附近的蒙哥尔费兄弟在巴黎成功地进行了载人的热气球试验。由于蒙哥尔费的成功，巴黎科学院拨出经费进行气球的研究，在 1783 年 12 月 1 日，在巴黎用氢气充气球的查礼成功地进行了一次载人的氢气球试验。图 1-10 所示为蒙哥尔费兄弟及其载人热气球试验。

图1-10 蒙哥尔费兄弟及其载人热气球试验

1900 年 7 月，德国的齐伯林以铝为构件的硬式飞艇试验成功，时速达每小时 30 千米。齐伯林的飞艇几经改进，到 1911 年的齐伯林七号，装有 420 马力的发动机，时速大约每小时 58 千米，并且被用于第一次世界大战中对法国作战。图 1-11 所示为齐伯林的飞艇。

5. 莱特兄弟的飞机

在美国俄亥俄州开自行车修理店的莱特兄弟为前人的飞行探索所鼓舞，决定从制造滑翔机开始试制飞机。从 1899 年开始，他们仔细研究前人的经验，逐渐改进，1901 年为了实验和改进翅膀，建造了风洞，他们研究与比较了 200 种以上的机翼形状。到 1902 年秋，他们已经积累了上千次滑翔经验，掌握了飞行的理论与技术。莱特兄弟通过 1000 多次滑翔试飞后，于 1903 年制造了人类第一架依靠自身动力进行载人飞行的飞机——"飞行者一号"，并在美国北卡罗来纳州试飞成功，图 1-12 所示为莱特兄弟的飞机试飞图。这是人类在飞机发展史上取得的一次巨大成功，他们因此于 1909 年获得美国国会荣誉奖。

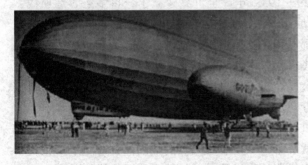

图1-11 齐伯林的飞艇　　　　　　　　图1-12 莱特兄弟的飞机试飞图

1904 年莱特兄弟进行了"飞行者二号"试飞，总共飞行了 105 次，最长飞行记录是 5 分钟，距离为 4.4 千米。后来他们对飞机的操纵性能做了改进，1905 年 6 月，制成了"飞行者三号"。飞行者三号经过 50 次试飞，在 10 月 5 日达到了持续飞行 38 分 3 秒、飞行距离 38.6 千米的记录。这架飞机经过各种姿态的飞行试验，被证明已经具备实用性。

6. 现代意义上飞机的诞生

经过不断的探索，飞机的制造技术得到了迅速而巨大的发展，飞机的职能与种类也不断地增多。1915 年，法国人在莫拉纳—索尔尼埃 L 型飞机上，装上了一挺机枪和一种叫作偏转片的装置，使它真正具有了空战能力，世界上第一架真正意义上的战斗机正式宣告诞生。

1930 年，波音公司开始了全金属客机的研制，这就是航空史上著名的波音 247 型客机。它是美国早期的客机，也是第一架具有全金属（阳极氧化铝）结构和流线型外型，起落架可以收放，采用下单翼结构的飞机。

1935 年 6 月，英国空军教官弗兰克·惠特尔设计制造出第一台喷气发动机；1939 年 9 月 14 日，美国工程师西科斯基研制成功的 VS-300 直升机标志着世界上第一架实用型直升机诞生。图 1-13 所示为最早的直升机 VS-300 和波音 247 型客机。

图1-13　最早的直升机VS-300和波音247型客机

二、世界民航运输业的发展

1. 第一次世界大战前后萌芽时期的民航运输业

1919 年，法国与比利时之间开通了世界上第一条国际民航客运航线，标志着交通运输拥有了划时代的新方式、新体系。1929—1933 年，全世界建立了一百多条客运航线，但这些航线的平均寿命只有一年左右，原因是没有适用的飞机。当时，飞机载客量都很小，运输成本高，单纯经营客运的公司都亏损严重，所以，欧洲各国和美国政府都对民航业进行财政补贴。同时，各航空公司的飞机仍以木质飞机为主，价格虽然便宜，但安全性能很差，空难时有发生。此时，新型全金属客机的问世成为航空客运发展的关键。飞机技术必须向大载客量、高速度和更舒适的方向发展。

第一次世界大战以后，大量剩余飞机被欧美各国政府以低价抛售，数以千计的飞行或技术人员急需谋求军事以外的出路，造就了第一次"军转民"的浪潮，并崛起了一批优秀的飞机公司。这些飞机公司生产了一系列经典的飞机型号，如波音公司、道格拉斯公司、洛克希德公司等，与此同时，与航空相关的组织机构、法律法规等也开始萌生。

波音公司 1930 年开始了全金属客机的研制，最终成就了航空史上著名的波音 247 型客机。该客机巡航速度为 248 千米/小时，航程 766 千米，载客 10 人，并可装载 181 千克的邮件，机上座位舒适，设有洗手间，还配有一名空中小姐。波音 247 飞机的乘机条件比其他飞机大大改善，速度较一般客机也有很大提高，所以很受各航空公司的欢迎，成为民航运输史上的功臣，开辟了民航旅客运输的全新时代。波音 247 型客机是第一架真正现代意义上的客机。图 1-14 所示为美国波音公司的 B-247 客机及客舱。

图1-14　美国波音公司的B-247客机及客舱

此外，美国的另两家飞机公司道格拉斯（麦道前身）、洛克希德公司也致力于开发新型的民用客机，更加夯实了民航运输大力发展的基础。道格拉斯公司为与波音公司的 B-247 竞争，推出加长型的 14 座 DC-2，从此掀开了两家公司长达数十年的竞争，直到 1996 年年底波音将麦道合并为止。

1919 年巴黎和会上 38 国签订航空公约——《保护工业产权巴黎公约》（以下简称《巴黎公约》），这是世界上第一部国家间的航空法。同年，德国开通了柏林—魏玛的每日定期民航航班，法国开辟了巴黎—布鲁塞尔每周一次的定期航班，英国开辟了伦敦—巴黎的每日定期航班。《巴黎公约》和定期空中客运的开通标志着民用航空正式诞生，随后成立了国际航空运输协会。

2. 第二次世界大战后成长时期的民航运输业

第二次世界大战时期因军事需要世界各地兴建的大型机场为战后民航迅速发展创造了良好环境。1946 年，全球空运旅客达 1800 万人次，其中 2/3 是美国国内航空公司运送的，但当时使用的飞机采用活塞式动力装置，不仅速度慢，而且因为飞行高度低，飞机易受大气乱流影响，天气不好时多数乘客呕吐不止，乘坐舒适度低，因此迫切需要在飞机设计方面进行技术革新。

喷气式飞机的投入使用使民航技术又一次跃升，不仅使民航飞机的速度提高，而且使飞行高度提升到平流层，增加了安全性和舒适性。民航第一种纯喷气式客机是英国的"慧星号"，翼下装有四台喷气式发动机，1949 年由德哈维兰公司设计，"慧星号"采用了当时的新技术和新材料，被认为是在飞行速度、舒适性、载客人数等方面都代表了当时最先进水平的大型喷气式客机，1952 年 5 月开始在伦敦—南非航线上使用。图 1-15 所示为喷气式客机"慧星号"。

波音 707 是美国波音公司在 20 世纪 50 年代发展的波音系列飞机，是波音首部四发喷气式发动机民航客机，也是世界第一款在商业上取得成功的喷气式民航客机。该机型采用后掠式下单翼、后掠式垂直尾翼，顶端装有天线，水平尾翼靠下安装，成为喷气式飞机的设计典范，如图 1-16 所示。波音公司也凭借波音 707 的成功，执掌了民航运输机的生产近半个世纪，之后发展出的各型号 7×7 喷气式客机，都获得了各个国家航空公司较高的认可度。与此同时，道格拉斯公司研发的 DC-8、法国研发的法国 Caravell 短程喷气式飞机以及英国研发的短程三发动机 100 座客机"三叉戟"也都取得了较大的成功，如图 1-17 和图 1-18 所示。

图1-15　第一种喷气式客机"慧星号"

图1-16　波音公司生产的B707客机

图1-17　道格拉斯公司生产的DC-8

图1-18　英国三发动机客机"三叉戟"

20 世纪 60 年代到 70 年代初，美国航空工业一直主宰着世界飞机市场，其间欧洲几个航空发达国家处于相互竞争、自相残杀的境况。直到 20 世纪 60 年代中后期，法国、德国和英国等国家才意识到，要生存就必须停止自相残杀，集合各国之力来对抗美国强大的航空工业。1970 年 12 月，欧洲空中客车公司于法国正式成立，这是一家欧洲航空公司的联合企业，其创建的初衷是为了同波音和麦道那样的美国飞机生产制造公司竞争，从此开启了另一个飞机生产制造企业的神话。其后生产的一系列空客飞机（如 320 系列、330/340 系列等）在世界航空客运市场上占有重要的地位。

随着飞机技术的不断进步，保障行业发展的法律法规也在不断地完善，共同推动民航运输业的快速发展。1944 年 11 月 1 日—12 月 7 日，52 个国家在芝加哥签订了《芝加哥公约》，1947 年 4 月 4 日公约生效，"国际民航组织"正式成立。

3. 近现代腾飞时期的民航运输业

随着喷气式飞机技术逐渐趋于成熟，以及国际航空法规的日渐完善，民航运输业开始进入快速发展、高速腾飞的时代。而世界范围内飞机设计制造技术比较领先的生产厂商也逐渐演变成了波音与空客的双雄争霸竞争局面。

这个阶段的典型标志就是 20 世纪 60 年代波音中短程航线客机 737 的诞生。该客机主要针对中短程航线的需要，具有可靠、简捷、运营和维护成本低的特点。截至 2016 年，波音已经向全球客户交付了 8920 架波音 737 各种机型，其订单数更是达到了 13 298 架，被称为"世界航空史上最成功的民航客机"。图 1-19 所示为国航的 B737 客机。

20 世纪 60 年代末波音公司在美国空军的主导下又推出了世界上第一款大型商用宽体客/货运输机，可容纳旅客约 550 人，双层客舱，外形独特。自 1970 年投入运营后，到空客 A380 投入运营之前，波音 747 保持全世界载客量最高的飞机纪录长达 37 年，如图 1-20 所示。

图1-19 国航的B737客机

图1-20 波音747下线

继波音 747 之后，波音公司又陆续推出了波音 757、767、777、787 等一系列机型，客座数、航程、经济性能等方面满足航空公司多元化的需求，特别是新型波音 787 梦想客机，大量采用了先进复合材料、超低燃料消耗、较低的污染排放、高效益及舒适的客舱环境，为未来民航运输的发展方向提供了思路，也是民航运输业快速发展的强有力的运力保障。图 1-21 所示为波音 787 梦想客机。

与此同时，欧洲的空中客车公司也在茁壮成长。1967 年 9 月，英国、法国和德国政府签署了一个谅解备忘录，开始进行空中客车 A300 的研制工作，而后又推出了空客 320 系列客机、330/340 客机，空客 320 系列客机对美国波音公司的 737 运输市场冲击很大。图 1-22 所示为空客 A320 系列飞机。

图1-21 波音787梦想客机

图1-22 空客A320系列飞机

2000 年 12 月，空客公司开始 A380 研制计划，2001 年年初正式定型。空中客车 A380 于 2005 年 4 月 27 日完成首飞，2007 年 10 月 25 日第一次商业飞行。A380 配置四引擎，拥有 555 座，是目前世界上载客量最大的远程宽体客机，有空中巨无霸之称。由于种种原因，2019 年 2 月，空客公司宣布将在 2021 年停止 A380 的生产。图 1-23 所示为空客 A380 飞机，图 1-24 所示为空客 A380 驾驶舱。

基于对超音速的研究，历史上至今仅有两种超音速客机曾经批量生产并投入商业营运，分别为英国、法国联合研制的协和飞机以及苏联的图-144，均在 20 世纪 60 年代末出现。但超音速客机自问世以来一直备受成本效益、环境破坏等因素困扰，并未得到大规模推广使用。图-144 在 1978 年 6 月进行最后一次载客飞行后离开商业营运的舞台，而协和飞机在 2003 年 11 月 26 日进行了最后一次的商业飞行，随着协和飞机的正式退役，世界上再没有提供商业营运的超音速客机。

图1-23　空客A380飞机

图1-24　空客A380驾驶舱

由于超音速客机比普通民航机具有更高的速度和效率，因此一直吸引着不少飞机制造商的注意，而实际上对新一代超音速客机的摸索和研究并没有停止过，但以目前的航空技术，研发新一代经济、可靠的超音速客机仍会遇到不少挑战，主要是噪声严重、庞大的研发和生产成本支出、高油耗、对环境破坏的隐忧等。图1-25所示为协和号超音速飞机。

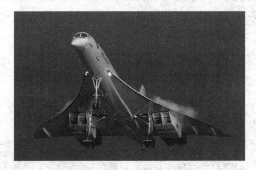

图1-25　协和号超音速飞机

三、我国民航发展概况

中国民航是从无到有、从小到大、从弱到强逐渐发展起来的，经历了一系列不平凡的过程，才获得了今天令人瞩目的成就。这一历史过程主要经历了以下几个发展阶段。

1. 中华人民共和国成立前（1909—1949年）

旧中国的航空始于中国第一位飞机设计师冯如所开创的飞机制造和实践，冯如为举世公认的飞机设计师、制造家和飞行家。1909年9月冯如在美国制造了中国的第一架飞机并试飞成功，图1-26所示为冯如和他设计的飞机。广东飞行器公司1909年10月在奥克兰正式成立，由冯如担任总设计师，开始了中国民航事业的初期探索。受清政府两广总督张鸣岐电邀，1911年3月，冯如携带两架飞机零件和制造设备经香港到达广州，清政府为其在现今的天河燕塘地区划定飞机制造和飞行场地。

1911年10月，武昌起义爆发，清政府倒台。冯如长期在美国生活，思想倾向革命，积极支持革命政府，被任命为广东革命军飞机长。他在燕塘建立起广东飞行器公司，这是中国第二家飞机制造公司（第一家为1910年清政府开办的南苑飞机工厂）。1912年3

月，冯如在燕塘制造出第一架飞机。但不幸的是，冯如在 1912 年的一次飞行表演中不幸遇难，以身殉国，时年 29 岁。

图1-26　冯如和他设计的飞机

1918 年北洋政府设立航空事务处，这是中国第一个主管民航事务的正式管理机构；1920 年中国建立第一条航线，即北京—天津航线，由此拉开了中国民航的序幕。到抗战前夕已经初步建立了除东北之外的国内主要城市间的航空线；到中华人民共和国成立前夕，共设置国内外航线 52 条，连接 40 多个城市，从业人员达 6000 余人。

1942 年 5 月，太平洋战争爆发后，日军切断了美军援华的唯一物资运输要道——中缅公路。抗日战争的军备物资一时无法运送进中国境内，"驼峰航线"应运而生。

这条西起印度汀江机场，翻越喜马拉雅山脉南麓、高黎贡山脉、横断山脉等几大山系，中途经过云南怒江泸水县、云南驿，最终东至中国昆明、重庆等地的航线，中间山峦起伏，一眼望去，状如驼峰，因此命名为"驼峰航线"。承担运输任务的是陈纳德将军领导的飞虎队，即第十航空大队，而飞机是中国航空公司提供的。图 1-27 所示为 DC-3 式飞机在中国航空公司的照片。

图1-27　DC-3式飞机在中国航空公司

从 1942 年 5 月初到 1945 年年底，援助中国的物资的 81%是经过"驼峰航线"完成的。这条航线的开通，粉碎了日军的大规模封锁，对稳定亚洲战场及人类反法西斯侵略起了重要的作用。

2. 计划经济时期（1949—1978 年）

中华人民共和国成立之后，两件事对民航发展极其重要，即"两航起义"和"八一开航"。

"两航"即原国民党政府的"中国航空公司"（1930 年 8 月 1 日成立）和原"中央航空公司"（1931 年 2 月成立）。"两航"于 1949 年 11 月 9 日起义，12 架飞机飞回祖国大陆（1 架飞抵北京，11 架飞抵天津）。起义的 12 架飞机和后来由两航机务人员修复的国民党遗留在大陆的 16 架（C－46 型 14 架、C－47 型 2 架）飞机构成了我国民航初期的机群主体。"两航起义"归来的大批技术业务人员，成为我国民航事业建设中一支主要技术业务骨干力量。

1950 年 8 月 1 日，军委民航局开辟了天津—北京—汉口—广州和天津—北京—汉口—重庆两条航线。它标志着国内民用航空线的首次正式启用，史称"八一开航"。其间，复航天津至重庆、天津至广州的直达线与重庆至成都、至昆明、至贵阳、至汉口的班机飞行。"八一开航"为我国民航事业奠定了初步基础，是一个良好的开端。尽管当时航线不多，但我国复航之快引起国内外瞩目。图 1-28 所示为"八一开航"典礼仪式和"北京"号降落在广州白云国际机场的照片。

图1-28 "八一开航"典礼仪式和"北京"号降落在广州白云国际机场

这一时期民用航空是军事航空的从属，民用航空的首要任务是保障政府和军事人员的交通、国际交往以及紧急事件的处理，客货运输任务居第二位。

3. 改革开放时期（1978—2002 年）

这个时期是以 1978 年第十一届三中全会做出"把全党工作的着重点和全国人民的注意力转移到社会主义现代化建设上来"的战略决策为标准，以成立中国民用航空局体制改革为切入点，中国民航脱离军队建制，实行政企分开，走企业化道路，开始了中国航空运输业迅猛发展的时期。

1978 年开始我国民航业有了巨大的发展，国内航线大大增加，并建立了通向世界各大洲的国际航线网；1980 年民航正式从军队管理转为政府领导；1987 年中国运输总周转量从世界排名第 37 位上升到第 17 位。

从 1987 年起民航总局决定把航空公司、机场和行政管理当局按照其自身性质分离，分别进行经营和管理，把航空公司、机场和行政管理政企分开，这一改革措施大大加快了航空公司和机场等民航相关单位的发展进程，组建了中国国际航空公司、中国东方航空公司、中国南方航空公司、中国西南航空公司、中国西北航空公司、中国北方航空公司 6 个国家骨干航空公司，实行自主经营、自负盈亏、平等竞争。

到 2001 年中国民航运输总周转量居世界第 6 位，运营的航线数量、机场以及通航的城市数量显著增长，航空运输企业，如中国航空集团公司、中国东方航空集团公司、中国南方航空集团公司等也颇具规模。

4. 高速发展时期（2002 年—现在）

2002 年 1 月，国务院通过了中国民航改革重组方案《国务院关于印发民航体制改革方案的通知》，中国民航进行了一次重大的改革重组，对民航总局直属的 9 家航空公司进行联合重组，实行政企分开，形成三大航空集团，即中国航空集团公司、中国东方航空集团公司和中国南方航空集团公司三大航空运输集团，并成立了中国民航信息集团公司、中国航空油料集团公司和中国航空器材进出口集团公司三大航务保障集团公司。

可以从以下几组数据一览中国民航的盛况。

1）航空公司数量

截至 2019 年年底，我国共有运输航空公司 62 家，其中客运航空公司有 53 家，全货运航空公司 9 家，按不同所有制类别划分：国有控股公司 48 家，民营和民营控股公司 14 家。在全部运输航空公司中，全货运航空公司 9 家，中外合资航空公司 10 家，上市公司 8 家。（《民航局公布 2019 年民航行业发展统计公报》2020 年 6 月 5 日）其中客运航空公司有 53 家，全货运航空公司 9 家。表 1-2 为我国主要航空公司明细及基本情况。

表 1-2　我国航空公司的明细表

航 空 公 司	机队数量	航 空 公 司	机队数量
China Southern Airlines/中国南方航空	602	GX Airlines/北部湾航空	26
China Eastern Airlines/中国东方航空	529	Kunming Airlines/昆明航空	26
Air China/中国国际航空	405	Chongqing Airlines/重庆航空	24
Hainan Airlines/海南航空	245	Donghai Airlines/东海航空	22
Shenzhen Airlines/深圳航空	188	Qingdao Airlines/青岛航空	19
Xiamen Airlines/厦门航空	166	Ruili Airlines/瑞丽航空	18
Sichuan Airlines/四川航空	149	Fuzhou Airlines/福州航空	18
Shandong Airlines/山东航空	122	9 Air/九元航空	17
Shanghai Airlines/上海航空	105	Urumqi Airlines/乌鲁木齐航空	17
Tianjin Airlines/天津航空	95	Air China Cargo/中国国际航空货运	15
Capital Airlines/首都航空	85	Dalian Airlines/大连航空	11
Spring Airlines/春秋航空	82	Air Changan/长安航空	11
Juneyao Airlines/吉祥航空	71	Yuantong Airlines/圆通货运	11
Lucky Air/祥鹏航空	53	Air Guilin/桂林航空	11
SF Airlines/顺丰航空	52	Jiangxi Air/江西航空	10
China United Airlines/中国联合航空	49	China Cargo Airlines/中国货运航空	9

续表

航空公司	机队数量	航空公司	机队数量
China Express Airlines/华夏航空	45	Colorful GuiZhou Airlines/多彩贵州航空	9
Chengdu Airlines/成都航空	43	Hongtu Airlines/红土航空	9
Loong Airlines/长龙航空	41	Uni-Top Airlines/友和道通	6
China West Air/西部航空	31	Air China Inner Mongolia/中国国际航空内蒙古公司	6
Okay Airways/奥凯航空	31	Long Hao Airlines/龙浩航空	6
Tibet Airlines/西藏航空	31	Grand China Air/大新华航空	3
Hebei Airlines/河北航空	28	LongJiang Airlines/龙江航空	3
Suparma/金鹏航空（原扬子江）	27	Tianjin Air Cargo/天津货运航空	3
China Postal Airlines/中国邮政航空	26	Beijing Airlines/北京航空	3
Joy Air/幸福航空	26	Avic Cargo/中航货运	1

2）民用机场数量

截至 2018 年年底，我国境内民用航空（颁证）机场共有 235 个（不含香港、澳门特别行政区和台湾地区，下同），其中定期航班通航机场 233 个，定期航班通航城市 230 个。

3）国内外航线数量

截至 2018 年年底，我国共有定期航班航线 4945 条，国内航线 4096 条，其中香港、澳门特别行政区和台湾地区航线 100 条，国际航线 849 条。

4）民航机队规模

截至 2018 年年底，民航全行业运输飞机期末在册架数 3639 架。

（参考资料来源：中国网 www.china.com.cn/）

思 考 题

1．为什么民航在人类进步和经济发展中能起到如此重要的作用？
2．如何认识我国民航发展的历史与改革开放的关系？

复 习 题

1．航空与民航的概念是什么？
2．民用航空的构成是什么？
3．民用航空的特点与作用是什么？
4．我国民航运输的基本过程是什么？

第二章
飞机与民航飞行的基本知识

本章学习目的

　　飞机与飞行是民航发展的必备条件，飞行从早期探索到飞机在空中飞行，并且能够通过航空运输服务实现商业化运行，最该归功于飞机的制造以及对飞行的认识与实践。人们在认识飞行原理的基础上，制造了飞行器，使梦想不仅成为现实，而且改变了世界，改变了社会，更改变了人们的生活方式。

　　其实，飞机能飞已经有空气动力学原理给予证明，飞机能够安全地按照人们的预期飞行，又离不开飞机结构、功能和导航等的保障。在漫长的探索中，我们已经掌握了科学的飞行原理，创建了完善的飞机设计理论体系，更具备成熟的生产技术。飞机的飞行原理和飞机的结构使我们真正理解民航体系为什么是"这个样子"，也是我们理解民航相关问题的基础。我们可以从深奥复杂的飞机结构和浅显的飞行原理中，悟出一些道理，进而端正民航严谨科学的职业态度。

　　本章的学习目的包括以下内容。

　　1．了解飞行器的发展；

　　2．掌握飞行器的结构；

　　3．理解飞行器飞行的基本常识；

　　4．理解民航工作的复杂性与严谨性。

 导读

飞机一飞冲天，神奇而梦幻

　　第一架真正意义上的飞机是从莱特兄弟首次试飞的世界第一架完全受控、依靠自身动力、机身比空气重、持续滞空不落地的飞机"飞行者一号"开始的，随着飞机技术的突飞猛进和世界经济的快速发展，世界步入了今天的航空时代。在过去百年人类社会发展进程中，飞机是历史上最伟大的发明之一，有人将它与电视和计算机并列为 20 世纪对人类影响最大的三大发明。据相关人士统计，16 世纪葡萄牙人麦哲伦率领船队从西班牙出发，足足用了 3 年才穿越大西洋、太平洋，环绕地球一周回到西班牙；19 世纪，一名法国人乘火车环球一周，花了 43 天时间；1949 年，一架轰炸机，经过四次空中加油，仅用 94 小时绕地球一周；超音速飞机发明以后，只用 15 个小时多，就可以绕地球一周。未来肯定会有更快的飞行方式出现。

　　在空气动力原理的发现与应用的基础上，人类发明了飞机动力装置、操作系统、导航系统，完善了飞机的结构，使飞机制造技术更加成熟。今天，新技术、新材料、新工艺使飞机更加安全可靠，续航能力更高，适应各种环境的能力更强，促进了现代民航业的发展。未来的飞行器也必将在人们的探索下，出现新的飞跃。

第一节　飞机的结构与功能

一、飞机的定义及分类

1. 飞机的定义

飞机是指由动力装置产生前进的推力或拉力，由机身的固定机翼产生升力，在大气层内飞行的重于空气的航空器。飞机是最常见的一种固定翼飞行器，相对气球、气艇等轻于空气的飞行器而言，飞机重于空气，是靠在空气中运动时产生的升力（也叫空气动力）飞上天空的，而前者是靠空气的浮力升空的。也就是说飞机比空气重，它必须以相当大的速度形成与空气之间的相对运动，来取得在空中支托的空气动力。没有相对运动，就没有空气动力，飞机也就不可能在空中飞行。

2. 飞机的分类

飞机可以按不同的标志来分类，如根据飞机的用途、最大起飞重量、航程、结构外形、发动机数量等来进行分类，这里主要介绍典型分类方式。

1）按飞机的用途分类

飞机按用途可分为军用航空飞机和民用航空飞机。军用航空飞机是指军队、警察和海关等使用的飞机，民用航空飞机是指民用的客机、货机和客货两用机。图 2-1 所示为世界各种军用飞机展示，图 2-2 所示为世界各种民用飞机展示。

图2-1　世界各种军用飞机展示

图2-2　世界各种民用飞机展示

2）按飞机的飞行速度分类

飞机按飞行速度可以分为亚音速飞机和超音速飞机。亚音速飞机又分为低速飞机（飞行速度低于 0.4 马赫）、亚音速飞机（飞行速度为 0.4～0.8 马赫）和高亚音速飞机（飞行速度为0.8～0.9 马赫），多数喷气式飞机为高亚音速飞机。

3）按飞机的航程远近分类

飞机按航程远近可以分为近程、中程、远程飞机。远程飞机的航程为 8000 千米以上，可以完成中途不着陆的洲际跨洋飞行，中程飞机的航程为 3000～8000 千米，近程飞机的航程一般小于 3000 千米。近程飞机一般用于支线飞行，因此又称支线飞机。中、远程飞机一般用于国内干线和国际航线飞行，又称干线飞机。飞机按客座数划分可分为大、中、小型飞机，飞机的客座数在 100 座以下的为小型飞机，100～200 座为中型飞机，200座以上为大型飞机。

二、飞机的结构与功能

尽管飞机可以被设计用于很多不同的目的，但大多数还是有相同的主要结构的。截至目前，除了少数特殊形式的飞机外，大部分飞机结构分为五大部分，即机身、机翼、尾翼、起落装置和动力装置。图 2-3 所示为飞机结构示意图。

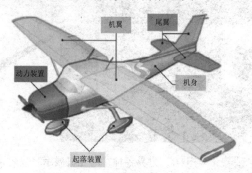

图2-3　飞机结构示意图

（一）机身

1. 机身及功能

机身包含驾驶舱和机舱，其中有供乘客使用的座位和飞机的控制装置，还包括提供货舱和其他主要飞机部件（机翼、尾翼、起落架等）的挂载点，将飞机的其他部件如机翼、尾翼及发动机等连接成一个整体，机身头部略下垂以扩大驾驶员的视界，尾部略上翘以避免飞机着陆时机身尾部触地。具体来说，机身的前部是驾驶舱，中部与机翼连接，尾部连着尾翼，机身的下面还有起落架。也就是说在结构上，机身内部包括两大部分：驾驶舱和机舱；在飞机的整体结构上，机身又是机翼、尾翼、起落架等主要飞机部件的挂载点，使飞机成为一个整体，为此，飞机机身的主要功能包括以下方面。

（1）固定机翼、尾翼、起落架等部件，使之连成一个整体。

（2）用来装载人员（机组人员、乘客）、货物、燃油及各种设备，有些飞机在机身内携带燃油，有些则在机翼内携带燃油。

2. 机身设计的基本要求

机身结构设计受机身内部装载的要求和与其他部件的协调的影响较大，因此，机身结构设计不仅要考虑结构受力本身，还要综合考虑其他各方面的要求。

（1）为了满足使用方面的要求，机身应该具有尽可能大的空间，使它的单位体积利用率最高，以便能装载更多的人和物资。

（2）必须保障连接的可靠性，应有良好的通风加温和隔音设备，视野必须开阔，使驾驶室的飞行员操作方便，以利于飞机的起落。

（3）在气动方面，它的迎风面积应减小到最小，表面应光滑，形状应流线化并且没有突角和缝隙结构，以便尽可能地减小阻力。

（4）在保证有足够的强度、刚度和抗疲劳能力的情况下，应使它的重量最轻。对于具有气密座舱的机身，抗疲劳的能力尤为重要。

（二）机翼

1. 什么是机翼

机翼是连接在机身两边的翅膀，左右两个机翼翼尖两点的距离称为翼展，是各型号飞机的重要参数。机翼横截面的轮廓叫作翼型或翼剖面。截面取法有的和飞机对称平面平行，有的垂直于机翼横梁。直升机的旋翼和螺旋桨叶片的截面也叫翼型。翼型的特性对飞机性能有很大影响，选用最能满足设计要求，其中也包括结构、强度方面要求的翼型。图 2-4 所示为波音 320 机翼的实际结构。

机翼关系到飞机的强度，即在机翼结构没有永久损伤的条件下，机翼的承载能力。在飞机飞行过程中，有各种载荷因素的影响，作用于机翼上的总荷载是变化的，其荷载的大小是由飞行状态决定的。同时，机翼不仅承受飞机的重量，而且还要承受某些机动飞行产生的额外荷载，如转弯、从快速下降中改平飞等惯性，此外，颠簸气流也产生附加荷载——颠簸增加，荷载加重。

2. 机翼的主要作用

机翼的主要作用是产生升力，以支持飞机在空中飞行，同时也起到一定的稳定性和操作性作用。在机翼上一般安装有副翼和襟翼，操纵副翼可使飞机滚转，放下襟翼可使升力增大。机翼上还可安装发动机、起落架和油箱等装置。不同用途的飞机其机翼形状、大小也各有不同。总结起来，机翼的作用主要有以下三个方面。

（1）产生支持飞机飞行的主要升力，以保持足够的飞行升力，使飞机在空中持续飞行。

（2）起到一定的稳定和操纵飞机的作用，即通过机翼部件的状态的改变维持飞行的稳定性，获得灵活的操作。

（3）安装发动机、起落架和油箱，它既是发动机、起落架固定的基础结构，同时，也利用机翼内部空间，经密封后作为存储燃油的油箱之用。通常机翼上的燃油载量大约占全机燃油量的 1/4。

3. 机翼的分类

机翼根据其在机身上安装的部位和形式，可以分为上单翼机翼（安装在机身上部）、中单翼机翼（安装在机身中部）和下单翼机翼（安装在机身下方）。

为方便起落架的安装和发动机的维修，目前民航运输机大部分都采用下单翼结构。图 2-5 所示为机翼的类型。

图2-4　波音320机翼的实际结构

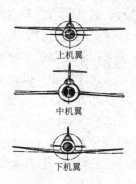

图2-5　机翼的类型

4. 机翼的基本结构

为了提高飞行的性能，机翼的前缘和后缘加装了很多改善或控制飞机气动力性能的装置，这些装置包括主翼、副翼、襟翼和扰流板。图 2-6 所示为机翼的基本结构。

1）襟翼

机翼附近有额外铰接的后部，称为襟翼。在起飞和着陆时向下展开襟翼以改变机翼产生的升力的大小。在某些飞机上，机翼的前部也会偏转。在起飞和着陆时使用板条以产生额外的力，当不需要时，飞行员可以将襟翼收起。

2）副翼、扰流板

机翼的外侧铰接部分称为副翼。一般安装于机翼后缘外侧，转弯飞行时使用，产生横向力矩，使飞机产生滚转。扰流板是小板，用于破坏机翼上的气体流动，在扰流板展开时减小升力。扰流板的作用就是帮助飞机随速度调整在不同速度下的气动外形流场，进而获得接近最理想气动操作的效应。飞机降落时扰流板被翻起以增加阻力，并且把机翼压向地面增加机轮与地面的摩擦力。

（三）尾翼

尾翼包括水平尾翼和垂直尾翼。它的作用是保证飞机在三个轴的方向的稳定性和可操纵性。水平尾翼由水平安定面和升降舵组成，水平安定面是固定的，作用是保持飞机纵向稳定；而升降舵可以上、下转动，用来控制飞机抬头、低头运动。图 2-7 所示为飞机尾翼的结构组成。现代高速客机也有采用全动式平尾的。

图2-6 机翼的基本结构

图2-7 飞机尾翼的结构组成

垂直尾翼由固定的垂直安定面和活动的方向舵组成，当飞机左转弯时，方向舵向左偏转；当飞机右转弯时，方向舵向右偏转，同时要与副翼配合使用，控制飞行的航向。当飞机受到干扰偏离航向时，垂直安定面就会受到迎面气流的力，使飞机恢复到原来的航向，保证飞机的侧向和横向稳定性。

（四）起落架

1. 什么是起落架

飞机的起落架大都由减震支柱和机轮组成，作用是在飞机起飞、着陆滑跑、地面滑行和停放时支撑飞机机体并承受相应荷载。同时，除了支撑作用外，起落架还是飞行重要的操纵性的部件，在飞行器安全起降过程中担负着极其重要的使命。没有它，飞机便不能在地面移动，当飞机起飞后，可以收回起落架，因此，其性能的优劣直接关系到飞机的使用安全。图 2-8 所示为起落架布置的实图。

图2-8 飞机起落架的布置实图

大多数普通类型的起落架由轮子组成，但是飞机也可以装备浮筒以便在水上着陆，或者装备用于雪上着陆的雪橇。

2. 起落架的作用

（1）承受飞机在地面停放、滑行、起飞着陆滑跑时的重力。

（2）承受、消耗和吸收飞机在着陆与地面运动时的撞击和颠簸能量。

（3）滑跑与滑行时的制动。

（4）滑跑与滑行时操纵飞机。

3. 起落架的基本组成

起降架包括支柱、减震系统、收放系统、机轮和刹车系统、转弯系统，图 2-9 所示为飞机起落架的基本组成。

1）支柱

用于安装机轮、将起落架连接到飞机机体结构上。

2）减震系统

飞机在着陆接地瞬间或在不平的跑道上高速滑跑时，会与地面发生剧烈的撞击，除充气轮胎可起小部分缓冲作用外，大部分撞击能量要靠减震器吸收。现代飞机上应用最广的是油液空气减震器。当减震器受撞击压缩时，空气的作用相当于弹簧，储存能量。而油液以极高的速度穿过小孔，吸收大量撞击能量，把它们转变为热能，使飞机撞击后能很快平稳下来，不致颠簸不止，缓解飞机着陆撞击、滑跑阶段隔离地面引起的振动，并保证飞机在地面滑跑时具备良好的操纵稳定性。

3）收放系统

收放系统一般以液压作为正常收放动力源，以冷气、电力作为备用动力源。一般前落架向前收入前机身，而某些重型运输机的前起落架是侧向收起的。主起落架收放形式大致可分为沿翼展方向收放和沿翼弦方向收放两种。收放位置锁用来把起落架锁定在收起和放下位置，以防止起落架在飞行中自动放下和受到撞击时自动收起。对于收放系统，一般都有位置指示和警告系统。图 2-10 所示为起落架收放系统。

图2-9　飞机起落架的基本组成

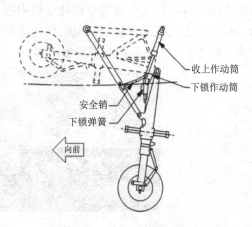

图2-10　前起落架收放系统

4）机轮和刹车系统

机轮的主要作用是在地面支持飞机的重量，减少飞机地面运动的阻力，吸收飞机着陆和在地面运动时的一部分撞击动能。主起落架上装有刹车装置，可用来缩短飞机着陆的滑跑距离，并使飞机在地面上具有良好的机动性。机轮主要由轮毂和轮胎组成。刹车装置主要有弯块式、胶囊式和圆盘式三种。应用最为广泛的是圆盘式，其主要特点是摩擦面积大，热容量大，容易维护。

5）转弯系统

飞机在地面转弯的操纵方式有两种，一种是通过主轮单刹车或调整左右发动机的推力（拉力）使飞机转弯；而另一种方式是通过前轮转弯机构操纵前轮偏转使飞机转弯。轻型飞机一般采用前一种方式；而中型及以上的飞机因转弯困难，大多装有前轮转弯机构。另外，有些重型飞机在转弯操纵时，主轮也会配合前轮偏转，提高飞机的转弯性能。

（五）动力装置

1. 发动机

飞机要飞行就需要动力装置提供足够的动力，而这个动力装置就是航空发动机。由于不仅要飞，还要有一定的速度和航程，因此作为飞机的心脏，航空发动机的性能直接影响飞机的性能、可靠性及经济性。

航空发动机可以分为活塞式和喷气式两大类。其中，活塞式是飞机或直升机最早采用的动力形式，到第二次世界大战结束时发展到巅峰状态。但是活塞式飞机在速度上不能满足人们对飞机性能不断提高的要求，于是喷气式发动机产生了，目前主流的发动机是燃气涡轮发动机，如空客系列、波音系列，乃至于我国正在试飞的 C919 干线民用飞机均采用燃气涡轮发动机，而通用航空的飞机一般采用活塞式发动机，相关资料显示，活塞式发动机飞机所达到的最快纪录为 836.84 千米/小时。

1）活塞式发动机

活塞式航空发动机是一种往复式内燃机，通过带动螺旋桨高速转动而产生推力。每一循环包括四个冲程，即进气冲程、压缩冲程、做功（膨胀）冲程、排气冲程。在进气冲程，活塞从上死点运动到下死点，进气活门开放而排气活门关闭，雾化了的汽油和空气的混合气体被下行的活塞吸入气缸内。汽缸中的混合气体膨胀做功推动活塞运动，通过连杆与曲轴相连，将活塞的直线运动转换为曲轴的转动，将热能转换为机械能。图 2-11 所示为活塞发动机工作原理。

活塞式发动机不能单独驱动飞机，它必须驱动螺旋桨才能使飞机运动，因而活塞发动机和螺旋桨在一起才构成了飞机的推进系统，图 2-12 所示为活塞航空飞机的输出原理。同时，为满足功率要求，航空发动机一般都由多气缸组合构成，多个缸体同时工作带动曲轴和螺旋桨转动以产生足够动力。

2）喷气式航空发动机

喷气发动机是一种内燃式热机，在工作时，从前端吸入大量的空气，与燃料混合燃烧后高速喷出。在此过程中，发动机向空气施加力，使之向后加速，喷出的混合气体也给发动机一个反作用力，推动飞机前进。

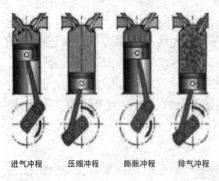

进气冲程　　压缩冲程　　膨胀冲程　　排气冲程

图2-11　四冲程活塞发动机工作原理

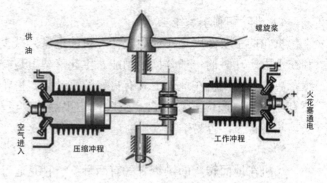

图2-12　活塞航空飞机的输出原理

1939 年 8 月 27 日，装有涡轮喷气发动机的飞机在德国首次试飞成功，成为世界上第一架喷气式飞机，这使得飞机的动力装置有了飞跃性发展，也使得人类从此进入喷气机时代。

喷气发动机应用最广，有很多不同种类，民航领域中飞机应用较多的包括以下方面。

（1）涡轮喷气发动机。该发动机适合航行的范围很广，从低空低亚音速到高空超音速飞机都广泛应用，重量轻、推力大，特别适合高空高速性能。

（2）涡轮风扇发动机。该发动机主要用于速度更高的大型民航运输飞机。目前，民航运输机广泛采用高涵道比的涡扇发动机，保证足够的推力和良好的经济性。

（3）涡轮螺旋桨发动机。该发动机的螺旋桨效率较低，不能用于高速飞行，但是在中低速下，使用涡轮螺旋桨发动机是适当的，主要用于时速小于 800 千米的飞机。

（4）涡轮轴发动机。涡轮轴发动机主要用作直升机的动力装置。

上述四种喷气发动机都具有压气机、燃烧室和燃气涡轮的基本结构，图 2-13 所示为涡轮喷气发动机工作原理。

2．辅助动力装置

为了减少对机场供电设备的依赖，在大、中型飞机上和大型直升机上，都装有辅助动力装置（简称 APU），如图 2-14 所示。APU 是装在飞机上的一套不依赖于机外任何能源、自成独立体系的小型动力装置。

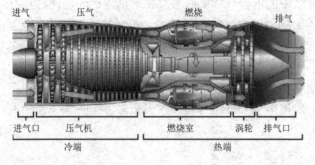

进气　　压气　　　　　燃烧　　　　　　排气

进气口　压气机　　　　燃烧室　　涡轮　排气口

冷端　　　　　　　　热端

图2-13　涡轮喷气发动机工作原理

图2-14　辅助动力装置

其功用是在地面为飞机提供电源和气源，用于向飞机电网供电、起动主发动机以及向飞机空调系统提供压缩空气。在空中提供备用电源和气源，即飞机爬升到一定高度后，辅助动力装置即自动停车，但是当飞机在飞行过程中遇到发动机停车故障时，辅助动力装置可重新起动作为应急动力源，为飞机提供电源和气源（超过一定高度后，仅能提供电源）。

三、飞机主要系统介绍

飞行员在驾驶飞机时，需要不断地了解飞机的飞行状态、发动机的工作状态和其他分系统（如座舱环境系统、电源系统等）的工作状态，以便按飞行计划操纵飞机完成飞行任务，而这些看起来密密麻麻的航空仪表，也都各有分工，保障了飞行的安全。根据飞机操作和执行任务的需要，机上还装有各种仪表、通信设备、领航设备、安全设备等。图2-15所示为驾驶舱仪表分布图。

图2-15 驾驶舱仪表分布图

（一）飞机的电子仪表系统

飞机的电子仪表系统共分为飞行控制仪表系统、导航系统和通信系统三个部分，它是飞机感知和处理外部情况并控制飞行状态的核心，相当于人的大脑及神经系统，对保障飞行安全、改善飞行性能起着关键作用。

1. 飞行控制仪表系统

飞行控制仪表系统的基本功能是控制飞机气动操纵面，改变飞机的气动布局，增加飞机的稳定性，改善操纵品质，优化飞行性能。

其具体功能包括：保持飞机姿态和航向；控制空速及飞行轨迹；自动导航和自动着陆。飞机控制仪表系统通过各类仪表显示飞机飞行中的各种信息和数据，使驾驶员及时了解飞行情况，从而对飞机进行控制以顺利完成飞行任务。飞行控制仪表系统可以大大减轻飞行员工作负担，使飞行员安全飞行，提高完成任务的效率和经济性。

早期的飞机飞行又低又慢，只装有温度计和气压计等简单仪表，其他信息主要靠飞行员的感觉获得。现在的飞机则装备了大量仪表，并由计算机统一管理，用先进的显示技术直接显示出来，大大方便了驾驶员的工作。

飞行控制仪表包括以下几种类型：第一类是大气数据仪表，由气压高度表、飞行速度表、大气温度表、大气数据计算机等组成；第二类是飞行姿态指引仪表，该系统可提供一套精确的飞机姿态数据，如位置、倾斜、航向、速度和加速度等，实现了飞机导航、控制及显示的一体化；第三类是惯性基准系统，主要包括陀螺仪表。

20 世纪 70 年代以前是机械式陀螺，现代客机使用更先进的激光陀螺。惯性导航是通过测量飞行器的加速度（惯性），并自动进行积分运算，获得飞行器瞬时速度和瞬时位置数据的技术。组成惯性导航系统的设备都安装在飞行器内，工作时不依赖外界信息，也不向外界辐射能量，不易受到干扰，是一种自主式导航系统。

2. 导航系统

飞机导航系统可以确定飞机的位置并引导飞机按预定航线飞行，包括飞机上和地面上的整套设备。导航系统按照工作原理的不同可分为多种，但目前我国民航常用导航方式为无线电导航、惯性导航和卫星导航。

1）无线电导航

无线电导航利用地面无线电导航台和飞机上的无线电导航设备对飞机进行定位和引导，具有精度高、定位速度快、受时间和气候的影响小，以及设备简单等优点，得到广泛的应用和发展。

2）惯性导航

惯性导航通过精准测量角速度和加速度（惯性）信息进行位置计算，获得飞机瞬时速度和瞬时位置数据，是不依赖外部信息，也不向外部发射能量的自主式的导航系统，隐蔽性好，但由于精度差，往往与其他设备一起使用，形成组合导航系统。

惯性导航系统具有全天候和全球导航能力，可以提供包括位置、速度、姿态和航向等导航所需的全部信息，而且还可获得相当高的导航定位精度。目前精度较高的惯性导航系统定位精度均在 1.85 千米/小时以内，精度更高的甚至可达每小时几百米以内。

3）卫星导航

卫星导航即"全球卫星导航系统"，其借助飞机上的无线电设备来测出飞机相对卫星的位置，再根据由地面站测出的卫星相对地球的位置，经过计算之后，可确定飞机的位置。利用卫星导航技术，既可以向地面发出无线电波，也可以接受地面无线信号，实现对地面和空中运载体的距离、角度、速度、时间等参数的测量，从而实现全球定位。

在卫星定位系统出现之前，远航导航与定位主要采用无线电导航系统实现，但是导航精度误差会随着航程的增加而积累，覆盖的工作区域小，定位精度不高。为了对空间的飞机进行精确导航，需要确定飞机的三维位置，人造卫星的出现使无线电导航技术的发展进入一个新的阶段，空基无线电导航系统应运而生，从而进入卫星导航快速发展阶段。

目前，世界上典型的卫星导航系统有美国的 GPS 系统、俄罗斯的 GLONASS 系统、欧洲的 Galileo 系统，以及中国的北斗系统。由于 GPS 卫星系统发展较早，且在军事和民用领域都曾取得显著的成绩，所以，目前世界上的民用航空领域大多采用美国的 GPS 系统作为主要或者辅助的导航系统。

随着我国北斗卫星导航系统的组网与运行，2019 年 12 月，民航局正式发布《中国民航北斗卫星导航系统应用实施路线图》，提出要大力推进北斗系统应用，积极构建以北斗为核心的全球卫星导航系统（GNSS）技术应用体系，推动以星基定位、导航与授时技术为核心的新一代空中航行系统建设与运行，按照"从易到难，从便携到机载，从监视到导航，通用运输统筹推进"的总体实施路径，构建安全高效的空中交通管理体系，促进民航高质量发展。

3. 通信系统

通信系统的主要用途是使飞机在飞行的各阶段中和地面的航行管制、签派、维修等相关人员保持双向的语音和信号联系，当然这个系统也提供了飞机内部人员之间及与旅客的联络服务。其主要包括甚高频通信系统、高频通信系统、选择呼叫系统和音频综合系统。

1）甚高频通信系统

甚高频通信系统使用甚高频无线电波。它的有效作用范围较短，只在目视范围之内，作用距离随高度变化，在高度为 300 米时距离为 74 千米。甚高频通信系统是目前民航飞机主要的通信工具，用于飞机在起飞、降落时或通过控制空域时机组人员和地面管制人员的双向语音通信。起飞和降落时段是驾驶员处理问题最繁忙的时段，也是飞行中最容易发生事故的时段，因此必须保证甚高频通信的高度可靠。民航飞机上一般都装有一套以上的备用系统。

2）高频通信系统

高频通信系统是远距离通信系统。它使用了和短波广播的频率范围相同的电磁波，利用电离层的反射，因而通信距离可达数千千米，用于飞行中保持与基地和远方航站的联络。它使用的频率范围为 2～30MHz，每 1kHz 为一个频道。大型飞机一般装有两套高频通信系统，使用单边带通信，这样可以大大压缩所占用的频带，节省发射功率。高频通信系统由收发机组、天线耦合器、控制盒和天线组成，它的输出功率较大，需要有通风散热装置。现代民航机用的高频通信天线一般埋入飞机蒙皮之内，装在飞机尾部，不过目前该系统很少使用。

3）选择呼叫系统

选择呼叫系统的作用是当地面呼叫一架飞机时，飞机上的选择呼叫系统以灯光和音响通知机组有人呼叫，从而进行联络，避免了驾驶员长时间等候呼叫或是由于疏漏而不能接通联系。每架飞机上的选择呼叫必须有一个特定的四位字母代码，机上的通信系统都调节在指定的频率上，地面的高频或甚高频系统发出呼叫脉冲时，其中包含着四字代码，飞机收到这个呼叫信号后输入译码器，如果呼叫的代码与飞机代码相符，则译码器把驾驶舱信号灯和音响器接通，通知驾驶员进行通话。

4）音频综合系统

音频综合系统包括飞机内部的通话系统，如机组人员之间的通话系统，对旅客的广播和电视等娱乐设施以及飞机在地面时机组和地面维护人员之间的通话系统。它分为飞行内话系统、勤务内话系统、客舱广播及娱乐系统、呼唤系统。

4. 飞机电子综合仪表系统

随着电子技术的飞速发展，从 20 世纪 60 年代开始出现电子屏幕显示仪表，逐步取代指针式机电仪表，使仪表结构进入革新的年代，到 20 世纪 70 年代中期，电子显示仪表又进一步向综合化、数字化、标准化和多功能方向发展，并出现了高度综合又相互补充、交换显示的综合电子仪表显示系列。驾驶员可以通过控制板对飞机进行控制和安全监督，初步实现了人机"对话"。

综合电子仪表系统主要由电子飞行仪表系统和电子中央飞行监控系统或发动机指示机组警告系统组成。驾驶舱仪表盘主要有 6 个显示组件，其中包括两个主飞行显示器、两个导航显示器和两个 ECAM（飞机电子集中监视系统，实际应用中，如果飞机出现故障，ECAM 就会出现相应指示，以及如何处理，做什么动作，机组按照这个指示执行就好，可有效减轻机组在处理飞机故障时的负担）或 EI-CAS 显示器（发动机指示和机组警告系统，用来指示飞机各系统工作状态，提供文字、图形、音频信息，出现故障时提示故障和发出警告）。它们的显示由多台计算机实现多余度控制，机组可以通过相应的控制面板来控制它们的显示与转换。

随着科技的进步，基于智能化航电系统的综合模块化航空电子计算机、先进导航与监视技术、先进显示技术以及空地一体化技术的不断成熟，作为飞机大脑的航电系统将为舒适安全驾驶保驾护航。

5. 飞行信息记录系统

飞行信息记录系统俗称"黑匣子"，是飞行器中用于记录多种飞行信息的仪器，在飞行器失事后仍能完好地保存下来，它所记录的信息可供分析事故原因时使用。

"黑匣子"是飞机专用的电子记录设备之一，其真名叫"航空飞行记录器"。里面装有飞行数据记录器和舱声录音器，飞机各机械部位和电子仪器仪表都装有传感器与之相连，这好比人体各部位的神经与大脑相通一样。它能把飞机停止工作或失事坠毁前半小时的有关技术参数和驾驶舱内的声音记录下来，需要时把所记录的参数重新放出来，供飞行实验、事故分析之用。黑匣子具有极强的抗火、耐压、耐冲击振动、耐海水（或煤油）浸泡、抗磁干扰等能力，即便飞机已完全损坏，黑匣子里的记录数据也能完好保存。世界上所有的空难原因都是通过黑匣子找出来的，因此它就成了事故的见证，也成了"前车之鉴"，有助于避免同样事故发生，更好地采取安全措施。

客机一般安装两种黑匣子：一种称为飞机数据记录器（FDR）的黑匣子，专门记录飞行中的各种数据，如飞行的时间、速度、高度、飞机舵面的偏度、发动机的转速、温度等，共有 30 多种数据，并可累计记录 25 小时。起飞前，只要打开黑匣子的开关，飞行时上述的种种数据都将收入黑匣子内。一旦出现空难，整个事故过程中的飞行参数就能从黑匣子中找到，人们便可知道飞机失事的原因。另一种称为飞行员语言记录器的黑匣子（CVR），就像录音机一样，它通过安放在驾驶舱及座舱内的扬声器，录下飞行员与飞行员之间以及座舱内乘客、劫机者与空中小姐的讲话声，它记录的时间为 30 分钟，超过 30 分钟又会重新开始录音。因此这个黑匣子内录存的是空难 30 分钟前机内的重要信息。

（二）飞机座舱环境控制系统

随着飞行高度的增加，大气压力下降，大气中的含氧量也下降，温度也下降，在 10 000 米的高空，气温会降到零下 50℃以下，因此，随着人所处的海拔高度的增加，就会有头痛、疲倦轻度症状，接着是嗜睡、嘴唇指甲发紫、视力和判断力下降等中度症状，继而是惊厥、丧失意识甚至死亡等严重症状。飞行高度的增加，对人的身体带来巨大的挑战，因此，飞机座舱环境系统就成为安全飞行的必要条件。

在一定的飞行高度以上，为保障飞行人员和乘客的安全和舒适，需要采取环境保护措施，它就是座舱环境控制系统。座舱环境控制系统的主要设备包括氧气系统、增压座舱和空调系统等，座舱环境参数主要是指座舱空气的温度和压力以及它们的变化速率，还包括空气的流量、流速、湿度、清洁度和噪声等。

1. 氧气系统

飞机氧气系统用来供给人体所需要的氧气量，是现代客机作为气密座舱的一种应急设施。在释压、有烟雾或出现有毒气体时，氧气系统为机组及乘客提供足够的呼吸用氧气。飞机座舱氧气系统包括三部分，即机组氧气系统、乘客氧气系统以及手提氧气系统。图 2-16 所示为飞机氧气系统种类实体图。

驾驶舱固定氧气系统　　　　客舱固定氧气系统　　　　手提式氧气系统

图2-16　飞机氧气系统种类实体图

1）机组氧气系统

机组氧气系统由机组高压氧气瓶和机组氧气面罩组成，氧气来自气态氧，气态氧通常为高压氧气瓶，压力为 1800～1850 磅力/平方英寸（1 磅力/平方英寸=6894.757 帕斯卡），供氧持续时间长，并可根据需要接通或关断，有利于飞行安全。

2）乘客氧气系统

乘客的氧气由安装在特定容器内的一个专用化学发生器供给，该发生器可供氧给 2～4 个面罩，位于乘客座椅上方、卫生间内、各个厨房（选装）及每个客舱乘务员工作处。旅客座椅上方、乘务员座椅上方和洗手间马桶上方均安装有氧气面罩组件。一旦舱内气压降到低于 4500 米高空气压，氧气面罩会自动落下，必要时机组也可以操作此自动系统。

当任何一个面罩被拉向乘客座椅时，氧气开始供应。面罩在正压下接收纯氧，直到氧气发生器内氧气用完为止，大约持续 15 分钟。

3）手提氧气系统

机组烟雾罩位于驾驶舱左后侧，当机组成员在灭火及在出现烟雾、毒气外泄或失去客舱压力时，确保其眼睛和呼吸系统得到保护。

烟雾罩使用化学空气再生系统，由口鼻面罩吸进再生的空气，并把呼出的空气返回到再生系统，使用有效时间至少 20 分钟。

2. 增压座舱

增压座舱即将飞机座舱密封，然后给它供气增压，使舱内压力大于外界大气压力，并对座舱空气参数进行调节，创造舒适的座舱环境，以满足人体生理和工作的需要。

现代客机广泛采用密封增压舱，一般来说，这些增压密封舱包括驾驶舱、客舱、电子设备舱和货舱部分。

高空的低气压会使人产生减压症状，因而在高空飞行时座舱和驾驶舱的气压要保持在一定的范围，早期的活塞式飞机只能在 5000 米以下的空域中飞行，但为了躲避雷雨，有时要飞到 6000 米以上，当时的解决方法是给乘员戴上氧气面罩或穿上抗压服。喷气飞机出现后，为了快速安全地运送大量旅客，必须长时间在 7000 米以上高空飞行，因此就需要把整个座舱的压力保持在适当范围，使座舱增压，增压的座舱要有一定的密封性能，以保证舱内有压力。增压座舱内的大气压力由飞机环境控制系统控制，使之高于环境气压并根据飞行高度自动调节，以保证乘员在高空飞行时具有舒适环境和工作条件。

3. 空调系统

空调系统的作用是保证座舱的温度、湿度和二氧化碳的浓度，保障舒适安全的飞行环境。空调系统由加热、通风、去湿等部分组成，循环使用。

在小型飞机上加热由电加热器或烧油的加热器完成，通风和去湿则由飞机前部向外界开孔把外界的冲压空气引入而完成。现代化的大型飞机上把控制飞机座舱内部的压力、温度、通风的机械组成一个完整的系统，它由空调组件、分配管路和控制系统组成，由发动机压气机引来的热空气和外界进来的冲压空气，经过几次热交换机使气体压力和温度不断降低，注入座舱。

第二节　民航飞机的主要型号

一、国外民航主要机型

1. 美国的波音系列机型

波音公司（Boeing）是世界上主要的民用和军用飞机生产厂家之一，也是世界上最大的航空制造公司和著名的跨国公司。其主要业务是开发、生产销售空中运输装备，并提供相关的技术支持、服务，研究生产各种战略战术导弹和空间开发产品。

波音公司是世界最大的航空航天公司，其前身是 1916 年由威廉·波音创立的太平洋航空制品公司（水上飞机工厂，1912 年取得美国国防部订货，专门制造军用飞机）。波音飞机公司于 1934 年建立，1961 年改为波音公司。总部以前设在西雅图市，2001 年 9 月迁至伊利诺伊州的芝加哥市。制造飞机的工厂集中在华盛顿州和堪萨斯州。1996 年，波音收购了罗克韦尔公司的防务及空间系统部，1997 年，波音与麦道公司合并；2000 年 1 月，波音公司与通用汽车公司达成协议，出资 37.5 亿美元收购其下属的休斯电子公司航天和通信业务部，从而使波音成为世界最大的商业卫星制造商。

波音公司的用户遍布 145 个国家，业务部门分布于美国的 20 多个州和全球 60 多个国家，共有雇员约 20 万名。波音公司由 6 个主要业务集团组成：波音民用飞机集团、航天与通信集团、军用飞机与导弹集团、空中交通管理公司、波音联接公司和波音金融公司，以及联合服务集团。波音公司不仅是全球最大的民用飞机和军用飞机制造商，也是最大的飞机出口商之一。其主要机型是民用运输机，主要产品包括波音 707（现已经停产）、波音 717（现已经停产）、波音 727（现已经停产）、波音 737、波音 747、波音 757、波音 767、波音 777、波音 787 系列飞机，提供从 100 座级别到 500 多座级别以及货运型号在内的各种民用运输机。这是民航业最大的飞机家族，在民用航空史上，其他任何机型都未曾在销量方面获得如此巨大的成功。

统计资料显示，目前，我国的现役机队中，波音飞机总量约占 50%左右的比例。

1）波音 737 系列

波音 737 飞机是双发中短程运输机，由于性能优越，是世界航空史上最成功的民航客机，也是运营效益最好、最畅销的机型之一。传统型 737 包括 737-100/-200，737-300/-400/-500 和新一代波音 737-600/-700/-800/-900 型共 9 种，除了可靠、简捷和经济等特点之外，还给乘客带来更平稳的感受。迄今波音 737 飞机运送的乘客已超过 60 亿人次，也是中国大多数航空公司的主力机型。表 2-1 所示为波音 737 系列机型性能参数。由于性能优越，适用于国内绝大部分航线，直到现在，波音 737 系列仍是运营效益最好的机型。值得关注的是，美国联邦航空局发表声明说波音 737max 系列飞机存在一个"必须解除"的潜在风险，自 2019 年 3 月至今一直处于停飞状态。

表 2-1　波音 737 系列机型性能参数表

代级	第一代		第二代		第三代		
机型	737-200	737-300	737-400	737-500	737-600	737-800	737-900
翼展/m	28.3	28.9	28.9	28.9	34.3	—	34.3
机长/m	28.6	33.04	36.06	31	31.2	39.5	42.1
高度/m	11.3	11.1	11.1	11.1	12.6	12.5	12.5
经济布局载客数/人	104	149	159	132	132	189	215
最大起飞重量/kg	49 190	61 234	68 050	60 550	65 090	70 553	85 130
最大着陆重量/kg	44 906	51 709	56 246	69 895	55 112	66 361	66 361
巡航速度/（km/h）	780	780	760	—	530 英里/小时	848	823
最大巡航距离/km	3440	4175	4005	5360	5648	5665	5925
机型图片							

注：2015 年波音第四代 737 max 系列首飞，但由于安全原因，2019 年 3 月 13 日，美国宣布波音 737 max 系列客机停飞令

2）波音 747 系列

波音 747 是由美国波音公司在 20 世纪 60 年代末在美国空军的主导下推出的大型商用宽体客/货运输机（Wide-body Commercial Airliner and Cargo Transport Aircraft），亦为全世界首款宽体双层四发动机民用飞机，能够用于载客、载货、军事和其他用途。

自 1970 年投入服务后，直到空客 A380 投入服务之前，波音 747 保持全世界载客量最大飞机的纪录长达 37 年，由于波音 747 载客人数多，维修成本及燃油成本低，获得极大的成功。客机系列被外界誉为"空中女王"机型，开发到第五代，总共交付了近 1500架。2017 年 6 月，波音宣布停产客运用的 747-8，但会继续生产货运用的 747-8F 及其他特殊型号。表 2-2 所示为波音 747 系列飞机主要机型及性能数据。

表 2-2   波音 747 系列飞机主要机型及性能数据

机型	747-100	747-200	747-300	747-400
翼展/m	59.6	59.6	59.6	64.4
机长/m	70.6	70.6	70.6	70.6
高度/m	19.3	19.3	19.3	19.4
经济布局载客数/人	366	366	366	416
最大起飞重量/kg	333 390	377 842	377 842	396 890
最大着陆重量/kg	—	265 351	—	285 762
巡航速度/（km/h）	963	895	975	975
最大巡航距离/km	9800	12 700	12 409	13 450
机型图片	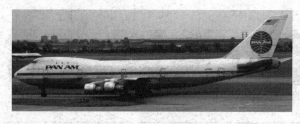			
首飞时间	1969.02	1970.10	1982.01	1988.04

注：747 系列飞机已经基本停产

（1）波音 747-100 机型。波音 747-100 是波音 747 基本型。1969 年 2 月 9 日首飞，同年 12 月获美国联邦航空局型号合格证，1970 年 1 月由波音 747 项目发起用户美国泛美航空公司投入商业运营。波音 747-100 型的上层客舱通常每侧有三个或十个侧舷窗。波音 747-100 系列共生产 205 架，1986 年停产。图 2-17 所示为波音 747-100 机型飞机。

（2）波音 747-200 机型。波音 747-200 别称为 747B 型，是 747-100 型的改进型，使用新型发动机，提高了最大起飞重量，增大了载油量，增加了航程，1970 年 10 月 11 日首次试飞，1971 年投入使用。747-200 系列共生产了 393 架，1991 年停产。图 2-18 所示为波音 747-200 型飞机。

图2-17   波音747-100型飞机

图2-18   波音747-200型飞机

（3）波音 747-400 机型。波音 747 的机翼采用悬臂式下单翼，翼根部相对厚度 13.44%，外翼 8%，1/4 弦线后掠角 37°30′。铝合金双梁破损安全结构。外侧是低速副翼，内侧是高速副翼，三缝后缘是襟翼，每侧机翼上表面有铝质蜂窝结构扰流片，每侧机翼前缘有前缘襟翼，机翼前缘靠翼根处有 3 段克鲁格襟翼。尾翼为悬臂式铝合金双路传力破损安全结构，全动水平尾翼。动力装置是 4 台涡轮风扇喷气式发动机。由发动机带动 4 台交流发电机为飞机供电，辅助动力装置带发电机。4 套独立液压系统，还有一备用交流电液压泵。起落架为五支柱液压收放起落架。两轮前起落架向前收起，4 个四轮小车式主起落架，两个并列在机身下靠机翼前缘处，另两个装在机翼根部下面。波音 747 机身是普通半硬壳式结构，由铝合金蒙皮、纵向加强件和圆形隔框组成。破损安全结构采用铆接、螺接和铰接工艺。波音 747 采用两层客舱的布局方案，驾驶室置于上层前方，之后是较短的上层客舱。驾驶舱带两个观察员座椅。公务舱在上层客舱，头等舱在主客舱前部，中部可设公务舱，经济舱在后部。客舱地板下货舱的前舱可容纳货盘或 LD-1 集装箱；后舱可容纳 LD-1 集装箱和散装货物。

1990 年 5 月起除波音 747-400 型外，波音 747 其他型号均已停产。图 2-19 所示为国航波音 747-400 型飞机。

（4）波音 777-300ER 机型。作为全球最杰出航空公司的旗舰机型，波音 777-300ER 在标准的三级客舱布局下，可搭载 386 名乘客，最远飞行 7825 海里（14 490 千米）。波音 777-300ER 的航班可靠性高达 99.5%，是市场上航班计划可靠率最高的双通道飞机，被商务乘客评选为"最佳机型"，不但以"波音标志性内饰"而闻名，而且拥有波音机型中最宽敞的客舱。每个座位的舒适度与整个客舱的便利性让商务乘客的飞行旅程富有成效，让休闲乘客得以充分休息，为飞机上所有人缔造愉悦的飞行体验。同时，外侧和中央的头顶行李舱向下打开，方便取放物品，为乘客带来更大的储物空间。

777-300ER 凭借所有 777 机型所拥有的宽敞的客舱，使运营 777 的航空公司可以提供更宽的座椅、更宽的过道、更多头顶空间、更大的座位布局灵活性，以容纳最新的高端座椅和机载娱乐系统。到 2018 年年底，我国境内航空公司共有该机型 58 架。图 2-20 所示为南方航空公司波音 777-300ER 机型。

图2-19　国航波音747-400型飞机　　　　图2-20　南方航空波音777-300ER机型

（5）波音 787 系列机型。波音 787 梦想客机是波音推出的一款新型客机，于 2011 年交付使用，主要用于取代波音 767 系列飞机，并在其上研发出了一系列最新的技术，包括更加高效的发动机、全机近 80% 的复合材料以减轻飞机重量、超临界机翼，是首架超长程的中型客机，打破了以往长航程客机多为大型客机的定律。波音 787 可载 210～330 人，视座位编排而定。燃料消耗方面，波音 787 比以往的产品省油，效益更高。此外，在用料方面，波音 787 是首款主要使用复合材料建造的主流客机。波音 787 系列飞机共推出三种超高效机型，能使乘客享受到更加精彩的飞行体验，其包含了 B 787-3、B 787-8、B 787-9 三种型号，其技术参数如表 2-3 所示。

表 2-3　波音 787 系列飞机主要机型及性能数据

机型	787-3	787-8	787-9
座位数/人	290～330	210～250	250～290
长度/m	57		63
翼展/m	52	60	63
高度/m	16.92		
机身高/m	5.91		
机身宽/m	5.75		
座舱宽/m	5.49		
空重/kg	101 151	109 769	115 213
最大起飞重量/kg	165 108	219 539	244 940
最高巡航速度/（km/h）	945		
满载航距/km	4650～5650	14 200～15 200	14 800～15 750
实用升限/m	13 106.40		

2013 年 6 月，中国引进的首架波音 787 飞抵广州，截至 2019 年 10 月，已经购买 100 架波音 787 飞机，包括中国厦航、海航、吉祥、国航、东航、南航等航空公司，均投入国际航线运营。截至 2019 年 11 月 20 日，吉祥航空接受了第六架 787-9 梦想飞机，该机也是中国民航业直接购买的第 100 架 787。中国民航最长的 10 条航线均由波音飞机执飞，其中 7 条由波音 787 执飞。图 2-21 所示为吉祥航空拥有的中国第 100 架 787-9 飞机。

图2-21　吉祥航空拥有的中国第100架787-9飞机

2. 空中客车系列机型

空中客车公司（Airbus，又称空客、空中巴士）作为一家欧洲航空公司的联合企业，其创建的初衷是为了同波音和麦克唐纳·道格拉斯那样的美国公司竞争。

在 20 世纪 60 年代，欧洲飞机制造商之间的竞争和美国一样激烈，于是在 20 世纪 60 年代中期关于欧洲合作方法的试验性谈判便开始了，最后欧洲一家飞机制造、研发公司于 1970 年 12 月在法国成立，也即空中客车公司，创立该公司的国家有德国、法国、西班牙与英国。

1967 年 9 月，英国、法国和德国政府签署了一项谅解备忘录（MOU），开始进行空中客车 A300 的研制工作。

目前，国内航空公司服役的空客系列飞机包括 320、321、319、330（200/300）、350 以及 380，空客机型飞机总量约占半壁江山。有关报道显示，2019 年，客机交付量空客自 2011 年后首次超越波音，重新登上了第一大飞机制造商的宝座。其中数量较大的机型如下。

1）空客 320 系列

空中客车 A320 系列飞机是欧洲空中客车公司研制生产的单通道双发中短程 150 座级客机，是第一款使用数字电传操纵飞行控制系统的商用飞机，也是第一款放宽静稳定度设计的民航客机。

A320 系列飞机在设计上提高客舱适应性和舒适性，该系列包括 A318、A319、A320 和 A321 在内组成了单通道飞机系列。旨在满足航空公司低成本运营中短程航线的需求，为运营商提供了 100～220 座级飞机中最大的共通性和经济性，在市场竞争中，是波音 737 系列飞机的主要竞争对手。表 2-4 所示为空客 320 系列机型性能参数表。

表 2-4 空客 320 系列机型

机型	A318-100	A319-100	A320-100	A321-100
座位数	117（1 级） 107（2 级）	142（1 级） 124（2 级）	180（1 级） 150（2 级）	220（1 级） 185（2 级）
长度/m	31.45	33.84	37.57	44.51
翼展/m	34.1			
高度/m	12.56	11.76		
客舱宽度/m	3.7			
机身宽度/m	3.95			
空重/kg	39 300	40 600	42 400	48 200
最大起飞重量/kg	68 000	75 500	77 000	93 500
巡航速率/（km/h）	894			
最大速率/（km/h）	940			
满载航距/km	5950	6800	5700	5600
飞机图片				
实用升限/m	12 000			

部分数据来源：百度文库 2016 年 9 月。

A320 由于较宽的客舱给乘客提供了更大的舒适性，因而可采用更宽的座椅和更宽敞的客舱空间，它比其竞争者飞得更远、更快，因而具有更好的使用经济性。接着在此基础上又发展了较大型和较小型，即 186 座的 A321、124 座的 A319 和 107 座的 A318。这四种客机拥有相同的基本座舱配置，飞行员只要接受相同的飞行训练，就可驾驶以上四种不同的客机。

截至 2018 年年底，我国主要的航空公司基本都运营 A320 系列飞机，共 808 架。A320 系列飞机是中国航空市场的主力机型之一。图 2-22 所示为空客 320 飞机。

图2-22　空客320飞机

2）空客 330/340（200/300）机型

空中客车 A330 和 A340 系列是欧洲空中客车工业公司研制生产的双过道宽机身中远程客机，空中客车公司在分析世界主要航空公司对大型远程客机的需求后，于 1986 年 1 月对外宣布研制两种先进的双过道宽机身客机。1987 年 6 月决定将 A330 和 A340 这两个型号作为一个计划同时上马。其概念为：一个基本的机身有相同的机体横截面，以 2 台或 4 台发动机为动力装置，可以提供 6 种不同的构型，覆盖 250～475 座，从地区航线到超远程航线，提高通用性。A330 的机翼与机身的形状与 A340 几乎相同。使用了新款机翼、稳定装置及新版本的线传飞控系统软件。除了发动机的数量和与发动机相关的系统外，A330 和 A340 两种机型有很大的共同性，有 85%的零部件可以互相通用，采用同样的机身，只是长度不同，驾驶舱、机翼、尾翼、起落架及各种系统都相同，这两种机型保留了 A300/A310 机型的高效率机身截面设计，采用了与 A320 系列通用的机头、驾驶舱和电传操纵设计，这样可以降低研制费用。截至 2018 年年底，国内共有 13 家航空公司大规模运营 A330 客机，共有 236 架，占运营宽体机的 57.8%。表 2-5 所示为 330/340 机型主要技术性能参数。

表 2-5　A330/340 机型主要技术性能参数

机型	A330-200	A330-300	A340-200	A340-300
翼展/m	60.3	60.3	60.3	
机长/m	58.8	63.69	59.39	63.6
高度/m	16.85	16.9	16.7	16.85
客舱最大宽度/m	5.28		5.28	
机舱长度/m	45	50.35	59.39	63.6
标准两级客舱布局载客数/人	293	335	240（3 级）	295（3 级）
最大起飞总重/t	230	230	275	276
满载航距/（km/h）	12 500	10 500	14 800	13 700
最大飞行速度/（km/h）	871		896	
巡航高度/m	10 668		11 887	
机型图片				

（1）A330-200 机型。A330 的远程、短机身型的推出使空客公司的大型双发客机销售情况大为改观。A330-200 型较 300 型机身短 5.3 米，加大了尾翼，加强了机翼结构。1997 年 8 月首飞，1998 年 5 月开始交付加拿大 3000 航空公司投入使用。图 2-23 所示为巴西天

马航空公司的 A330-200 机型。

（2）A330-300 机型。A330-300 飞机采取两级客舱布局，可以搭载 300 名乘客，有 38 个公务舱座位，是空客公司 A330/A340 家族中载客量最大的一种型号，与 A340-300 型相比，机身相同，只是发动机只有两台，与发动机相关的系统也有所不同，航程较短。1987 年 11 月 2 日首飞，1994 年 6 月 2 日获欧、美适航证书。图 2-24 所示为香港港龙航空公司的 A330-300 机型。

图2-23 巴西天马航空公司的A330-200机型　　　图2-24 香港港龙航空公司的A330-300机型

3）A380 机型

空中客车 A380 是欧洲空中客车公司制造的全球最大的宽体客机。空中客车公司于 1988 年开始相关的研究工作，并于 1990 年宣布该项目，以向波音 747 在远程航空客运市场的主导地位发起挑战。为了挑战波音 747 在超大型客机市场的垄断，空客早在 1990 年代就开始了相关机型的研发计划，并于 2000 年将其定名为 A380。

A380 机型的最大特点是大量采用先进复合材料建造飞机骨架，燃料消耗超低，污染排放较低，效益高，客舱舒适。A380 是迄今世界上最大的宽体客机，拥有双层客舱，与现有最大机型相比，载客量多出 40%。A380 的机身长度为 72.72 米，翼展为 79.75 米，高度为 24.09 米，航程可达 8000 海里（约 15 000 千米），足以不经停就由阿联酋迪拜飞往新西兰奥克兰，是名副其实的空中巨无霸。A380 还是超高燃油效率、油耗最低的绿色飞行器，每乘客百千米油耗不到 3 升，仅相当于一辆经济型家用汽车的油耗。在三级舱（头等舱、商务舱、经济舱）布置下可载客 555 人，于单一经济舱布置下载客量可达 853 人，打破了美国波音公司旗下波音 747 几十年来的民用飞机载客量纪录。

截至 2019 年 1 月，空客共收到 313 架 A380 的订单，已交付 234 架，客户包括新加坡航空、阿联酋航空、澳洲航空、法国航空、汉莎航空等十几家航空公司。中国南方航空在 2011 年接收了首架 A380，后续又接收了 4 架，是中国唯一一家运营此机型的航空公司。图 2-25 所示为中国南方航空在 2011 年接收的首架 A380。

据美国 CNBC 报道，尽管 A380 受到很多乘客的欢迎，但它的销售业绩却远远低于预期目标。空客试图以之取代波音 747 成为"空中霸主"，但由于自家的 A350 或波音的 787 "梦想客机"等燃油友好型飞机的问世，这一努力很快就遭到了破坏。随着航空业从大型客机转向小型宽体客机，航空公司对 A380 的需求最终枯竭。2019 年 2 月 14 日，欧洲飞机制造商"空客"表示，它们会于 2021 年起，正式停止交付 A380 客机。

图2-25 中国南方航空在2011年接收的首架A380客机

二、国内民航主要机型

新舟系列飞机是中国航空工业集团公司下属西安飞机工业（集团）有限责任公司在运-7短/中程运输机的基础上研制、生产的 50～60 座级双涡轮螺旋桨发动机支线客机。截至2019 年年末，新舟系列飞机已分布在世界四大洲 19 个国家，已累计向国内外客户交付109 架，在 268 条支线航空航线上平稳运营，飞行时间超过 53 万多小时，国内运行新舟系列飞机的航空公司有奥凯航空和幸福航空等。

1. 西飞的"新舟"系列

"新舟"60 飞机的研制于 1988 年立项，原型机曾被称为运 7-200A 型。1991 年完成图纸设计。第一架适航试验机于 1993 年 12 月 26 日首飞，1995 年开始适航试飞，共经历了 910多个起落，850 多个飞行小时，1998 年 5 月适航试验型飞机取得了中国适航当局颁发的型号合格证。1999 年 1 月，西飞公司根据用户意见与建议，对试验机型提出了 64 项重要改进。通过设计改进、疲劳定寿、新工艺、新技术应用，其在安全性、经济性、舒适性、可靠性、维护性等方面达到或接近世界同类飞机的水平。1999 年 3 月开始发出设计图，并着手工艺准备工作，11 月 29 日开始总装，1999 年被正式命名为"新舟"60（Modern Ark 60，MA60）。2000 年 2 月中旬总装完毕。2000 年 2 月 14 日，民航西安审定中心对飞机进行了全面的检查验收。2 月 16 日飞机进入试飞站准备试飞。"新舟"60 于 2000 年 3 月首飞，并于 3 月 9 日飞抵北京进行了飞行表演。2000 年 6 月，中国民航适航部门颁发"新舟"60 飞机型号合格证，正式批准将改进后的运 7-200A 飞机定名为"新舟"60（MA60）。表 2-6 所示为"新舟"60飞机主要性能参数，图 2-26 所示为"新舟"60 飞机。

表2-6 "新舟"60 飞机主要性能参数

翼展/m	29.200	最大起飞重量/kg	21 800
机身长度/m	24.710	最大着陆重量/kg	21 600
停机高度/m	8.853	最大商载重量/kg	5500
客舱宽度/m	2.686	最大使用高度/m	7620

续表

客舱高度/m	1.907	最大巡航速度（TAS）/（km/h）	514
机身最大宽度/m	2.900	经济巡航速度/（km/h）	430
满油航程/km	2450	满座航程/km	1600

图2-26　"新舟"60飞机

"新舟"600飞机是中国一航西安飞机工业（集团）有限责任公司在"新舟"60飞机（MA60）基础上的改进型。"新舟"600飞机选用普拉特·惠特尼公司PW127型涡轮螺旋桨发动机，在综合航电系统、结构设计和客舱内环境、舒适程度、系统的可维护性和可靠性等方面进行了改进。具有成本低廉、燃油消耗少等优点，与喷气式飞机对跑道要求极为严格不同，"新舟"600飞机的跑道可以缩减到1200～2000米，并可以实现在土跑道、砂石跑道乃至有雪覆盖的跑道上起降。2008年10月9日在阎良机场首飞。

"新舟"700飞机是新一代高速涡浆支线飞机，定位于承担800千米以内中等运量市场的区域航空运输业务，能够适应高原高温地区的复杂飞行环境和短距频繁起降。该型飞机具有经济、舒适、快速、先进、机场与航线适应等特点，为不同地区的客户提供全寿命期定制化解决方案。2018年1月，"新舟"700飞机项目研制进入工程发展阶段，试制与验证工作全面启动。2020年7月14日，"新舟"700飞机两点水平着陆最大垂直载荷工况试验完成，为全机试验顺利完成以及飞机首飞奠定了良好的基础。

2. 商飞 ARJ21

ARJ21翔凤客机是中国商用飞机有限责任公司研制的70～90座级双发动机中、短航程支线客机。ARJ21客机采用双圆剖面机身、下单翼、尾吊两台涡轮风扇发动机、高平尾、前三点式可收放起落架的基本布局。采用超临界机翼和一体化设计的翼梢小翼。驾驶舱采用两人体制，航电系统采用总线技术、LCD平板显示并综合化。2008年11月28日，ARJ21-700在上海首飞成功。

ARJ21民用客机是中国商用飞机有限责任公司研制的双发动机新支线客机。ARJ21是英文名称Advanced Regional Jet for the 21st Century的缩写，意为21世纪新一代支线喷气式客机。

ARJ21民用客机是中国第一次完全自主设计并制造的支线客机，采用"异地设计、异地制造"的全新运作机制和管理模式。机体各部分分别在国内四家飞机制造厂生产。ARJ21项目研制采取广泛国际合作的模式，采用了大量国际成熟先进技术和机载系统，发动机、航电、电源等系统全部通过竞标在全球范围内采购，其中有许多系统零部件在中国生产制造。

ARJ21 飞机具有良好的高原性能适应性和抗侧风能力，特别适应我国西南地区对机场起降条件和复杂航路越障的要求。图 2-27 所示为中国商飞 ARJ21 飞机。

3. 商飞 C919

C919 大型客机全称 COMAC C919，C 是 China 的首字母，也是中国商飞英文缩写 COMAC 的首字母，第一个 9 的寓意是天长地久，19 代表的是中国首型中型客机最大载客量为 190 座。C919 飞机采用单通道窄体布局，基本型可以乘坐 158 名乘客，与目前国际航空市场上最为常见的空客 320、波音 737 相当。C919 全机长度接近 39 米，翼展近 36 米，比同类型飞机略大，同时，C919 大量采用复合材料和新型航空合金，使得机体更大的情况下，总体重量保持在合理水平。图 2-28 所示为中国商飞 C919 飞机。

图2-27 中国商飞ARJ21飞机

图2-28 中国商飞C919飞机

C919 大型客机是我国按照国际民航规章自行研制、具有自主知识产权的大型喷气式民用干线飞机，座级 158～168 座，航程 4075～5555 千米，于 2017 年 5 月 5 日成功首飞，截至 2018 年 2 月 26 日累计获 28 家客户 815 架订单。

在技术上，C919 具有以下特点。

（1）采用先进气动布局和新一代超临界机翼等先进气动力设计技术，达到比现役同类飞机更好的巡航气动效率，并与十年后市场中的竞争机具有相当的巡航气动效率。

（2）采用先进的发动机以降低油耗、噪声和排放。

（3）采用先进的结构设计技术和较大比例的先进金属材料和复合材料，减轻飞机的结构重量。

（4）采用先进的电传操纵和主动控制技术，提高飞机综合性能，减少人为因素的影响，提高舒适性。

（5）采用先进的综合航电技术，减轻飞行员负担，提高导航性能，改善人机界面。

（6）采用先进客舱综合设计技术，提高客舱舒适性。

（7）采用先进的维修理论、技术和方法，降低维修成本。

从运-10 到 C919，中国的"大飞机梦"薪火相传了近 50 年，靠的是三代民机产业人为大飞机事业的接力和日复一日地不断攻克难关。2006 年国务院成立大型飞机重大专项领导小组；2017 年 5 月 5 日 C919 飞机完成首飞；2019 年 12 月 27 日 C919 大型客机 106 架机于 10 时 15 分从浦东机场第四跑道起飞，经过 2 小时 5 分钟的飞行，在完成了 30 个试验点后，于 12 时 20 分返航并平稳降落浦东机场，顺利完成其首次飞行任务。至此，C919 大型客机 6 架试飞飞机已全部投入试飞工作，项目正式进入"6 机 4 地"大强度试飞阶段。2019 年 7 月 23 日，国产 C919 飞机生产许可审定委员会（PCB）首次会议在上海召开，会议的召开标志着我国 C919 飞机生产许可审定工作正式启动，是 C919 飞机项目的又一个重要里程碑。预计将在 2021 年获得 EASA 欧洲适航证，届时将为中国乃至全世界旅客服务，这也是中国航空人第 3 次对波音和空客的垄断地位发起冲击。

第三节　飞机飞行的基本常识

一、几个基础概念

1. 飞机速度 V_1、V_R

V_1 代表的是起飞决断速度，若在这个速度之前发动机出现问题或者其他飞安状况发生，飞行员可以选择放弃起飞，因为飞机还有足够的跑道用来刹车且能停下来。

V_R 代表的是飞机的抬轮速度，当飞机超过 V_1 速度时，机长会拉控制杆，这时机头会慢慢上升，飞机进入爬升阶段。此时，飞机一般会保持 10°～15° 上仰姿态角。

V_2 代表的是飞机的安全起飞速度，当飞机经过 V_R 速度后，抬起前轮，飞机就应加速到 V_2 并持续加速至标准爬升速度。当飞机达到 V_2 速度时，飞机已离开了跑道，可收起起落架。

2. 巡航

飞机完成起飞阶段进入预定航线后的飞行状态称为巡航。飞机发动机有着不同的工作状态，发动机每千米消耗燃料最少情况下的飞行速度称为巡航速度。飞机以多大的速度飞行，要根据飞机飞行的距离、所需的时间、载荷要求、飞行的安全性、发动机的耐久性和经济性，以及气候条件等情况确定，装有不同发动机的飞机，其巡航速度、巡航高度和航程是不一样的。

3. 空中走廊

两点连线两侧各有 4000～5000 米宽度的空中飞行通道，供航空器在走廊内实施点与点之间的飞行，这个空中飞行通道就是空中走廊。设置空中走廊的目的，是使航空器严格按照走廊进行飞行，避免航空器进入走廊之外的限制区域。北京、上海、广州、成都、西安、沈阳等大城市都设有空中走廊。飞机去这些大城市的机场，都不可随意飞越城市上空直接去机场，必须先飞向指定的地点（即走廊口），然后沿着空中走廊，再飞向机场降落。

4. 航线

飞机飞行的路线称为空中交通线，简称航线。飞机的航线不仅确定了飞机飞行的具体方向、起讫点和经停点，而且还根据空中交通管制的需要，规定了航线的宽度和飞行高度，以维护空中交通秩序，保证飞行安全。飞机航线的确定除了安全因素外，取决于经济效益和社会效益的大小。一般情况下，航线安排以大城市为中心，在大城市之间建立干线航线，同时辅以支线航线，由大城市辐射至周围小城市。航线按起讫点的归属不同分为国际航线和国内航线。其中，国内航线又可分为干线航线和支线航线。干线航线是指连接北京和各省会、直辖市或自治区首府或各省、自治区所属城市之间的航线，如北京—上海航线、上海—南京航线、青岛—深圳航线等。支线航线则是指一个省或自治区之内的各城市之间的航线。

二、民航飞机的飞行过程

飞机要完成一次飞行任务要经过滑跑起飞、上升、平飞、下降、着陆五个阶段。

1. 起飞

起飞指飞机从跑道上开始滑跑，到抬前轮速度 V_R 时抬轮离地，上升到距起飞表面15.24 米（50 英尺）高度，速度达到起飞安全速度 V_2 的运动过程。所以飞机的起飞是速度不断增加、高度不断变大的过程。一般在起飞前，飞行员的准备工作包括对飞机的各种工作状态进行调整，例如，调整发动机的功率，使之处于正常工作状态；将襟翼和配平设置于起飞位；调定高度表，按照机场和航路的飞行要求正确地选择飞行高度的参考零点；得到塔台许可后进入跑道。飞机起飞是一个直线加速运动，是飞机功率最大和驾驶员操作最繁忙的时间。

1）起飞前的准备工作

首先完成航班飞行前各项地面勤务工作，包括旅客登机完成、货物行李装卸结束、机务人员检查完毕签署文件放行飞机、机组从航管部门等获取相关飞行资料、地面商务值机人员与机组共同核对人员、飞机装舱单核查正确等。

然后向航空管制部门、塔台申请，获准后在机坪上启动好发动机。经滑行道到达跑道端准备起飞是滑行阶段，在这一阶段飞机犹如一个运动的车辆，要按照地面的交通要求来运行，滑行段是飞机重量最大的时刻，也是驾驶员做起飞前各种准备和检查的时刻，同空中飞行一样也需认真小心。

2）起飞三阶段

民航飞机的起飞过程分为起飞滑跑、抬前轮离地、初始上升三个阶段，图 2-29 所示为飞机起飞过程图。

飞行员在得到塔台的起飞许可后，前推油门杆，使发动机处在最大功率状态，在地面加速滑跑。在滑跑的起始阶段，由于飞机速度较小，方向舵的偏转对飞机的方向控制作用不大，此时飞行员通过控制飞机前轮的偏转来控制飞机的滑跑方向，使飞机沿着跑道中线运动。飞机速度达到决断速度 V_1 之前，飞行员一手控制驾驶杆，另一手不离油门杆，这样做是为了在遇到突发情况时终止起飞。在飞机速度 V_1，飞行员必须继续起飞过程，因为此时飞机速度过大，若中断起飞，飞机将在完全静止之前冲出跑道，酿成事故。

当飞机的滑跑速度达到抬前轮速度 V_R 时，飞行员将向后拉驾驶杆，使飞机绕横轴转动，抬起飞机前轮，飞机将保持以两个主轮接地的姿态继续向前滑跑，如图 2-30 所示。这时飞机的姿态较高，在地面滑跑的迎角增加，升力随之变大。这样做可以帮助飞机在滑跑速度相对较小时就可以获得足够大的升力，从而克服重力，离地升空，使地面滑跑距离减小，提高飞机的起飞性能。

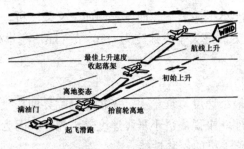

图2-29　飞机起飞过程图

图2-30　飞机抬起前轮后获得的姿态

在起飞过程中，为了提高飞机的起飞性能，缩短地面滑跑距离，飞行员应使用最大油门，放下一定角度襟翼，朝着逆风方向起飞。情况许可时，适当减轻飞机重量或利用下坡起飞，可进一步缩短起飞滑跑距离和起飞距离，从而提高飞机的起飞性能。

2. 上升

上升是飞机获得高度的最基本的方法。在稳定上升阶段，作用在飞机上的各作用力保持平衡。飞行员需要在上升过程中加大发动机的功率，并保持后拉驾驶杆，使飞机稳定在所需要的上升角和垂直上升分速。另外，飞行员可以根据飞行任务所需，调整飞机获得不同的上升状态，例如可通过发动机的状态使飞机尽快上升到某一高度或增加飞机的上升角以飞越某一障碍。

飞行员在驾驶飞机上升过程中也可以选择保持某一固定的上升角持续爬升到所需高度层，以便节省飞行时间。但在这种飞行状态下，发动机将长时间处在高负荷运转的工作模式下，发动机温度较高，并对燃料的消耗稍大。另一种上升的方式是阶段式上升，即在飞行到某一高度后，驾驶飞机保持水平飞行，以降低发动机温度，然后再上升到第二高度。如此经过几个阶段后上升到预定高度，利于发动机的有效工作，节省燃料，同时飞行员不必长时间保持同一操纵姿势，有助于减轻飞行员的工作强度。

3. 平飞

平飞即巡航状态，指飞机在到达预定高度后，保持水平等速飞行状态。在平飞状态中，飞机的升力与重力平衡，保持飞行高度不变，发动机牵引力平衡阻力保持等速飞行。

在巡航飞行中，飞机的飞行性能主要体现在最大平飞速度、最小平飞速度、平飞有利速度和平飞经济速度。飞机达到预定高度后，保持水平等速飞行状态，这时如果没有天气变化的影响，驾驶员可以按照选定的速度和姿态稳定飞行，飞机几乎不需要操纵。

1）最大平飞速度

在一定的高度和重量下，发动机加满油门（最大推力状态）工作时，飞机所能达到的稳定平飞速度即做等速直线飞行时飞机所能达到的极限速度，就是飞机在该高度上的最大平飞速度。

由于发动机不能长时间在最大功率状态下工作，因此也将发动机在额定功率状态工作时飞机所能达到的稳定平飞速度称为最大平飞速度。

最大平飞速度是理论上飞机巡航所能达到的最大速度，并不是飞机实际的最大使用速度，由于飞机结构强度等限制，最大使用速度可能小于最大平飞速度。例如三叉戟飞机，在海平面高度处、标准大气、全发最大推力状态下，最大平飞速度为 480 节（kn，海里/小时），而最大使用速度则规定为 365 节。

2）最小平飞速度

最小平飞速度是飞机做等速平飞所能保持的最小速度。理论上，飞机在以临界迎角飞行时的飞行速度为平飞最小速度。对飞机的飞行性能来说，最小平飞速度越小越好，因为该速度越小，飞机就可用更小的速度接地，以改善飞机的着陆性能。

同样，临界迎角对应的平飞速度是平飞的最小理论速度。实际上当飞机接近临界迎角时，飞行状态将出现强烈抖动，变得极不稳定，飞机容易失速，所以实际上以平飞最小速度飞行是不可能的。为了确保飞行安全，要求平飞最小使用速度比平飞最小理论速度大，是后者的 1.1～1.25 倍。

3）平飞有利速度

平飞有利速度也称最小阻力速度，是在平飞中所需发动机推力最小的速度。装配有螺旋桨动力装置的民航飞机若保持最小阻力速度巡航飞行，航程较长，所以这个速度也称为远航速度。

4）平飞经济速度

经济速度就是用最小所需功率做水平飞行时的速度。用经济速度平飞所需功率最小，即所用发动机的功率最小，比较省油，航时较长，所以这个速度也称为久航速度。

4. 下降

在降落前半小时或更短的飞行距离时，驾驶员开始逐渐降低高度到达机场的空域上空。根据飞机的动力状态不同，下降阶段分为零拉力下降（闭油门）、正拉力下降和负拉力下降（使用发动机反推）。在正常飞行中，下降过程都采用正拉力下降的方式，但飞行员要时刻做好发动机停车后丧失动力的准备，即在下降过程中可能被迫选择零拉力下降，但采用负拉力下降的情况很少见。

与多数人的想法相反，当发动机在空中停车时，飞机即便丧失动力也不会立即从空中自由落体掉到地面上，相反会飞行相当长的一段距离。这就是飞机的滑翔能力。顾名思义，滑翔机的滑翔性能是比较强的，这种类型的飞机在发动机停车失去前进动力后依然可以前进相当长的水平距离，而飞行高度却降低很少。数据显示，滑翔机的滑翔比为 25：1～60：1，意味着飞机每下降 1000 英尺（304.8 米），它的水平飞行距离为 25 000～60 000 英尺（7620～18 288 米），而典型民用客机的滑翔比相对较小，约为 16：1。由此看出，没有发动机的民用客机相当于滑翔能力不强的滑翔机，因此当动力失去时，飞行员应该尽量延长飞机在空中滑翔的时间，这样会有更多的时间来选择紧急着陆地点，或再次启动发动机并与空中交通管制员联络。

下降与上升的状态不同，为了保证飞机下降状态的平稳与安全，通常选择下降角和下降率最小、下降时前进的水平距离最长的下降方式。

在零拉力下降过程中，为保证滑翔时间最长，也就是实现最大的航时，就必须将飞机单位时间内下降的高度（即下降率）降到最低，此时对应的速度为久翔速度。而选择有利速度下滑，飞机的滑翔距离最长，因此有利速度也是远航速度。在零拉力下降时，飞机的下滑状态与飞机的重量无关，只与飞机的升阻比成正比。

在正拉力下降过程中，发动机的推力越大，下降角越小，同时下降一样高度时飞机前进的水平距离变大。

一般情况下，在降落前半小时或更短的飞行距离时驾驶员开始逐渐降低高度，到达机场的空域上空。

5. 着陆

飞机在机场或指定空域下降到一定高度时，由地面管制人员指挥对准跑道，继续下降过程中减速、放下襟翼和起落架，并降落地面滑跑，直至完全停止运动的整个过程，称为着陆。着陆是飞机高度不断降低、速度不断减小的过程。图 2-31 所示为飞机着陆过程。

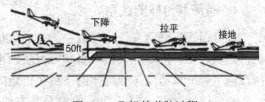

图2-31　飞机的着陆过程

飞机最后进近段由飞行员控制飞机的俯仰姿态和油门，以 3°下降角下降，保持一定的安全速度飞越距离着陆平面 50 英尺（15.24 米）的高度。无风情况下飞机的纵轴对准跑道中心线，发动机处于慢车工作状态，襟翼处于着陆位，起落架放下。随着高度的进一步降低，飞机接近地面时，必须在一定高度上逐渐后拉驾驶杆，使飞机由进近姿态转入接地姿态，随着速度的减小逐渐增大迎角。待飞机减速到接地速度时，正好把飞机拉成着陆迎角，飞机以两主轮自然接地。随后放下前轮，使用刹车或发动机反推力减速，直至飞机停止，着陆结束。

三、备降

1. 什么是备降

备降（diversion）指飞机（航空器）在飞行过程中不能或不宜飞往飞行计划中的目的地机场或目的地机场不适合着陆，而降落在其他机场的行为。为了确保飞行安全，每次起飞前机组都会确定本次航班的备降机场。

2. 备降机场的选择

备降机场（alternate airport）一般在起飞前都已预先选定好。在每一个航班起飞之前，当班机长签署的飞行计划中都必须至少明确一个条件合适的机场作为目的地备降机场。当起飞机场的天气标准只满足起飞要求而不能满足落地要求时，备降机场中还应包含起飞备降机场。一般来说，如果是飞机起飞后短时间需要备降，大多数情况会选择返回起飞机场。当飞机完成了整个航程的一半距离，备降就可能选在航线中段附近符合飞机通行标准的某个机场。

备降机场要考虑是否符合飞机的飞行标准，例如，跑道是否满足该型飞机的起降要求，是否具有为该机型加油的设备，机场是否具备该机型的放行条件，航空公司在该机场是否有地服或代办，机场消防等级和机场净空情况是否符合要求，等等。

3. 备降的原因

发生备降的原因有很多，主要有：航路交通管制，天气状况不佳，预定着陆机场不接收，预定着陆机场天气状况低于降落标准，飞机发生故障，等等。中国民用航空局发布的关于确保飞行安全的有力措施"八该一反对"中就明确提出了"该备降的备降"，指由各种原因造成目的地机场不具备着陆条件的情况下应该到备降机场落地，不能盲目、强行落地而影响飞行安全。备降是飞机在运行过程中为确保飞行安全采取的正常措施。

4. 备降和迫降的区别

备降指飞机降落在飞行计划中的目的地机场以外的机场。迫降（forced landing）是飞机因迷航、燃料用尽或其机械系统等发生严重故障后，不能继续飞行而被迫降落或者强迫擅自越境或严重违反飞行纪律的飞机在指定的机场降落。

与备降相比，迫降所面临的安全状态要严重得多，因为导致迫降的原因都是非主观的，不可控性大，着陆地点选择性小，甚至会因无可选择的机场而在机场以外的地面或水面上紧急降落，存在较大安全风险。

四、飞机的载重与平衡

1. 载重与平衡的重要性

飞行载重是飞机结构设计和强度计算的主要原始数据，它直接影响到飞机的重量、飞行性能和飞行安全。任何飞机遵守重量和平衡限制都对飞行安全至关重要，如果一架飞机超出它的最大重量限制运行会危及飞机结构，同时，控制重心在允许的限制范围同样重要，否则，会引起飞机控制困难等问题。

对民航来说，飞机载重平衡是地面商务保障的关键环节，直接影响到飞行安全。荷兰国家航空航天研究实验室（NLR）近期对 1970—2005 年全球和飞机载重平衡有关的不安全事件进行了研究，发现 35 年里共有 82 起有完整记录的飞行事故和载重平衡有关，世界范围内和载重平衡有关的事故率仍呈缓慢上升的趋势，而这 35 年间全球飞行事故率已降低了近 50%。

另外，动态看，飞机在飞行状态下，其载荷是变化的。一架飞机，从滑跑、起飞、爬升、巡航，直至下滑、着陆，无时不在承受着载荷。这些载荷主要可分为两大类：一类为气动力载荷；另一类为惯性力载荷。决定载荷大小及分布的主要因素也为两个方面：一为大气环境；二为飞机自身特性。大气环境指空气的温度、密度、压力、离散突风或者连续紊流（晴空紊流或风暴紊流）等；而飞机的自身特性指飞机的构形、重量、惯量、速度、加速度、飞行姿态等，而其中的许多方面又取决于驾驶员的操纵动作。在这众多的决定性条件中，有些还是随机变化的。

不利的平衡状态对飞机飞行特性的影响非常类似于过重状态影响方式。此外，有两个主要的飞机特性——稳定性和控制性，可能被不当平衡严重地影响；飞机头重状态下的载重会导致控制和抬升机头时出现问题，特别在起飞和着陆时；飞机尾重状态下的载荷对纵向稳定性有最严重的影响，会降低飞机从失速和螺旋中恢复的能力。在任何时候，驾驶一架不平衡状态的飞机都会导致飞行员疲劳可能性的增加，明显影响飞行安全和效率。

2. 重量的控制

重量是一种力，重力就是通过它把一个物体向地球的中心吸引，重力一直有把飞机向地球拉的倾向。升力是唯一的抵消重力和维持飞机飞行的力。然而，机翼产生的升力大小是受机翼设计、迎角、空速和空气密度限制的，因此，为确保产生的升力足以抵消重力，必须避免飞机的载荷超出制造商的建议重量。如果重量比产生的升力大，飞机可能不能飞行。

飞行前规划应该包含性能表的检查，以确定飞机的重量是否会促成危险的飞行运行。过大的重量本身就降低了飞行员可用的安全余度，当其他降低性能的因素和超载结合时甚至变得更加危险。飞行员也必须考虑发生紧急情况时飞机超载的严重性。如果起飞时一个发动机失效，或者在低高度时机身结冰，通常这时降低飞机重量以维持飞机在空中的飞行就迟了。

3. 平衡控制

飞机重心位置的设置是由制造商确立的。重心是一个点，如果飞机被挂在这个点上，那么飞机会在这点获得平衡。重心不能超出范围，否则就不能飞行。平衡控制就是在装载后，使重心位于允许范围内，否则，就需要在起飞前重新布置飞机内某些物件的位置。重量和平衡的计算有其系统的方法，需要在飞机装载之前给出平衡图标，并据此装载货物和分配乘客的位置。

思 考 题

1. 理解飞机结构的构成原理以及所带来的飞行的复杂性。
2. 了解飞机的发展历史，理解飞机国产化的重要意义。
3. 结合飞机的构造，理解飞机结构与系统的复杂性。

复 习 题

1. 飞机的诞生及其基本构造。
2. 世界主要民用飞机的基本型号与基本技术特性。
3. 民用飞机的发展过程及基本型号。
4. 掌握民航飞机的飞行过程。

第三章

飞行的影响因素与航线地理

本章学习目的

坐飞机出行时，旅客偶尔会遇到航班晚点或取消的情况，势必会影响到旅客的出行计划，对此，很多旅客不理解，甚至引起争端，这也在一个层面反映了民航出行的特点。当机场有关部门说明由于天气原因不能起飞时，有人理性地接受，耐心等待，也会有很多旅客不理解为什么飞机不能起飞！

如果我们问一下机长，他会告诉你：全世界的民航飞机都不能做到全天候起飞飞行，民航客机是不允许带着风险去飞行的，这关系到客机上旅客的生命安危。比如冬天，一般由大雾或者降雪引起的航班延误居多，飞机起飞前，如果霜、冰、雪附着在飞机表面，就不能起飞，因为结冰会增加飞机在空中运行的阻力，如果机翼部位大面积结冰，可能破坏飞机的安定性，致使飞行进入不稳定状态。因此，离开了一定的飞行环境，飞行就无从谈起，所以，不同飞行环境与飞行是民航安全永恒的话题。另外，民航航线网络是民航运输的基础，对民航也是不能缺乏的。

本章的学习目的包括以下内容。

1．了解地球运动与飞行的关系；

2．理解飞行的影响因素及影响方式；

3．了解航线的设置与国内外主要航线情况。

导读

气象双重面孔——天使与魔鬼

气象现象的风与速度的结合，在动力推进与控制装置控制下，飞机的飞行更快，更经济。在应对各种气象条件时，飞机的性能与飞行技术游刃有余，体现了现代民航的优越性，但同时，多变的气象现象，也使得飞行隐藏着许多风险，规避各种飞行风险是民航飞行永恒的主题。

2014 年 10 月 25 日，东航北京分公司机组驾驶 A321/B-2290 机号执行 MU750（日本旭川—北京）航班，航班抵达北京上空时，因天气急剧变化，遭遇严重雾霾的影响。机组在进近中被告知北京天气标准低于机组运行标准，机组综合考虑当时飞行状况，决定在管制员指挥下备降青岛机场，青岛机场随后及时接受该航班安全备降。这其中，导致航班不能在首都机场降落的原因是机场天气标准低于机组运行标准，不能执行降落，当然事先是有备降机场准备的预案。

类似的情况在民航已非偶然，恶劣天气可能导致航空事故，例如风切变、雾、寒冷天气引致机翼结冰、暴风雪或暴雨、火山灰、乱流等，都会对飞行安全构成影响。恶劣天气成为多起空难事故的主要原因或诱因，据民航资源网资料披露，2000—2014 年，世界由于恶劣气候引发的重大空难就有 17 起，或造成飞机严重损毁，或人员伤亡，如 2005 年 8 月 2 日，法国航空 358 号航班在多伦多降落时，因机组失误以及恶劣天气，未能在跑道结束前减速停止，冲出跑道末端并起火燃烧，所幸所有乘客与机组人员都及时逃出，无人死亡。由于降落时的天气状况，造成机组人员压力过大引发操作失误。另外，在当时天气恶劣的情况下，塔台仍要求该航班机降落在全长只有 2.7 千米的 24L 跑道（该机场最短的跑道）上，亦令情况雪上加霜。

尽管飞机的性能可以抵御一定的恶劣气候的风险，但毕竟风险驾驭不当，或超出可控范围，很可能酿成灾难，所以，为提高飞行的安全程度，需要掌握气象因素对飞行的影响。

第一节　飞行影响因素

飞行既要借助空气而产生升力，同时，空气的各种物理现象时刻影响着飞行器的飞行状态，这种影响更多方面威胁着民航的安全，影响着旅客的飞行体验。

一、大气

1. 大气组成

大气是包围着地球的空气层，并且依附在地球的表面。它和海洋或者陆地同样是地球的一个重要组成部分。然而，大气不同于陆地和水，因为它是气体的混合物，它有质量和不确定的形状。

空气和其他任何流体一样，它可以流动，由于缺少强的分子凝聚力，当受到瞬间的压力时它就会改变它的形状。例如，气体可以完全充满它所处的任何容器，膨胀或者收缩来改变它的形状为容器的界限。

大气由 78% 的氮气、21% 的氧气和 1% 的其他气体如氩气或者氢气组成。大部分氧气分布在 35 000 英尺（10 668 米）高度以下。

2. 大气层的构造

大气层紧紧包围着地球，厚度在 1000 千米以上，但没明显的界限。大气层包括对流层、平流层、中间层、热层、外逸层。图 3-1 所示为大气层结构示意图。

1）对流层

对流层是大气圈中最靠近地面的一层，平均厚度约 12 千米，集中了占大气总质量 75% 的空气和几乎全部的水蒸汽量，是天气变化最复杂的层。对流层的状况对人类生活的影响最大，与人类关系最

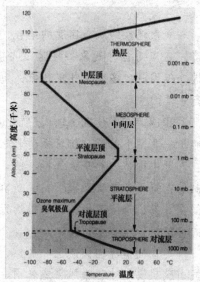

图3-1　大气层结构示意图

密切。该层的特点有：① 气温随着高度的增加而降低。这是由于对流层的大气不能直接吸收太阳辐射的能量，但能吸收地面反射的能量所致，因此，这个层也称为变温层。

② 空气具有强烈的对流运动。近地表的空气接受地面的热辐射后温度升高，与高空的冷空气形成垂直对流。

地球上的气象现象如云、雨、雪等都出现在这个层内，无论飞机最终在什么高度飞行，对流层都是飞行器飞行中不可逾越的区域，因此，对流层的各种气象现象为飞行器的飞行与驾驶带来诸多影响，也是对飞行器性能和驾驶技术的考验。

2）平流层

在对流层的顶部直到 55 千米，气流运动相当平稳，而且气流主要以水平运动为主，故称为平流层（stratosphere）。平流层顶的气压约 1 百帕。平流层下部温度随高度变化很小（也被称为同温层），平流层上部因为存在臭氧层，臭氧吸收太阳紫外线辐射使大气温度升高。

在平流层上，大气很稳定，空气的垂直运动很微弱，多为平流运动；水汽和杂质含量很少，几乎没有对流层中所出现的各种天气现象，同时，大气透明度高，天气晴朗，飞行气象条件好，除了风以外，没有其他气象现象。因此，平流层有气流平稳、空气干洁、能见度好、飞行阻力小等特点，有利于大型飞机飞行。

3）中间层

50～85 千米高度是大气中最冷的部分。水汽极少，虽然不稳定，但是没有什么天气现象。

4）电离层（热层）

在 85～800 千米高度，太阳辐射中的强紫外线辐射造成了热层的高温。虽然温度最高，但是大气极其稀薄，并能反射无线电波，对于无线电通信有重要意义。

5）外逸层

电离层顶以上的大气统称为外逸层，又叫外层。它是大气的最高层，高度离地表 800 千米以上，厚度可达 2000～3000 千米。外逸层中温度很高，空气十分稀薄，受地球引力场的约束很弱，一些高速运动着的空气分子可以挣脱地球的引力和其他分子的阻力散逸到宇宙空间。

航空器一般活动在距地面 18 000 米高度内的区域。没有增压舱的飞机或小型喷气飞机在 7000 米以下的对流层活动；大型或高速的喷气客机都装有增压舱，主要在 7000～13 000 米的对流层顶部和平流层飞行，这样，由于没有垂直方向的运动，飞机飞行平稳，且空气稀薄，飞行阻力小，飞机可以高速飞行，节约燃料，减少碳排量，经济性好。现代大型运输机均在这个层中飞行。超音速和一些高速军用飞机为了减少阻力，巡航高度一般在 13 500～18 000 米，也就是在平流层飞行。

3. 大气物理参数

大气物理参数与飞机的飞行有密切的关系，包括气压、温度、空气密度和音速。

1）大气压力

大气压力是指单位面积上直至大气上界整个空气柱的重量，有两种表示方式：毫米汞柱（mmHg）和百帕（hPa），大气压力会随着高度的增加而减小，例如，在 5486.4 米（18 000 英尺）的高度，气体压力为 500 百帕，仅为海平面压力的 1/2 左右。在这个高度上，人的反应明显低于正常水平，可能出现意识的丧失。

在飞行中，飞行员必须考虑大气压力，因为它是天气变化的基本因素之一，它帮助抬升飞机，还驱动飞机上一些重要的飞行仪表。驾驶室里的很多仪表根据机舱外的压力的变化来指示飞机的飞行状态和气象状况，这些仪表包括高度计、空速指示器、爬升率指示器和进气压力表等。一名飞行员尽管在驾驶舱里与外部隔绝，但是通过这些仪表可以判断外部环境和飞机状态，以安全操控飞机。

2）大气温度

大气温度是表示大气冷热程度的量，简称气温。它是空气分子运动的平均动能。它有两种表示方式：绝对温度（K）和摄氏温度（℃）。

气温是大气最基本的要素，它的时空分布和变化对于大气的压力、风、湿度以及天气、气候具有重要影响。在对流层，大气的温度随高度的增加而线性下降，大约每升高 1000米温度下降 6.5℃。

3）大气密度

大气密度是指单位体积大气中含有的空气质量或分子数目。大气密度随高度的增加而下降，因此，大气密度直接影响飞行的升力和阻力。

4）音速

音速是声波在介质中的传播速度，空气中的声波速度是 341 米/秒。受大气的温度和密度的影响，温度高，音速大；密度大，音速也大。飞机在高速飞行时，速度用马赫数表示。马赫数即飞机的速度与相同大气条件下音速的比值。

二、各种主要气象现象对飞行的影响

1. 气压与风对飞行的影响

1）气压对飞行的影响

气压是指大气的压强，气压主要与高度、温度有关。气压随高度的增加而递减，高空通常小于 0.5 个大气压。为此，飞机机舱必须密封，失密将导致舱内人员、物体被卷出，释压会使人因低压和缺氧而导致相关器官的损伤。高空缺氧的影响与氧气含量和持续时间有关。飞机高度在 3000 米以下时，缺氧程度很轻，人无明显异常表现；3000 米以上时，如长时间不补充氧气，便会头痛、眩晕，甚至意识丧失。在同一高度上，温度越高，气压越低；温度越低，气压越高。所以客舱内要配置氧气系统，以备紧急情况下使用。

由于气压的变化，会出现以下几种情况。

（1）气压降低，可造成飞机发动机推力减小，所需跑道滑跑起飞的距离增加；高原机场在设计跑道时，必须考虑大气含氧量低对机械动力的影响，适当加长、加宽跑道，以确保飞机安全降落。

（2）海拔越高，空气越稀薄，气压就越低。高原地区的低压与夏季高温配合可造成飞机的全重减载。据资料介绍，全重减载量需根据飞机的性能来定，以波音 737-800 型飞机为例，在 36℃起飞情况下，需要减载 2215 千克，相当于要减少一辆排量 3.0SUV 汽车重量（约 2 吨）还要多。

（3）冬季，西伯利亚的冷高压常常造成冷空气南下，出现锋面、大风、降温等天气。夏季的低压，是造成各种复杂天气的主要诱因。

2）地面大风对飞行的影响

风指空气的水平流动，风作为矢量有风向与风速的变化。飞机相对于空气的速度被称为空速；飞机相对于地表的速度被称为地速。无论在空中还是在地面，风都会对飞机运动轨迹和姿态产生很大影响。地面大风直接影响飞机起降；其带来的扬沙、沙尘暴可造成低能见度天气；低空风切变是造成飞行事故的"隐形杀手"，高空风也会对飞行产生影响。

在气象上，一般把地面风速大于 12 米/秒的风称为大风。风作为有大小和方向的矢量，主要关注的是风的方向与跑道的夹角，其允许起降的最大风速也随着风向的变化而变化。

地面风主要影响起降阶段的飞行性能与操作，飞机起降时，最关键的是要尽量避免侧向的来风，侧风很容易导致飞机出现横向的侧滑，偏离跑道的中心而出现事故，所以机场跑道的走向应与机场当地的最常见风向平行。

固定翼航空器和直升机在起飞及着陆时通常都需要逆风飞行，这是为了在保证有足够升力的前提下尽量降低航空器的地速（即航空器相对地面的运动速度），以便减少在跑道上的滑行距离。不同的机型在不同的起降模式下，对侧风的风速有一定的要求，在符合规范的条件下方可进行起降操作。

地面风偏大对飞行器起降的影响如下。

（1）影响稳定性，增加飞行员的操控难度。

（2）风速强劲时，甚至对停放的飞机也会造成很大的破坏，如热带风暴、龙卷风等极端气象现象均造成过机场停放飞机的受损情况。

（3）可伴有风沙、吹雪、浮尘等，降低能见度。

2. 低空风切变对飞行的影响

低空风切变指 600 米以下的空中，风向或风速变化都十分明显的风。其主要的威胁表现在进近着陆过程中对飞机的安全的影响。无论风切变表现在水平风的垂直切变、水平切变还是垂直风的水平切变，都会使空速发生改变，使升力发生变化；或力的平衡遭到破坏，改变航迹和飞机姿态。如果在高空不能通过适当操控使飞机恢复到平衡状态，有可能造成飞机坠毁事故。

3. 低能见度对飞行的影响

能见度是指在当时的天气条件下，正常视力的人从天空背景中能够分辨出目标物的最大水平能见距离。能见度直接关系到飞机的起降，可以作为一个判断气象条件是复杂还是简单的依据。影响能见度的主要天气现象是积云、降水、大雾、风沙、吹雪、浮尘、烟、霾等，恶劣的能见度条件是航空的一大障碍，严重威胁着飞机的安全起飞、着陆和飞行，可导致大面积航班延误与旅客大量滞留，极大地困扰着机组人员的目视飞行，成了引起航空运输企业延误的主要因素。

1）云对飞行的影响

云底高度在 500 米以下的云，生成和移动较快，短时间内可以遮盖整个机场上空，使能见度迅速降低。

云对飞机飞行的影响主要包括：云底很低，造成能见度低而影响飞机的降落与起飞；云中的过冷水滴造成飞机窗口结冰，影响飞行员查看前方；云层中明暗不均，导致飞行员产生错觉；等等。对飞行影响最大的云是低碎云，由于其云高很低且移动速度快，影响飞行员目视前方，导致飞机在下降着陆时由于高度偏差而容易偏离跑道，甚至引发事故。图 3-2 所示为机场上空的积云。

2）降水对飞行的影响

降水天气，各处的能见度很差，很容易引起飞机飞行的困难，此时飞行员心理上也极易产生错觉。在大雨、暴雨、暴雪等较大降水的天气，如果飞机在空中飞行，雪花和雨滴打在飞机挡风玻璃上，使得飞行员无法看清前方，而引起飞行事故，严重威胁着飞行安全。特别是在降落过程中，飞机极易受大雨、大雪等天气影响而造成着陆困难。

3）雾对飞行的影响

机场现大雾天气会对飞机的起降造成严重影响，浓雾导致飞行员无法看清地面而不能正确判断所处的位置，造成飞行员的操作错误、遗忘或者漏操作等，致使飞机出现飞错或飞过跑道而不能降落到指定位置的现象。飞机在大雾中飞行，不但地标领航会受到影响，而且由于水蒸汽的影响，飞机仪表会出现指示不准确的现象，从而导致飞行事故的发生，同时，冷雾中也可产生机身积冰使飞机失去升力或操作失灵，等等。

4. 雷暴对飞行的影响

雷暴由对流旺盛的积雨云引起，伴有闪电雷鸣的暴雨、冰雹和局部风暴。图 3-3 所示为机场雷暴气象现象，其对飞行的影响体现在以下方面。

图3-2　机场上空的积云

图3-3　机场雷暴气象现象

（1）云中乱流——飞机发生严重颠簸，导致飞机无法控制。

（2）过冷水滴——发生积冰。

（3）闪电——干扰无线电通信，烧坏仪器。

（4）冰雹——击穿飞机蒙皮。

5. 气流的变化和运动对飞行的影响

气流的变化和运动会使飞机产生颠簸，飞机飞行姿态出现左右摇摆、前后冲击、上下抛掷及机身震颤等现象。所造成的影响体现在以下方面。

（1）飞机承受载荷发生变化，造成部件损害。

（2）仪表示度失常，难以靠仪表飞行。

（3）增大飞行阻力，增加燃料消耗，影响航程，使机组人员与旅客困乏疲惫。

6. 积冰对飞行的影响

积冰是飞机表面某些部位聚集冰层的现象。飞机积冰多出现在机翼、尾翼、发动机进气口、雷达罩等曲率半径较小的突出部位。其对飞机性能的影响主要体现在以下方面。

（1）空气动力性能变坏，影响稳定性和操控性。

（2）天线妨碍通信联系。

（3）座舱盖积冰使目视飞行发生困难。

现代飞机普遍装有较完善的防冰、除冰装置，飞行员可以采用热力、化学或机械等方式除冰。图3-4所示为机场为飞机除冰。

图3-4 机场为飞机除冰

7. 高空急流对飞行的影响

高空急流是一种极端的气象现象，是指高空中飞行速度超过 30 米/秒的强、窄气流，其分布较有规律。高空急流的主要影响体现在以下方面。

（1）容易使气流产生扰动，造成飞机颠簸。

（2）逆急流时，速度降低，燃料消耗大。

（3）横穿急流时，将产生很大的偏流，对领航计算和保持航线不利。

（4）掌握急流的分布与特点，则可利用急流，顺其飞行，增大速度，节省燃油，缩短航行时间。

第二节 地球运动与飞行

地球有两种运动。其一是自传，其二是公转。由于地球的运动才产生了昼夜更替、地方时的差异、运动物体的偏转、四季变化和昼夜长短等现象和问题，而它们与航空运输的活动是紧密相关的。

一、地球自转及其对飞行的影响

1. 地球自转

地球绕自转轴自西向东转动，从北极点上空看呈逆时针旋转，从南极点上空看呈顺时针旋转。地球自转轴与黄道面成 66°34′夹角，与赤道面垂直。地球自转一周耗时 23 小时 56 分，约每隔 10 年自转周期会增加或者减少千分之三至千分之四秒。图 3-5 所示为地球自转示意图。

2. 地球自转对飞行器活动的影响

地球自转所造成的昼夜更替、地方时差、地转偏向等现象必然影响飞行器的飞行活动，同时，必然影响到民航运输的开展。

图3-5 地球自转示意图

二、地球公转及其对飞行的影响

1. 地球的公转

公转即地球绕太阳的运动。公转轨迹为椭圆形，太阳位于椭圆的一个焦点上。地球的公转和地轴的倾斜共同造成了四季更替和昼夜长短的变化。

2. 地球公转及其对飞行的影响

四季更替及昼夜长短变化是安排航班的考虑因素之一。为了充分利用白天，冬半年的航班时刻普遍比夏半年的航班时刻提前 1～2 个小时。

三、时差

1884 年国际经度会议提出采用区时制，将全球分为 24 个时区，由此正式建立了统一世界计量时刻的"区时系统"。飞机在不同时区的起落，势必造成时差。国际上规定，原则上以 180°经线作为地球上"今天"和"昨天"的分界线，叫作"国际日期变更线"，简称"日界线"。自西向东越过日界线，日期减一天；自东向西越过日界线，日期加一天。因此，飞机从东向西飞越日期变更线时，应增加一天。图 3-6 所示为时差与变更线。

图3-6 时差与变更线

四、时区

地球自西向东自转，东边比西边先看到太阳，东边的时间也比西边的早。东边时刻与西边时刻的差值不仅要以时计，还要以分和秒来计算，这给人们带来了不便。

为了克服时间上的混乱，1884 年在华盛顿召开的一次国际经度会议（又称国际子午线会议）上，将全球划分为 24 个时区（东、西各 12 个时区）。规定英国为中时区（零时区），向东为东 1～12 区，向西为西 1～12 区。每个时区横跨经度 15°，时间正好是 1 小时。最后的东、西第 12 区各跨经度 7.5°，以东、西经 180° 为界。每个时区的中央经线上的时间就是这个时区内统一采用的时间，称为区时，相邻两个时区的时间相差 1 小时。

由于世界各国家与地区经度不同，地方时也有所不同，在同一区域内的东端和西端的人看到太阳升起的时间最多相差不过 1 小时。当人们跨过一个区域，就将自己的时钟校正 1 小时（向西减 1 小时，向东加 1 小时），跨过几个区域就加或减几小时，这样使用起来就很方便。

实际上，常常一个国家或一个省份同时跨着两个或更多时区，为了照顾到行政上的方便，常将一个国家或一个省份划在一起。所以时区并不严格按南北直线来划分，而是按自然条件来划分。例如，中国幅员宽广，差不多跨 5 个时区，但为了使用方便简单，实际上只用东八时区的标准时即北京时间为准。

第三节　航　线　地　理

民航运输涉及的领域很复杂，运输网络地域分散，跨越不同的地理空间，涉及不同的文化与经济背景，体现出在地理方面人与地的关系问题，而航空地理恰恰揭示了地球与人生存活动之间的关系在飞行器或飞行活动联系下的实现程度。飞机两个航站之间或多个航站之间，看起来是飞机的位移，但本质是人、人文环境、航线与经济相互联系的系统。也就是说，飞机起降地与机场腹地密切相关，这就涉及航空运输的合理布局，也就是航线以及布局，同时，航线地理与人文环境、旅游地理也有不可分割的关系。

一、航线的定义

经过民航相关部门批准开辟的连接两个或几个地点的航空交通线，简称航线。航线确定了飞机飞行的具体方向、起讫与经停地点，并根据空中交通管制的需要，规定了航线的宽度和飞行高度。航线的要素包括起点、经停点、讫点、航路、高度、宽度、机型、班次、班期和时刻。航空公司从事客货运输业务，需要申请航线，民航管理部门会对航空公司所具备的条件和经停机场的保障能力进行审核。

航线可以分为：① 国内航线：航线的起讫点（经停点）均在一国境内；② 国际航线：航线的起讫点（经停点）在两个以上国家国境之间；③ 地区航线：根据国家的特殊

情况，航线的起讫点（经停点）在一国的境内与特定地区之间。

二、航线的分类

航线是民航运输资源的重要体现，广泛而布局合理的航线网络也是民航实力的重要标志。按照航线跨度，航线的种类可分为国际航线、国内航线和地区航线三大类。

1. 国际航线

国际航线是指飞行的路线连接两个国家或两个以上国家的航线。在国际航线上进行的运输是国际运输，一个航班的始发站、经停站、终点站有一点在外国领土上，就叫作国际运输。

2. 国内航线

国内航线是在一个国家内部的航线，又可分为干线、支线和地方航线三大类。

3. 地区航线

地区航线是指在一国之内，各地区与有特殊地位地区之间的航线，如我国内地与港、澳、台地区的航线。

三、国内航线的特征及分布

国内航线是民用航空的一种航行方式，指同一国家内不同城市间的飞行航线。通常海关检查会较国际航线来得轻松，也没有出入境的问题。一般而言，国内航线会比国际航线便宜，不过因为不同国家城市距离的不同，也有可能会有国际航线比国内航线要便宜的情形。

1950 年 8 月 1 日，天津—北京—汉口—重庆和天津—北京—汉口—广州航线正式开航，这是我国民航最先开辟的国内航线。截至 2018 年年底，我国民航定期航班、航线已达 4945 条（其中国内 4096 条，国防 849 条），是改革开放初期的 28 倍，是中华人民共和国成立之初的 412 倍，全国航路航线总里程达 20 余万千米。

1. 国内航线的特征

（1）航线集中分布于哈尔滨—北京—西安—成都—昆明一线以东的地区，以北京、上海、广州三大航空中枢所形成的三角地带最为密集，航线密度由东向西逐渐减少。

（2）航线多以大中城市为辐射中心。

（3）国内航线多呈南北分布，在此基础上，部分航线从沿海向内陆延伸，呈东西向分布。

2. 国内航线的分布

目前，民航已基本形成以北京、上海、广州三个大型枢纽和成都、昆明、西安、乌鲁木齐等区域枢纽、门户枢纽为核心节点的轮辐式网络结构，以及枢纽之间的空中快线网络结构。此外，以香港为中心的辐射航线，在中国航空运输网中也占有重要地位。

1）以北京为中心的辐射航线

以北京为中心的 70 多余条辐射航线使北京与全国重要的交通枢纽、旅游城市、贸易中心、行政中心相连。

2）以上海为中心的辐射航线

以上海为中心的辐射航线从东部沿海向北、南、西三面辐射，与全国各大城市直接相连。在不断发展中，上海航空枢纽逐渐增强对内对外两个扇面的服务辐射能力，提升上海在全球城市网络中的核心节点功能，并为自由贸易试验区、新片区建设，浦东机场综合保税区建设创设丰富的航线资源与独特的区位优势，提高上海开放便捷的全球通达能力，提高区域机场体系的整体容量和服务水平，服务交通强国和民航强国战略。

3）以广州为中心的辐射航线

以广州为中心的辐射航线从南部沿海向内地及沿海地区辐射，与全国各大航站直接相连，并在南部沿海形成地区性的航线网。

4）区域门户节点网络

成都、昆明、西安、乌鲁木齐等区域枢纽、门户枢纽为核心节点的轮辐式网络，以及枢纽之间的空中快线网络都是区域门户节点网络。

成都双流国际机场成为中国大陆第四大航空枢纽，逐步建设成中国西部"互联互通，辐射全球"的国际航空枢纽，拥有通达欧、美、非、亚、大洋洲的便捷航线网络，截至2019 年 9 月，已开通航线 350 条，其中国际（地区）121 条，国内 211 条，经停国内转国际 18 条。

昆明长水国际机场是大型门户枢纽机场，是中国八大区域枢纽机场、国际航空枢纽，与乌鲁木齐地窝堡国际机场并列为中国两大国家门户枢纽机场。2015 年年末，共开通航线 276 条，其中国内航线 222 条，国际航线 48 条，地区航线 6 条。

西安咸阳国际机场拥有国际（地区）航线达 64 条，连通全球 29 个国家、53 个枢纽和著名旅游城市，其中覆盖"一带一路"沿线国家 14 个、城市 20 个，初步构建起"丝路贯通、欧美直达、五洲相连"的国际网络格局，成为服务陕西"三个经济"发展的新引擎，构建起陕西对外开放和走向世界的航空大通道。

乌鲁木齐地窝堡国际机场是中国国际航空枢纽机场、中国八大区域枢纽机场，与昆明长水国际机场并列为中国两大国家门户枢纽机场。截至 2019 年 4 月 30 日，共有 17 个国家、21 个国际城市、81 个国内城市与乌鲁木齐通航。其中，乌鲁木齐飞疆外航线 107 条；乌鲁木齐直飞疆内支线机场航线 15 条；支线机场经停乌鲁木齐飞往疆外的航线 21 条。

5）以香港为中心的辐射航线

以香港为中心的辐射航线既是国内航线的组成部分，又是联系国际航线的重要桥梁。

四、国际主要航线

国际航线是指民用航空领域里的一种商业航班，这种航班的始发与到达发生于两个不同的国家之间，例如中国东方航空的上海—东京航线。当航线上两个国家处于不同大洲时，此航线亦称为"洲际航线"（例如荷兰皇家航空的阿姆斯特丹—厦门航线），当航线需要跨越大洋时，此航线亦称为"跨洋航线"（例如中国南方航空的广州—洛杉矶航线）。拥有国际航班服务的机场被称为国际机场。

国际航线与国内航线的一大区别就是乘客在登上国际航班前，需要办理出境手续。在到达时，则需要办理入境手续，并接受到达国海关查验所携物品。当出发国与到达国同属一个自由旅行区域时，则不需要办理出入境手续，例如法国与德国同属申根国家，乘客由巴黎前往法兰克福则不需要办理出入境手续。

1. 国际航线的特点

（1）国际航线最密集的地区和国家是欧洲、北美以及东亚，最繁忙的海域是北大西洋和北太平洋。

（2）航线的走向总趋势呈东西向，集中分布在北半球的中纬度地区，大致形成一个环绕圈的航空带。

（3）在纬向航空带的基础上，由航线密集区向南辐射，形成一定经向航线分布。

2. 国际主要航线介绍

（1）北大西洋航线。处于欧洲、北美东岸之间，是历史最悠久、最重要的国际航线，飞过北大西洋，是当今世界上最繁忙的国际航线之一。

（2）南大西洋航线。这条航线是相对北大西洋航线而言的，连接南大西洋地区和东南亚地区，是经过大西洋、中非、南非、印度洋岛屿的航线或直飞航线，但不经过欧亚大陆。

（3）北太平洋航线。这条航线号称世界上最长的越洋航线，从北美西海岸到亚洲东部，穿越太平洋。

（4）南太平洋航线。它连接南美与西南太平洋地区，经过北美，不经过北部和中部太平洋。

（5）欧亚航线。此航线横穿欧亚大陆，是连接大陆东西海岸的重要航线，又称西欧—中东—远东航线。

（6）北美航线。它是指北美大陆东西两岸之间的航线，主要连接加拿大、美国两国东部沿海地区与西部沿海地区，也是目前世界上最繁忙的航线之一。

（7）其他。除以上世界主要国际航线外，还有东半球航线、西半球航线（又称为拉丁航线）、远东航线、俄罗斯航线、西伯利亚航线、极地航线（连接北美和欧洲、亚洲的航线）、环球航线（穿越太平洋和大西洋两大水域）等。

五、世界最繁忙的十条航线

1. 济州岛—首尔金浦航线

2019 年运输乘客 17 424 046 名。济州岛是韩国的旅游胜地，而金浦则是韩国首都首尔主要供国内航线航班起降的机场。作为一个人口仅 5000 余万的国家，却拥有一条世界上最繁忙的航线。从航线距离上来说，这一航线直线距离仅 450 千米，其实除了坐飞机，不少人也会选择坐船从首尔前往济州岛。图 3-7 所示为济州岛风景。

2. 新千岁（札幌）—东京羽田航线

2019 年运输乘客 12 498 468 名。两地之间属于岛与主要中心城市间的航线。新千岁机场其实是日本北海道最主要的机场，这一航线大部分旅客是往来于本州岛与北海道间的游客。

新千岁机场是日本第一个 24 小时服务的机场，而羽田是东京主要用于国内航班运输的机场，但目前已经重新开始引入国际航线。图 3-8 所示为新千岁机场。

图3-7　济州岛风光　　　　　　　　　　　图3-8　新千岁机场

3. 福冈—东京羽田航线

2019 年运输乘客 11 400 018 名乘客。这条航线属于日本国内航线，福冈是日本九州地区的中心，同样不在日本本州岛上。很多中国人对福冈的认识来自游轮旅行，大批国内母港出发的游轮航线都选择福冈作为赴日第一站。值得注意的是，上海和福冈间的距离实际与福冈和东京间的距离相当，福冈也是日本的西部门户城市之一。图 3-9 所示为东京羽田机场。

4. 河内—胡志明航线

2019 年运输乘客 10 245 598 名。随着东南亚间快速增长的航空市场，越南两大城市河内与胡志明之间在 10 年前的航空客流仅能排世界第 465 名，而在 2020 年已经攀升至第 4 名。

5. 墨尔本—悉尼航线

2019 年运输乘客 9 960 696 名。悉尼是澳大利亚最大的城市，而墨尔本则是澳大利亚第二大城市，在人口大约仅为 2500 万的澳大利亚，如此多的乘客凸显出这条航线的独特之处。图 3-10 所示为澳大利亚悉尼国际机场。

图3-9　东京羽田机场　　　　　　　　　　图3-10　悉尼国际机场

6. 孟买—德里航线

2019 年运输乘客 8 231 789 名。印度航空市场增长极快，尤其廉价航空发展速度更是远超世界其他国家。考虑到印度的人口及交通情况，印度的政治中心和经济中心拥有一条繁忙的航线并不令人奇怪。

7. 北京—上海虹桥航线

2019 年运输乘客 8 123 735 名。北京和上海一直是中国第一繁忙航线，但高铁的分流，使其排名没有变化，但北京大兴国际机场的进一步运行将使这个航线的排名提升。

8. 吉达—利雅得航线

2019 年运输乘客 8 017 359 名。吉达是沙特的第二大城市、陪都，也是沙特重要的外交、港口和金融城市。利雅得则是沙特首都和第一大城市。另外，如果前往圣城麦加，最近的机场也是吉达机场。沙特的陆路交通不算太好，因此大部分人都选择乘坐飞机。另外，相比利雅得，吉达风气更为开放一些，大部分外国人都住在吉达，有工作时再搭乘飞机前往利雅得出差。

9. 香港—台北航线

2019 年运输乘客 7 965 150 名乘客。作为亚洲地区的老牌热门线路，香港和台北间客流量一直比较稳定。

10. 东京羽田—冲绳那霸航线

2019 年运输乘客 7 704 098 名。冲绳远离日本本土四大岛，两地人员往来几乎全部通过航空进行，致使这条航线客流量剧增。同时也使得在 2019 年世界前十大繁忙航线中，日本一家就独占了三个位置。

思 考 题

1. 在了解不同气象现象对民航安全运行的影响基础上，如何提高民航的安全水平？
2. 航线布局如何影响民航的发展？
3. 世界典型的航线具有什么共同特点？

复 习 题

1. 大气构成对飞行的影响。
2. 气象现象对飞行的影响。
3. 地球运动与飞行的关系。
4. 航线的定义及其与民航的关系。
5. 国内外主要航线及其特点。

第四章

民航运行保障体系

本章学习目的

民航运输的飞行过程不仅需要机组成员高超的驾驶技术与客舱资源管理能力，更需要与之相关的系统提供可靠的运行保障，如空中交通管制服务、体现即时天气情况的气象服务、承担飞机机械状态保障任务的机务维修、飞行紧急情况下的应急救援等，这些民航保障系统与民航运输主体航空公司一起构成了完整的民航运输体系。

飞机无论是起飞、降落，还是巡航，为了飞行安全，首先要保证飞行处于安全的适航状态。飞机作为飞行的基本工具，其状态是飞行安全的保障，这就离不开机务维修部门对飞机的保障服务，以使飞机能够适应不同的飞行环境；同时，必须得到有关飞行环境的信息和决策支持。也就是说，任何一架飞机的飞行，其飞行过程都不是一个机组本身的完全独立的个体行为，而是在飞行的大系统指挥与协调下的统一行动。为了保证飞机能在规定航路中有序地飞行，需要空中交通部门的管制与服务，通过机组与空管、气象部门的配合，规避各种不利因素对飞行安全的影响；在飞行中遇到突发情况，如释压、发动机失效、失速等情况需要迫降时，离不开机场的应急保障系统的有效运行，以保障飞机与乘客人身的安全。因此，只有建立完善的民航飞行安全保障体系，才能有真正意义上强大的民航。

本章的学习目的包括以下内容。

1．理解民航保障体系对民航运输的重要性；

2．了解民航保障体系的主要组成部分；

3．理解保障体系的每一部分与民航安全的关系。

第一节 概 述

一、从电影《中国机长》说起

一部由真实事件改编的电影《中国机长》引起了国人的强烈反响。2018 年 5 月 14 日，四川航空公司 3U8633 航班在成都区域巡航阶段，驾驶舱右座前挡风玻璃破裂脱落，机组实施紧急下降，客机瞬间失压，一度将副驾驶吸出机外，所幸所系的安全带保护了他。在驾驶舱失压、气温迅速降到-40℃（监测显示，当时飞机飞行高度为 32 000 英尺，气温应该为零下 40℃左右）、仪器多数失灵的情况下，机长刘传健凭着过硬的飞行技术和良好的心理素质，在民航各保障单位密切配合下，机组正确处置，飞机于 2018 年 5 月 14 日 07:46 安全备降成都双流国际机场。所有乘客平安落地，有序下机并得到妥善安排。

刘传健机长最令人佩服的是他临危不惧的精神，他创造的世界民航史上的伟大奇迹将载入民航的史册。我们需要清醒地认识到：飞机飞行是一个系统工作，需要多方单位、多工种的配合才能保证正常飞行，光靠机组单方力量肯定是无法完成备降成都双流国际机场这一任务的。其中功不可没的是幕后英雄——空中交通管制。

众所周知，飞机飞行不是"说走就走"的旅行，更不是在天空中漫无目的、随心所欲的飞行，而是按照地面空中交通管制部门的指令，沿着特定的航路从出发机场抵达目的机场的，整个飞行过程分为飞行许可、飞机推出、地面滑行、滑跑起飞、离场、巡航、进近、着陆等。在这几个阶段，机组都需要与管制员通过地空通信进行指令和应答信息的传递。同时，飞行中面对的各种因素是变化的，很多因素是不以人的意志为转移的，突发事件一旦出现，需要启动各种应急响应预案，全力配合，方能保证飞行平安。图 4-1 所示为飞行阶段示意图。

图4-1　飞行阶段示意图

二、安全飞行需要良好的保障条件

飞行需要一定的条件，具备保障条件才能飞行，同时，飞行过程中需要民航各个保障部门协同配合，提供持续的保障服务，因此，保障飞行安全是一个复杂的系统性工作及协调过程，主要包括机务保障、飞行管制、气象保障、应急救援、外场保障、航卫保障等，这些保障中的任何一个方面满足不了飞行的基本需要，都会给飞行安全造成威胁，都可能使飞行无法安全完成飞行任务。尽管今天的飞机性能和智能化驾驶技术不断提高，但对飞行安全保障条件的要求不会降低，而是越来越高，对各种设备与服务的依赖越来越强，各种飞行信息对飞行决断的支持越来越强。

在现代民航运输体系中，各种保障条件的水平是衡量民航强弱的重要标志，也是民航体系建设的基本趋势，全面认识这些保障与服务条件是十分必要的。

第二节　飞　行　保　障

飞行保障（flight service）是指空中交通管制单位为飞行中的民用航空器提供空中交通服务，包括空中交通管制服务、飞行情报服务和告警服务。提供空中交通管制服务，旨在防止民用航空器同航空器、民用航空器同障碍物相撞，是维持空中交通秩序的活动。

一、空中交通管制服务

1. 概念

在浩瀚无垠的天空，飞机似乎可以不受约束地随意飞行，想往哪飞就往哪飞。其实并不如此，就像车辆在地面行驶必须遵守交通规则、接受警察和红绿灯的指挥一样，飞机在天上飞行也必须遵守空中交通规则，也要受到专门机构的指挥与调度，这就是空中交通管制（Air Traffic Control）。

空中交通管制指利用技术手段和设备对飞机在空中飞行的情况进行监视和管理，以保证其飞行安全和飞行效率。根据国际民航组织的规定，空中交通管制的主要任务是防止飞机在空中相撞，防止飞机同障碍物相撞，保证空中交通无阻和有序飞行。随着科学技术的进步，空中交通管制方式也日益先进。20世纪50年代前主要采用位置报告的程序管制方式。20世纪50年代引入一次和二次监视雷达，采用雷达管制方式。20世纪60年代后引入计算机技术，使空中交通管制方式自动化。

空中交通管制服务是ATS（Air Traffic Service，空中交通服务）的主要工作与核心内容，按照不同区域管制单位来划分，包括区域管制、进近管制、塔台管制和空中交通报告服务四部分。其中，区域管制包括高空区域管制和中低空区域管制，为了便于管理，有些地区的这两项职能由同一部门承担，而在空中交通流量较小的地区，进近管制和塔台是合二为一的。图4-2所示为飞机飞行与空中交通管理体系关系示意图。

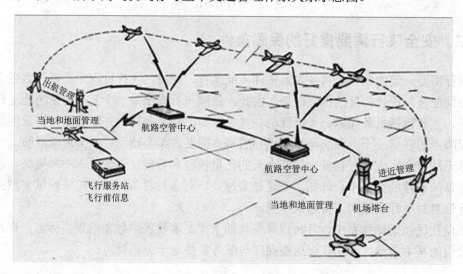

图4-2　飞机飞行与空中交通管理体系关系示意

2. 空中交通管制的任务

（1）防止航空器在空中相撞，保障飞行安全。

（2）防止航空器在机场机动区与障碍物相撞，保障飞行安全。

（3）加快空中流量，提高航路利用率。

（4）保持有序的空中交通流，保障飞行顺畅。

3. 空中交通管制系统的分类

空中交通管制按照管制范围的不同可分为机场塔台管制、进近管制、间隔控制和区域管制四种。

1）机场塔台管制

机场塔台管制服务是指在机场内起落航线上为飞行提供的服务。其管制区范围为：起降航线、仪表进近程序、第一等待高度层及其以下的空间和机场机动区。机场管制塔台是为完成塔台管制服务而设立的空中交通管制单位。图 4-3 所示为首都机场塔台。

图4-3　首都机场塔台

塔台的服务目的是防止航空器相撞以及在机动区内航空器与障碍物相撞，维护并加速有秩序的空中飞行活动，向在机场附近飞行、接受进近管制服务以外的航空器提供空中交通管制服务。

机场管制塔台服务的职能如下。

（1）一般职能。机场管制塔台为使在机场内和机场附近的空中交通安全、有序和迅速地流通，必须对在其管制下的航空器提供情报及发布空中交通管制许可，以防止在其管制下的航空器与航空器之间、航空器与地面车辆之间及航空器与地面障碍物之间发生相撞。

第一，防止在机场周围的起落航线上飞行的航空器与航空器之间发生相撞。采用正确、有效的方法调整在起落航线上飞行的航空器与航空器之间的间隔，及时向有关航空器发布其他相关航空器的位置情报，使航空器与航空器之间保持安全的间隔，在起落航线上飞行。

第二，防止在机动区内运行的航空器与航空器之间发生相撞。合理地安排航空器在地面的滑行路线，为航空器与航空器之间提供安全的滑行间隔，密切注视滑行航空器的动向，确保机动区内的交通安全、有序和迅速地流动。

第三，防止着陆航空器与起飞航空器之间发生相撞。适时向着陆航空器发布着陆许可或复飞指令，向起飞航空器发布进跑道许可或起飞许可或指示其在跑道外按正确方法进行等待及向地面运行的航空器发布穿越跑道的许可或令其在跑道外等待，是防止着陆航空器与起飞航空器发生相撞的有效手段。

第四，防止在机动区内运行的航空器和车辆之间发生相撞。在有关车辆和人员进入机动区之前，适时发布进入许可或禁止进入的指令，合理安排车辆在地面的运行路线，提供正确的间隔标准，随时与在机动区内使用的车辆之间保持双向无线电通信，密切注视在机动区内活动的航空器及车辆的动态，有效防止相撞事故的发生。

第五，防止机动区内的航空器与该区内的障碍物相撞。当航空器在机动区内靠近有关障碍物滑行时，提醒航空器驾驶员注意观察，并向其通报有关障碍物的位置，防止其与机动区内的障碍物相撞。

（2）提供告警服务。当民用航空器需要搜寻援救时，通知有关部门，并根据要求协助该有关部门进行搜寻援救。

第一，机场管制塔台负责向有关安全服务部门告警，并且当机场上为引导机场交通和航空器机长而设置的任一设备、灯光或其他装置失效或不能正常工作时，应将这些情况立即报告有关单位。

第二，航空器被移交给机场管制塔台后未向塔台报告，或报告一次后即失去无线电联络，或在任一情况下，在预期着陆时间之后 5 分钟尚未着陆，机场管制塔台必须向区域管制中心或飞行情报中心报告。

（3）中止目视飞行规则的运行。

第一，由于安全需要，机场所在的管制区的区域管制中心或值班机场管制员或有关空中交通服务当局可以中止机场上空及其邻近区域内的任一或全部目视飞行规则的运行。

第二，中止目视飞行规则的运行必须通过机场管制塔台实施或中止运行的指令必须通知机场管制塔台。

2）进近管制

进近管制（终端管制）服务是为按仪表飞行规则飞行的航空器在起飞或降落阶段提供的服务，是塔台管制区与区域管制区的联结部分。进近管制室负责进近管制区的空中交通管制服务、飞行情报和告警服务，为落地飞机排序，指导离场航空器加入航路，根据飞行繁忙程度也可以与机场管制塔台合为一个单位。

进近管制的目的是防止航空器相撞，维持并加速有秩序的空中飞行活动，是向进场或离场飞行阶段接受管制的航空器提供的空中交通管制服务。其管制区范围包括仪表着陆、起飞、必要的等待空域。

进近管制区是塔台管制区和区域管制区的联结部分。由进近管制中心负责进近管制区的空中交通管制服务。根据飞行繁忙程度可以单独设立，也可以与机场的塔台管制合二为一，例如，北京、上海和广州三个机场就因繁忙，为确保安全，划定了单独的进近管制区。

3）间隔控制

（1）离场控制。一般机场都制定出了一个标准的离场程序，它对飞机离场的航向、高度和转弯的地点、时间都有明确的规定，进近管制员只要给出间隔，驾驶员就按照这个程序飞到航路区域。

（2）等待航线。为了调配飞机的间隔、消失高度，等待天气的好转或处理特殊情况等，当进近着陆的飞机较多而且大约同一时间到达时，为保证飞机正常的着陆间隔，必须由管制员制造出间隔以保证飞机的降落程序，这需要依靠等待航线来实现。等待航线在机场控制区的保留空域，在地面设有无线电信标，飞机围绕信标在它上面分层盘旋飞行。

4）区域管制

区域管制是指航空器进入航路后，空中交通管制对航路（线）提供的空中交通管制服务。区域管制的目的是防止航空器相撞，维持并加速有秩序的空中飞行活动，是向接受进近和机场管制服务以外的航空器提供的空中交通管制服务。

在交通管制设计中，中国把 6600 米（含）以上空间划分为若干高空管制区，根据实际情况，6600 米（不含）以下划分为若干中低空管制区，各管制区的范围依据其管制能力和地理特点划定。

为了适应民航运输发展的需要，因地制宜地安排运力，合理建设机场，协调国内及国际航空发展，全国航运区域划分为七个，分别为华北管理局、华东管理局、中南管理局、西南管理局、西北管理局、东北管理局和新疆管理局，对应北京、上海、广州、成都、西安、沈阳和乌鲁木齐七大区域管制中心。

4. 空中交通管制方法

1）程序管制

程序管制方式对设备的要求较低，主要使用无线电通信按照规定的程序来完成管制。管制员在工作时，通过飞行员的位置报告分析、了解飞机间的位置关系，推断空中交通状况及变化趋势，同时向飞机发布放行许可，指挥飞机飞行。

航空器起飞前，由航空器使用者（航空公司或驾驶员）编制飞行计划，内容包括飞行航路（航线）、使用的导航台、预计飞越各点的时间、携带油量和备降机场等，并将飞行计划呈交给报告室审批，管制员根据批准的飞行计划的内容填写在飞行进程单内。在管制实施中，当管制员收到航空器机长报告的位置和有关资料后，立即同飞行进程单的内容校正，当发现航空器之间小于规定垂直和纵向、侧向间隔时，立即采取措施调配间隔。

这种方法速度慢，精确度差，为保证安全因而对空中飞行限制很多，如同机型同航路同高度需间隔 10 分钟，因而在划定的空间内所能容纳的航空器较少。这种方法比较传统，但是以往很长一段时间使用的主要方法，目前通常也在雷达管制区雷达失效时使用。随着民用航空事业的迅速发展，飞行量不断增长，中国民航加强了雷达、通信、导航设施的建设，并协同有关部门逐步改革管制体制，在主要航路、区域已实行先进的雷达管制。

2）雷达管制

雷达管制是以监视雷达为工具，管制员根据雷达显示，了解本管制空域雷达波覆盖范围内所有航空器的精确位置，因此能够大大减小航空器之间的间隔，使管制工作变得主动。管制人员由被动指挥转变为主动指挥，提高了空中交通管制的安全性、有序性、高效性。由一、二次雷达与应答机相配合的设备协调起来，形成雷达系统，能在显示器上显示出标牌、符号、编号、航班号、高度和运行轨迹及特殊编号等。

二、飞行情报服务

飞行情报是指与飞行安全和效率有关的情报，是航行情报的重要组成部分，包括空中交通的情报、气象情况、机场条件和航路设施等。飞行情报服务（FIS）的任务是向飞行中的航空器提供有益于安全、能有效地实施飞行的建议和情报的服务。其范围是：重要气象情报；使用的导航设备的变化情况；机场和有关设备的变动情况（包括机场活动区内的雪、冰或者有相当深度积水的情况）；可能影响飞行安全的其他情报，如危险天气及各种限制性空域；等等。

管制员在管制空域内对航空器提供空中交通管制服务的同时穿插提供飞行情报服务，空中交通管制服务和飞行情报服务是紧密联系在一起的。

飞行情报的服务方式主要是为机组飞行前准备提供航行通告、各类航图和《机场使用手册》等，以及为机组提供实施过程中所需要天气实况和预报、特殊天气预报。

除了为飞行员提供服务外，飞行情报部门还要为空管、机场航务、航空公司飞行和签派等部门及时、准确地发布各种需要的航行资料，这些资料都是管制员指挥飞机的依据。

三、告警服务

告警服务指航空器处于搜寻和救援等紧急状态时，向有关单位发出通知，有关单位给予协助的服务。紧急状态包括发动机故障、无线电通信失效、座舱失压、遭遇空中非法劫机等。

当飞行中遇到严重威胁航空器和人员生命安全的情况时，机场应当立即发出遇险信号，并打开识别器的遇险信号开关。民航局和地区管理局搜寻援救协调中心承担陆上搜寻援救工作。紧急情况的等级划分及告警工作程序如下。

1. 情况不明阶段（UNCERTAINY）

航空器超过预计飞越某一位置报告点时间 30 分钟没有收到任何报告，或者从第一次与航空器联络起，30 分钟内没有再取得联络，或 ETA30min（预计到达时间 30 分钟）内仍未到达。

2. 告警阶段（ALERTING）

航空器发出紧急信号；情况不明航空器 30 分钟后仍无消息；已取得着陆许可，超过预计着陆时间 5 分钟尚未着陆，又无通信联络；有通信联络，但飞行能力受到损害尚未导致迫降。

3. 遇险阶段（DISTRESS）

航空器发出遇险信号；告警阶段之后进一步扩大通信搜寻服务 1 小时后，仍无消息；燃油耗尽且无着陆消息；机长报告决定选择场地迫降或航空器有备降可能。

四、航空气象服务

飞机在空中飞行，大气层的各种气象条件和空气动力对民航飞行器的活动产生重要影响，除了飞行原理中说到的空气密度、机翼面积和飞行速度外，不同气象条件无时无刻不在影响着飞机的飞行状态，决定着飞行的安全。

随着航空事业的迅速发展，气象保障在航空安全中的重要作用及经济效益越来越被人们所认识。事实证明，气象是影响民航飞行安全的重要因素。航空气象保障的主要内容是收集整理分析气象情报资料，及时准确地为飞行提供飞行气象文件和气象情报，它包括预报实况、特选报、重要天气情报、半点报、雷达卫星等气象资料。气象台提供的气象飞行文件和气象情报的质量高低直接关系到飞行是否安全和任务能否完成。国际民航组织规定，飞机起飞前，机长必须到气象台了解航线和降落场的天气情况，领取气象飞行文件。飞行文件包括重要天气预报、高空风预报、航线天气预报、降落场、备降场实况与气象预报，它和签派的放飞单一样重要，是飞行必备文件之一。不领取气象飞行文件，飞机便不能起飞。可见提高预报准确率、加强气象保障是落实"安全第一、正常飞行、优质服务"

的民航工作总方针的重要步骤。

民航有关部门需要及时提供天气预报、天气实况，发出危险天气警报，具体包括以下方面。

（1）不间断地观测天气情况，分析研究各种气象资料，动态连续掌握飞行区域的气象状况。

（2）根据航班的飞行任务和飞行计划及时提供在预计飞行时间内飞行区域或航线、起飞机场、降落机场、备降机场等全元素天气预报。

（3）向过往飞机适时提供本机场的天气实况，向飞行中的本场飞机提供本机场、降落机场、备降机场的天气实况。

（4）对可能妨碍飞行和威胁飞行安全的天气详加分析，提出改变航线或转场降落等建议。

（5）预计或发现那些将有可能威胁到飞行安全或影响机场里飞机和地面设施安全的危险天气时，发出危险天气通报或警报，提出安全措施方面的建议。

（6）在判明已不会出现危险天气或危险天气已消失时，及时解除警报，以提高飞行效率。

航行调度是民航企业设置的专门机构，其任务是掌握飞行动态，监督飞行活动，维护飞行秩序。它的工作包括：向飞行员提供飞行资料，包括机场资料和导航资料；为飞行提供最好的航线和飞行高度的建议；对飞机的飞行提出调配措施，使之保持规定的时间、垂直和侧向间隔，保证飞行安全；对迷航或发生困难（如天气变坏、发动机故障）的飞机，提供摆脱困境的措施；等等。

五、雷达保障

用各种雷达设备及时获取飞行器在空中的位置信息，并通过通信和其他渠道及时准确地将信息送至指挥所、航行调度室、空中交通管制中心或指挥塔台。雷达保障工作包括：及时、准确、连续地测定和通报空中飞机的位置和高度；严密监察飞机是否按预定航线（空域）和高度飞行，及时发现和向飞机通报偏离航线、超出空域的情况，特别加强沿海地区、国境地带、空中禁区，以及国境地带的空中走廊或进出口等特定地区的监察；当数架（批）飞机在同一航线、同一高度顺向飞行或向它们的航线靠近、交叉或相对飞行时应增大通报的密度；当获知空中有迷航、遇险飞机时，加强观测，利用各种技术和设备，迅速判明飞机的实际位置和情况。

第三节　机务维修保障

民用航空活动是围绕着飞行器活动展开的，因此，飞行器的状态，特别是可靠性必定是影响民航安全的重要因素之一，而飞机在使用过程中，避免不了由于零部件疲劳、损坏而使飞行存在安全隐患，因此，为保证航空器、发动机及部件在设计可靠性和安全水平上持续执行预定功能而进行的一切工作，亦称机务维修，包括养护、调整、更换、修复、大修等。我们经常说飞机维修，顾名思义也就是对飞机进行维护、修理、检查、更换、改装和排故。

一、机务维修的重要性

飞机在使用过程中，零件必然会出现磨损、疲劳、断裂、变形、腐蚀、老化等现象，造成设备性能下降甚至出现故障，这会使其不能正常运行或使运行成本增加甚至造成灾难性的后果。体现在以下几点。

（1）保障安全飞行。

（2）保障航班正点。

（3）延长飞行器的寿命。

（4）提高经济性。

二、机务维修的分类

一般而言，飞机的维修部门分为两级，即内厂维修（基地维修）和外场维修（航线维修），也可以将特种维修（维护）单独划为一级。

1. 内厂维修——维修基地

维修基地是一个维修工厂，它具备大型维修工具和机器以及维修厂房，负责飞机的定期维修、大修，拆换大型部件和改装。可以属于航空公司，也可以是专门的飞机维修公司。

根据使用情况，飞机、发动机和机载设备在经过一段时间的飞行（飞行周期）后，可能发生磨损、松动、腐蚀等现象，飞机各系统使用的工作介质，如液压油、滑油等也可能变质和短缺，需要进行更换或添加，所以飞机必须送维修基地进行相关的检查和修理，并对各系统进行检查和测试，以发现和排除存在的故障和缺陷，使飞机恢复到原有的状态，来完成下一个飞行周期的任务。

基地维修机构（MRO）需要取得中国 CAAC、美国 FAA、欧盟 EASA 等适航管理机构颁发的维修许可证，方可接受客户维修委托业务。世界专门飞机维修公司的前十名排名如表 4-1 所示。

表 4-1　2019 年世界专门飞机维修公司的前十名排名表

名　　次	企　业　名　称	机体维修工时/小时	总维修工时/小时	总营业收入/美元
1	新科宇航（ST Aerospace）	1250 万	未公开	12 亿
2	香港飞机工程有限公司（HAECO）	1030 万	1280 万	18 亿
3	AAR	530 万	未公开	未公开
4	MRO Holdings	430 万	470 万	未公开

续表

名　　次	企 业 名 称	机体维修工时/小时	总维修工时/小时	总营业收入/美元
5	汉莎技术（LHT）	420万	800万	56亿
6	法荷航工程维修公司（AFI-KLM E&M）	370万	未公开	46亿
7	北京飞机维修工程有限公司（新 Ameco）	310万	480万	未公开
8	Turkish Technic	300万	600万	10亿
9	广州飞机维修工程公司（GAMECO）	280万	520万	未公开
10	航空技术服务公司（ATS）	260万	300万	未公开

数据来源：《航空周刊》

世界最大的维修厂是阿联酋航空公司建造的全球最大的飞机修理厂，其只修理空客 A380 和波音 777 两款飞机，其厂址位于迪拜国际机场北部，占地 0.55 平方千米（136 英亩），设有行政大楼和机库，建设成本达 22 亿元人民币，并于 2006 年开业；拥有 8 个机库，是世界上最大的独立式结构之一。

国内最大的飞机维修机构之一是广州飞机维修工程有限公司（GAMECO），于 1989 年 10 月成立，是由中国南方航空公司、南华国际飞机工程有限公司和香港和记黄埔飞机维修投资有限公司共同投资成立的一家合资飞机及机载零部件维修企业，向国内外航空公司机队中的波音 B737/747/757/767/777、空中客车 A300/319/320/321/330 及 EMB 145 提供高质量飞机维修工程服务。图 4-4 所示为广州飞机维修工程有限公司维修现场。

图4-4　广州飞机维修工程有限公司维修现场

GAMECO 获取了中国民航总局（CAAC）、美国联邦航空局（FAA）、欧洲航空安全局（EASA）以及亚太区多个国家和地区的航空当局维修许可证。GAMECO 可以为多种型号飞机提供维修服务，其附件维修中心也是国内功能最完备的飞机附件维修基地之一。

GAMECO 在广州白云国际机场的新机库是中国跨度最大的桁架结构机库。机库南北长 400 米，东西宽 133 米，总建筑面积达 9.6 万平方米，可同时容纳 4 架宽体飞机（两架空中客车 380 加两架波音 747）或 12 架窄体飞机（如波音 757、737，空中客车 320）在内维修。拥有崭新的机库与设备，加上先进的管理和技术，GAMECO 将在新的高度再次腾飞。

国内的主要航空公司，如国航、东航、南航、海航、川航等航空公司均有内场维修基地与维修能力，如：四川国际航空发动机维修有限公司是亚洲最大的发动机维修基地；南航沈阳飞机维修基地已成为亚太地区首个具备普惠加拿大 APS 5000 型 APU 修理能力的修理厂；GAMECO 设立北京大兴维修站等，使飞机的维修保障更加完善，维修能力得到了全面提升。图 4-5 所示为四川国际航空发动机维修有限公司，图 4-6 所示为东航技术浦东维修基地发动机维修部。

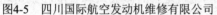

图4-5　四川国际航空发动机维修有限公司　　　图4-6　东航技术浦东维修基地发动机维修部

同时，为了满足不同航空公司的需要，各大机场均有飞机维修部门，为没有设立专门维修机构的航空公司提供内场和外场的维修保障。

2. 外场维修——航线维修

飞机一般不进入车间，而是在航线上对运行的飞机进行维护保养和修理，这类航线维护包括航行前、航行后和过站维护。

（1）航行前维护：每天执行飞行任务前的维护工作。

（2）过站（短停）维护：每次执行完一个飞行任务，准备再次投入下一个飞行任务前，在机场短暂停留期间进行的维护工作。

过站维护主要检查飞机外观和飞机的技术状态，调节有关参数，排除故障，添加各类工作介质（如润滑油、轮胎充气等），在符合安全标准的前提下，适当保留无法排除且对安全不构成影响的故障，确保飞机能够执行下一个飞行任务。

（3）航行后维护：也叫过夜检查，是每天执行完飞行任务后的维护工作，一般在飞机所在基地完成，排除空、地勤人员反映的运行故障，彻底排除每日飞行任务中按相关安全标准保留的故障项目，并做飞机内外的清洁工作。

以上各类维护仅针对一般情况，依据具体飞行任务安排。各航空公司都有自己的相关规定，如飞机在基地停留超过一定时间就必须进行航行后维护，而不论当天飞行任务是否全部完成；飞机飞回基地做短暂停留期间也可能要按航行后维护标准执行维护工作。

3. 特种维修（维护）

由于某种特殊原因而进行的维修（有些理论也把这类维修归到航线维修或定期维修），这类维修一般包括以下方面。

（1）经过雷击、重着陆或颠簸飞行后对某些设备、飞机结构的特定部位进行的特别检查和修理。

（2）受外来物撞击、碰伤后的修理。

（3）发现飞机某部位发生腐蚀后的除锈、防腐处理。

（4）按适航部门或制造厂家的要求对飞机进行加、改装工作。

（5）在两次 D 检之间加做的中检或客舱更新。（按飞行小时或起落架次，维修分为 A、B、C、D 检等级别，D 检的级别最高）

第四节　机场应急救援保障

一、应急救援概述

机场应急属于航空交通灾害危机管理范畴，根本目的是在航空交通灾害及其他影响机场运行的紧急事件临近或已发生时，在有效时间内采取救援行动，尽量减少生命和财产损失，适用于灾害临近或已发生时的管理。理想的和绝对的安全是难以达到或者根本无法实现的。当事故或灾害不可避免时，有效的应急救援行动是唯一可以抵御事故或灾害蔓延并减缓危害后果的有力措施。

二、机场应急事件分类

应急救援面对的一定是飞机的紧急情况，即救援是针对机场紧急事件的。机场紧急事件包括航空器紧急事件和非航空器紧急事件。

1. 航空器紧急事件

航空器紧急事件包括以下几种情形。

（1）航空器失事。

（2）航空器空中故障。

（3）航空器受到非法干扰，包括劫持、爆炸物威胁。

（4）航空器与航空器相撞。

（5）航空器与障碍物相撞。

（6）涉及航空器的其他紧急事件。

2. 非航空器紧急事件

非航空器紧急事件包括以下几种情形。

（1）对机场设施的爆炸物威胁。

（2）建筑物失火。

（3）危险物品污染。

（4）自然灾害。

（5）医学紧急情况。

（6）不涉及航空器的其他紧急事件。

三、航空器突发事件的应急救援响应等级

1. 原地待命

航空器在空中发生故障等突发事件，但该故障仅对航空器安全着陆造成困难，各救援单位应当做好紧急出动的准备。

2. 集结待命

航空器在空中出现故障等紧急情况，随时有可能发生航空器坠毁、爆炸、起火、严重损坏，或者航空器受到非法干扰等紧急情况，各救援单位应当按照指令在指定地点集结。

3. 紧急出动

已发生航空器失事、爆炸、起火、严重损坏等情况，各救援单位应当按照指令立即出动，以最快速度赶赴事故现场。

非航空器突发事件的应急救援响应不分等级。发生非航空器突发事件时，按照相应预案实施救援。

四、机场应急相关法规及要求

美国"9·11"事件发生后，越来越多的国家重视应急救援管理的研究，我国也出台了多项法律、法规，如《中华人民共和国安全生产法》《中华人民共和国民用航空法》《中华人民共和国搜寻救援民用航空器规定》《民用运输机场应急救援规则》《国家突发公共事件总体应急预案》等。

（1）《中华人民共和国安全生产法》。该法明确了企业在安全生产中的主体责任，并在应急救援制度中引入了三套对策体系：事前预防——超前预防对策体系；事中救援——事故应急救援体系；事后处理——事故调查、报告和责任追究体系。

（2）《中华人民共和国民用航空法》。该法属于国家法律，是民用航空法规体系的龙头，是制定民航法规、规章的依据，其中也规定：机场应具备处理特殊情况的应急计划以及相应的设施和人员。

（3）《中华人民共和国搜寻救援民用航空器规定》规定，民用机场及其邻近区域发生的事故，其应急救援和现场保护工作按照《民用运输机场应急救援规则》执行。

（4）《民用运输机场应急救援规则》对机场的应急救援工作做出了具体的规定。

五、机场应急及危机管理

尽管世界安全专家普遍认为，航空运输的安全性比公路运输至少高 20 倍，但是航空灾害的难预测性、突发性、可能造成的极大的人员和财产损失，给人们的精神打击和带来

的恐惧心理远远超出任何其他交通事故。

　　目前，机场紧急事件的救援工作主要是由机场承担的。机场应急的目的是把紧急事件的影响，特别是关于抢救生命和维持航空器运行方面的影响减至最小。应付发生在机场或其紧邻地区的飞机事故或事件中，机场是头等重要的，因为就是在这个地区才有挽救生命的最大机会。根据机场的应急事件的突发性、危害性、公众性、紧迫性、二重性、较难预测性（时间、地点、状况、后果）和演化的不确定性特点，机场应急决策具有反应时间短、控制成本高和决策难度大等特点，需要居安思危，全面及时应对。

六、应急救援的演练

　　机场应急救援的演练是锻炼和提高各参加应急救援单位遇到紧急情况时的信息传递、应急反应、救援处置、协调配合、决策指挥等方面能力和水平的重要手段，对积累救援经验、检验和完善应急救援计划及预案具有重要意义。机场管理机构应当把应急救援演练作为保证运行安全的重要内容，列入年度工作计划，定期组织落实。每次演练后都应该对此次演练进行总结，发现不足，不断完善预案的可操作性，提高机场处置突发事件的能力和水平，真正做到出动迅速、反应敏捷、处置高效、救援有力，预防和减少人民的生命财产损失。

思　考　题

1. 理解民航各种保障条件对民航安全的影响。
2. 从保障条件的功能，理解为什么民航需要各种保障条件。

复　习　题

1. 什么是民航保障？
2. 保障服务主要包括哪些内容？
3. 简述空中管制服务的任务与组成。
4. 机务维修包括哪几种等级？它们的区别是什么？
5. 简述机场应急救援的作用和分类。

第五章

民用机场基本知识

本章学习目的

机场作为民航的重要的组成部分，与民航的发展相伴，与飞机的飞行休息相关，当然也是航空运输网络的重要节点，而在现代民航体系中，机场又是一个城市、区域，乃至一个国家形象的标识。在技术层面上，机场已经跨越了早期的简单的飞机起降功能，在现代导航技术与设备推动下，特别是随着物联网、大数据、云计算、移动互联网等技术的发展，智能机场不断完善，智慧机场将成为发展趋势，同时，机场与腹地和区域经济社会的发展形成互动联系，其服务航空公司、服务乘客与服务社会的功能不断增强，因此，我们需要在加深对机场基本功能认识的基础上，全面认识机场的独特作用，同时，也需要不断地拓展思维，将机场的功能不断地丰富，使其真正既服务民航运输产业的发展，又能为区域经济发展助力。

本章的学习目的包括以下内容。

1．理解机场在民航体系中的作用；

2．理解机场的功能布局与服务品质的关系；

3．通过了解国内外主要机场的现状，加深理解建立一个强大的民航运输网络的重要性。

 导读

众志成城保起飞——不可或缺的机场的每一项功能

飞机起飞的那一刻令人振奋。看到那样一个庞然大物腾空而起，飞向云端，人们都会为飞机设计者和驾驶者们的伟大而感到钦佩和敬仰！我们细心观察和体验后就会发现：为了起飞这一刻，机场有太多的人在不同的岗位上尽职尽责，不知疲倦地坚守岗位，正是他们的尽忠职守和密切配合，保障了民航运输的高效运行，才为飞机的安全起飞与降落创造了条件，为乘客提供了便捷的出行条件。

纵观民航发展的进程，机场的发展与民航的进步密不可分，或者说恰恰是机场服务保障功能的提升，才成就了现代民航业的高速发展。今天的机场，不但是飞机停靠、起降的场所，而且是乘客出行的"港湾"，更是联结世界的纽带、经济发展的支撑、人们乘坐飞机出行的集散地。今天的机场航班的起降密度已经超过人们想象，如首都机场 2018 年起降 597 000 架次，高峰期每 45 秒起落一架飞机；繁忙的机场亚特兰大哈兹菲尔德—杰克逊国际机场 2018 年起降 980 385 架次。那么密集的起飞降落，怎么才能让这些飞机有序地滑行与起飞？这么多的飞机，有多少人（乘客）要出发和到港？他们需要经过值机、安检、等待、登机……机场的功能区如何划分和组织才能有序高效地完成这些任务呢？

另外，为了保证飞机起飞前处于良好的适航状态，需要对飞机进行场外检修；飞机起飞降落需要塔台指挥与调度；当然，也需要系统的安全防范体系和应急救援系统……可见，机场是一个安全性、技术性和规范性极强的特殊场所，认识机场对加深理解民航有着特殊的意义。

第一节　民用机场概述

一、民用机场的概念

1. 机场的概念

机场是航空运输体系的重要组成部分，也是反映民航总体实力的重要标志。就其一般意义而言，机场可以理解为在陆地或水面上划定的一块区域（包括附属的各种建筑物、装置和设施），提供飞机起飞、着陆、停放、加油、维修及组织飞行保障活动之用的场所。因此，机场是飞机飞行的条件，有飞机就必须有机场，机场越多，建设水平越高，航空运输越能得到迅速发展。

国际民航组织也对机场有明确的定义，认为机场就是为供航空器起飞、降落和地面活动而划定的一块地域或水域，包括域内的各种建筑物和设备装置。为了满足飞行的要求，除了跑道之外，机场通常还设有塔台、停机坪、航空客运站、维修厂等设施，并提供机场管制服务、空中交通管制等其他服务。

2. 民用机场一般的概念

民用机场是指专供民用航空器起飞、降落、滑行、停放以及进行其他活动使用的划定区域，包括附属的建筑物、装置和设施，民用机场不包括临时机场和专用机场。

由于民航运输的高速发展，飞机的启动频率、起降重量不断增加，对社会发展、人民生活的影响越来越大，机场的功能划分也越来越细致科学，功能不断拓展。民航机场开始走向集飞行区、旅客航站区、货运区、机务维修设备、供油设备、空中交通管制设施、安全保卫设施、救援和消防设施、行政办公区、生活区、生产辅助设施、后勤保障设施、地面交通设施及机场空域等为一体的集成性社会机场的模式。除此之外，机场还与临空经济、机场腹地概念密切相关，因此，民用机场不再是飞行器飞行的保障基地，不再限于陆路与控制运输的衔接点，而成为促进机场腹地经济发展的驱动力，具有区域性、综合性特点。我国把大型民用机场称为空港，小型机场称为航站。

二、机场的发展

飞机的起飞与降落都需要特定场地条件，这个特定场地就是机场的雏形。最早的飞机起降地点一般为圆形草坪，飞机可以在任何角度，顺着有利的风向来进行起降，周围会有一个风向仪。为了保护简易的飞机，避免风吹雨打、日晒雨淋对飞机的影响，机场还要配备机库；之后开始使用土质场地，避免草坪增加的阻力，但土质场地并不适合潮湿的气候，因为会泥泞不堪；随着飞机重量的增加，起降要求亦跟着提高，混凝土跑道开始出现，避免了以往机场在一些特殊的气象条件及昼夜时间方面的使用限制。

从世界范围看，机场经历了从无到有、从小到大、从简单到复杂、从单一功能到多种功能的历程，其发展历史可以分成三个阶段。

1. 机场发展的幼年期（1910—1920 年）

尽管早期就有机场的雏形存在，但真正意义上的机场应该是 1910 年德国出现的第一个机场，当时只是一片划定的草地，有几个人管理飞机起降，还有简易的帐篷存放飞机，当然，那时没有用于与飞行员通话的无线电设备，也没有导航系统帮助飞行员在恶劣天气情况下起降。空中交通管制也仅仅是由一人挥动红旗来作为起飞降落的信号。在这种条件下，飞机只能在白天飞行。由于这时的飞机在安全性和技术方面尚不稳定，而且作为新生事物，还未被社会广泛接受，使用十分有限。早期的机场俗称"飞行员的机场"或"飞机的机场"。此时机场只为飞机和飞行人员服务，尚不具备社会功能，也不会考虑其他因素。图 5-1 所示为早期简易机场的照片。

图5-1　早期机场的照片

2. 机场发展的雏形期（1920—1960 年）

1919 年后，随着第一次世界大战的结束，飞行技术得到迅速应用，欧洲一些国家率先开始对机场设计进行初步改进，当年修建完成的巴黎勒布尔热（Le Bourget）机场和伦敦希思罗（Heathrow）机场保证了巴黎至伦敦的定期旅客航班的开通，欧洲开始建立起最初的民用航线，航空运输得到快速发展。机场大量建设起来，特别是在欧洲和美国，机场的建设推进了欧美国家航线的大量开通。同时，随着航空技术的进步，飞机对机场的要求也提高了，机场建设中出现了各种新兴的需求，如航管和通信的要求、跑道强度的要求、一定数量乘客进出机场的要求等。为了满足这些要求，出现了塔台、混凝土跑道和候机楼，现代机场的雏形已经基本出现。这时的机场主要是为飞机服务，是"飞机的机场"。第二次世界大战期间，飞机发挥的重要作用使航空业得到快速发展，也在全世界范围内进一步刺激了机场的发展。如美国政府对机场建设的支持一直延续到第二次世界大战之后，这使美国成为世界上机场数量最多的国家。第二次世界大战以后，出现了更成熟的航空技术及飞行技术，加上全世界经济复苏的推动，国际交往得到增加，航空客货运输量快速增长，开始出现了大型中心机场，也叫航空港。1944 年国际民航组织（ICAO）的成立，标志着对世界航空运输进行统一管理的机构的出现。在它的倡议下，52 个国家在美国芝加哥签署的《国际民用航空公约》（别称《芝加哥公约》）成为现行《国际航空法》的基础。它在国家机场设计方面和空中交通规程标准方面起了十分重要的作用。ICAO 标准和推荐的规程包括跑道特性、机场灯光和大量有关安全的其他范畴。20 世纪 50 年代，ICAO 为全世界的机场和空港制定了统一标准和推荐要求，使全世界的机场建设有了大体统一的标准，这使新的机场建设有章可循。图 5-2 所示为机场雏形的照片。

3. 社会的机场（1960—至今）

20 世纪 50 年代末，大型喷气运输飞机投入使用，使飞机变成真正的大众交通运输工具，航空运输成为地方经济的一个重要的不可或缺的组成部分，而这种发展也给机场带来了巨大的压力。一方面，先进的飞机性能要求各个机场的飞行区必须有很大改进，不仅是跑道，滑行道，停机坪的硬度、宽度和长度，还涉及飞机起降设施水平的提高、空管系统的改进等；另一方面，载重量更大、航程更远的喷气飞机的使用，也造成乘机旅行、客流量和货运量的增加，原有的候机厅不能满足需要而要重新设计或改扩建，以满足新增加的要求。20 世纪 60 年代后，机场的建设随着喷气式飞机的增加而蓬勃发展，跑道延伸至3000 米长，并利用滑模机筑出连续的强化混凝土跑道。现代化的机场航站楼开始使用空桥系统，旅客不必走出室外即可登机；逐步出现了固定式旅客登机桥、候机楼与飞机间的可伸缩式走廊；出现了因候机楼面积扩大而供旅客使用的活动人行道（电梯）和轻轨车辆；出现了自动运送行李和提取行李系统；出现了在候机楼与远处停放飞机之间的运送旅客的摆渡车；也出现了许多新建或扩建的先进货物处理设施。但也就是在这一时期，由于喷气飞机发动机带来的严重噪声问题，不少机场开始搬离市中心，机场成为"社会的机场"。图 5-3 所示为现代机场的照片。

图5-2　机场雏形的照片　　　　　　　　图5-3　现代机场的照片

4. 我国机场的发展

我国的机场建设始于清朝末年（清宣统二年），最早建设的是北京南苑机场。彼时并没有成建制的机场出现，只是来自法国的两架小飞机在南苑校阅场进行飞行表演，这是飞机这种由近代科技产生的飞行器第一次在中国土地上起降。1910 年这块空地成了中国第一座机场，清朝政府利用南苑毅军操场修建供飞机起降的简易跑道，并在南苑开办飞机制造厂，南苑机场正式建立。此后，袁世凯采纳法国顾问的建议于 1913 年在南苑创建南苑航空学校，前后四期培养的 100 多名飞行员成为后来我国民航飞行的骨干力量。抗日战争结束后至中华人民共和国成立前，南苑机场是国民政府和中华民国空军在北平的重要机场。图 5-4 所示为翻拍的 1910 年北京南苑机场。

图5-4　翻拍的1910年北京南苑机场

中华人民共和国成立之后，中国人民解放军第一个飞行中队在南苑机场成立，此后南苑机场一直都是军用机场，从开国大典到历次国庆阅兵，南苑机场都是空、地受阅部队的训练场地。1984 年，经国务院和中央军委批准，由中国人民解放军空军与 22 个省、市及大型企业联合组建民用航空公司，中国联合航空公司就此诞生，南苑机场随即成为联航的基地。随着北京大兴国际机场的启用，南苑机场于 2019 年 9 月 25 日正式关闭，民用航空功能转移。南苑机场创造了我国航空史上的多个第一：第一所航空学校、第一家航空工厂、第一次空中游览飞行、第一条旅游航线等。

1958 年，中华人民共和国成立以来兴建的第一座大型民用机场——首都机场建成并投入使用。2019 年 8 月 25 日，北京大兴国际机场开航。

2018 年民航行业发展统计公报显示，截至 2018 年年底，我国共有颁证运输机场 235 个，而全年新开工、续建机场项目 174 个，新增跑道 6 条、停机位 305 个，航站楼面积 133.1 万平方米。其中，按旅客吞吐量数据统计排名，最大的机场分别是北京首都国际机场、上海浦东国际机场、广州白云国际机场、成都双流国际机场、深圳宝安国际机场、昆明长水国际机场、上海虹桥国际机场、西安咸阳国际机场、重庆江北国际机场和杭州萧山国际机场。

三、机场的作用

民用运输机场作为国家重要公共交通基础设施，是民航业发展的基础，在综合交通运输体系中发挥着重要作用。民航机场一方面要面向天空，送走起飞的飞机，迎来着陆的飞机；另一方面要面向陆地，供旅客、货物和邮件的进出，以便完成地面与空中两种运输方式的转变。同时，机场既是航空网络的节点，又是城市和区域经济与外部联系的重要纽带。城市和区域经济的发展与机场的发展密切相关。概括起来，机场的作用体现在以下几点。

1. 构建了改革开放的通道

机场构建了与世界交往与合作的"空中走廊"，打通了对外开放的新通道，机场对于一国、一地经济发展的作用在全球化的背景下愈发凸显。

2. 是民航发展的基础

机场是民用航空与整个社会的结合点，是衔接旅客和运输主体的纽带。机场是航空网络的节点，决定着航线的分布、航空运输的辐射范围以及民航运输的效率和运输能力，也是民航运输服务社会能力的基础，同时，机场为旅客航空出行和货物运输提供了相关的服务，成为民航生产与消费的结合点。

3. 是区域经济发展的支撑点

世界各重要的空中枢纽周边一般都是经济发达地区，围绕机场形成产业聚集、临空经济带、区域经济、旅游消费等良好的发展态势；同时，可以有效促进中心城市同其他城市生产要素的交流，进一步对城市腹地加以拓展，从而实现生产要素的空间极化。国际民航组织曾测算，每 100 万航空旅客可为周边区域创造 1.3 亿美元的经济收益，能够带来 1000 个直接工作岗位；每新增 10 万吨航空货物，将直接创造出 800 个工作岗位；同时，产业链的延伸可以带动经济发展。

4. 是机场属地，乃至国家形象的展示

如首都的新机场——大兴国际机场，除了航空运输枢纽外，还有一重特殊身份，是新国门，是国家形象的展示窗口和北京的城市入口，承担着特殊的政治和文化含义的表达。

5. 是技术进步的体系

现代机场集合了云计算、大数据、物联网、移动互联、人工智能等"工业 4.0 时代"的数字信息化、智能化技术发展成果，推动着科技创新及相关产业的发展与进步。

四、机场的分类

为了全面地理解机场，需要了解机场的分类。机场按不同的标准可以有不同的分类。

1. 按用途分类

（1）军用机场。军用机场是用于军事用途、供军用飞机起飞降落的机场。

（2）民用机场。民用机场用于民用航空活动，可以分为商业运输机场和通用航空机场。商业运输机场的规模较大，功能较全，使用较频繁，知名度也较大；通用机场主要供专业飞行之用，场地较小，因此，一般规模较小，功能单一，对场地的要求不高，设备也相对简单。

（3）军民合用机场。机场既可以满足军事飞行的需要，也可以兼顾民航的需要，军民合用，有利于形成"平时保障飞行安全，战时满足作战需要"的保障能力，有助于扩大旅客吞吐量，缓解部分地方民用机场紧张的状况。

2. 按航线业务范围分类

1）国际航线机场

国际航线机场是指可接受来自其他国家的班机着陆和起飞的机场。这类机场通常较

大，且通常有较长的跑道和设施以供常用于国际或洲际航行的大型飞机使用，并设有海关和出入境管理。除国际航班外，国际机场一般也接待国内航班（仅在一个国家境内航行的班机），以方便旅客转机。到 2019 年年底，我国有国际机场 60 余个，如北京大兴国际机场、首都国际机场、上海浦东国际机场、沈阳桃仙国际机场、广州白云国际机场等。

2）国内航线机场

国内航线机场专供国内航线使用，截至 2018 年年底，我国有 235 个民用机场中，除去 60 余个国际机场外，均为国内航线机场。

3）地区航线机场

在我国，地区航线机场供内地民航运输企业与香港、澳门之间定期或不定期航班飞行使用，是没有相应联检机构的机场。特别是随着"一带一路"的建设，许多机场增加了地区航线，如 2019 年上半年，广州白云国际机场有 13 条地区航线，飞往"一带一路"沿线的国家包括俄罗斯、哈萨克斯坦、蒙古、印度等国。

3. 按机场在民航运输系统中所起的作用分类

1）枢纽机场

枢纽机场指国际、国内航班密度相对较大的民用机场，旅客和货物能够比较合适地在此机场进行中转。它是连接某一地区与另一地区经济的核心便捷运输方式。枢纽机场不仅为航空公司提供传统意义上的基础设施服务，也为其提供了一个竞争的环境。枢纽机场依托基地航空公司，扩大了其拓展市场覆盖的范围，给机场创造了较大的经济利益。中国八大区域性枢纽机场是指重庆江北国际机场、成都双流国际机场、武汉天河国际机场、郑州新郑国际机场、沈阳桃仙国际机场、西安咸阳国际机场、昆明长水国际机场、乌鲁木齐地窝堡国际机场。

2）干线机场

干线机场以国内航线为主，跨省跨地区，可开辟少量国际航线。在设计标准上，干线机场的年吞吐量达千万级，可起降空客、波音干线客机。通常跑道长度在 2～3 千米或更长，根据机场的等级和海拔等因素，此类机场一般设置在省会或计划单列市级别的城市中。深圳、南京、杭州、青岛、大连、长沙、厦门、哈尔滨、南昌、南宁、兰州、呼和浩特为中国十二大干线机场。

3）支线机场

支线机场是经济较发达的中小城市或经济欠发达但地面交通不便的城市地方机场，在设计标准上，目标年旅客吞吐量小于 50 万人次（含），主要起降短程飞机，规划的直达航班一般在 800～1500 千米范围内。

4. 按机场在所在城市的地位、性质不同划分

机场可以划分为 I 类机场、II 类机场、III 类机场和 IV 类机场。I 类机场是指全国政治、经济、文化中心城市的机场，是全国航空运输网络和国际航线的枢纽，运输业务量特

别大，除承担直达客货运输外，还具有中转功能，北京大兴国际机场、首都国际机场、上海浦东国际机场、广州白云国际机场等属于此类机场；II 类机场指省会、自治区首府、直辖市和重要经济特区、开放城市和旅游城市或经济发达、人口密集城市的机场，可以全方位建立跨省、跨地区的国内航线，是区域或省、区内航空运输的枢纽，有的可开辟少量国际航线，II 类机场也可称为国内干线机场；III 类机场指国内经济比较发达的中小城市，或一般的对外开放和旅游城市的机场，能与有关省区中心城市建立航线，III 类机场也可称为次干线机场；IV 类机场指支线机场及直升机场。

第二节　机场的等级与功能区划分

一、机场的等级

衡量一个机场的大小，一个关键的指标是这个机场可以起降飞机的型号，因为不同飞机的型号有不同的起降的技术条件与要求。通常，飞行区等级常用来代表机场等级，但飞行区等级不仅与机场跑道长度、宽度等相关，还与道面强度、道面摩擦力等相关，这些具体用道面等级序号 PCN（Pavement Classification Number）与飞机等级序号 ACN（Aircraft Classification Number）指称。也就是说机场的级别主要由两个因素决定：一是飞机基准飞行场地（也就是跑道）的长度；二是飞机两项主要参数，分别是翼展和主起落架外轮间距，即飞机最远的两个轮子之间的距离。

我国采用航空行业标准 MH 5001—2000《民用机场飞行区技术标准》加以规范，采用飞行区等级指标 I 和指标 II 将有关飞行区机场特性的许多规定和飞机特性联系起来，从而对在该机场运行的飞机提供适合的设施。飞行区等级指标 I 根据使用该飞行区的最大飞机的基准飞行场地长度确定，共分 4 个等级；飞行区等级指标 II 根据使用该飞行区的最大飞机翼展和主起落架外轮间距确定，共分 6 个等级，如表 5-1 所示。其中，4F 级飞行区配套设施必须保障空中客车 A380 飞机全重（560 吨）起降。

表 5-1　飞行区等级表

飞行区等级指标 I		飞行区等级指标 II		
飞行区代码	飞机基准飞行场地长度 L/m	飞行区代码	翼展 WS/m	主起降架外轮距离 T/m
1	L<800	A	WS<15	<4.5
2	800≤L<1200	B	15≤WS<24	4.5≤T<6
3	1200≤L<1800	C	24≤WS<36	6≤T<9
4	L≥1800	D	36≤WS<52	9≤T<14
		E	52≤WS<65	9≤T<14
		F	65≤WS<80	14≤T<16

目前，我国把机场按照飞行区等级、跑道导航设施等级及机场救援和消防级别进行分级划分。用"数字+字母"两个部分组成的编码来表示。第一部分的数字表示与飞机性能相应的跑道性能和障碍物的限制；第二部分的字母表示飞机的尺寸，也就决定了所要求的跑道和滑行道的宽度。根据《2018年民航行业发展统计公报》公布的数据，到2018年年底，我国颁证运输机场按飞行区指标分类：4F级机场12个，4E级机场35个，4D级机场40个，4C级机场142个，3C级机场5个，3C级以下机场1个。目前，我国机场等级与分布情况如表5-2所示。

表5-2 机场等级表与分布情况

飞行区等级	最大可起降飞机种类举例	国内该飞行区等级机场举例
4F	空客A380等四发远程宽体超大客机	北京大兴国际机场、北京首都国际机场、昆明长水国际机场、广州白云国际机场、上海浦东国际机场、武汉天河国际机场、成都双流国际机场、西安咸阳国际机场等
4E	波音747、空客A340等四发远程宽体客机	上海虹桥国际机场、南昌昌北国际机场、太原武宿国际机场、长沙黄花国际机场等
4D	波音767、空客A300等双发中程宽体客机	运城关公机场、东营胜利机场、常州奔牛机场、南通兴东机场等
4C	空客A320、波音737等双发中程窄体客机	赣州黄金机场、九江庐山机场等
3C	波音733、ERJ、ARJ、CRJ等中短程支线客机	内蒙乌海机场等

二、机场功能区的划分

民航机场一方面要面向天空，送走起飞的飞机，迎来着陆的飞机；另一方面要面向陆地，供旅客、货物和邮件的进出，以便完成地面与空中两种运输方式的转变。机场包括了地面和空中两部分。

按照不同区域活动主体的不同，机场地面主要功能分区为飞行区（也称为空侧）、航站楼区（也称为陆侧）以及进出机场的地面运输区三部分。飞行区和航站区由机场当局管辖，进出机场的地面交通系统一般不由机场当局管辖，但制定机场规划时必须考虑。其中，飞行区是为飞机活动和保障服务准备的区域，布局以航站楼为中心；航站楼区为旅客运输提供服务，包括航站楼建筑本身以及航站楼外的登机机坪和旅客出入车道，它是地面交通和空中交通的结合部，是机场对旅客服务的中心地区；而地面运输区是车辆和旅客的活动区域，严格地说，航站楼属于地面运输区，鉴于空港中很多主要活动在航站楼中进行，因而将航站楼作为一个独立的部分。图5-5所示为机场功能区分布图，图5-6所示为机场功能区分布简图。

图5-5　机场功能区分布图

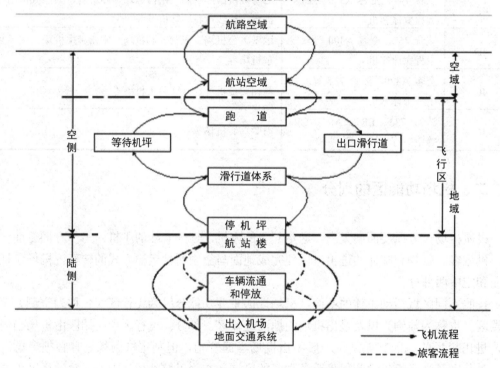

图5-6　机场功能区分布简图

第三节　飞　行　区

飞行区是指机场内用于飞机起飞、着陆、滑行和停放的那部分地区，包括飞机起降运行区、滑行道系统和目视助航系统以及净空区域。

在空间层面上看，飞行区分空中部分和地面部分，空中部分是指机场的空域，包括进场和离场的航路；地面部分包括跑道、滑行道、停机坪和登机门，以及一些为维修和空中交通管制服务的设施和场地，如机库、塔台、救援中心等。

这里主要介绍飞机地面活动中关系密切的跑道及其附属区域滑行道、机坪机场导航设施、机场灯光系统、机场进近和净空区、飞行区的其他设施、跑道、滑行道以及机场内的各种目视助航设施等。

一、飞行区等级

如前所述，飞行区等级常用来指称机场等级。飞行区等级并不直接与机场跑道的长度、宽度等同，而是与道面强度、道面摩擦力等相关，这些具体用道面等级序号（PCN）与飞机等级序号（CAN）指称。

飞行区等级可以向下兼容，例如我国机场最常见的 4E 级飞行区常常用来起降国内航班最常见的 4C 级飞机（如空中客车 A320、波音 737 等），飞机一般使用跑道长度一半以下（约 1500 米）即可离地起飞或使用联络道快速脱离跑道。在天气与跑道长度允许的情况下偶尔可在低等级飞行区起降高等级飞机。例如，我国大部分 4E 级机场均可以减载起降 4F 级的空中客车 A380 飞机，但这会导致跑道寿命降低，并需要在起降后人工检查跑道道面。

增加跑道长度有利于在降落时气象条件不佳、刹车反推失效或错过最佳接地点的情况下避免冲出跑道，亦有利于在紧急中断起飞的情况下利用剩余跑道长度减速刹车。增加跑道宽度可使在滑跑偏离跑道中心线的情况下有较大修正余地，避免飞机冲出跑道。只有提高飞行区的等级，才能起降更大起重吨位的飞机。

二、跑道

跑道是用于飞机起飞滑跑和着陆滑跑的超长条形区域，是机场最重要的组成部分。跑道的方位和条数根据机场净空条件、风力负荷、航空器运行的类别和架次、与城市和相邻机场之间的关系、机场周围的地形和地貌、工程地质和水文地质情况、噪声等环境影响等各项因素综合分析确定，而为了保证飞机在逆风中起降，增加空速，使升力增加，主跑道的方向一般需和机场当地的主风向一致。

1. 跑道号

机场至少有一条跑道，或有几条跑道。为了使驾驶员能准确地辨认出跑道，每一条跑道都有一个标识，即编号。跑道号是按跑道的大致方向编的，即从驾驶员看过去的方向，也就是起飞或降落时前进的方向。跑道方位识别号码有两位阿拉伯数字，其通过科学的计算并清晰地标注在跑道的两端。

主跑道方向一般和当地的主风向一致。跑道号由两位数字组成，按照跑道中心线的磁方向以 10° 为单位，四舍五入表示。平行跑道在两位数字后面加上 L、C、R，如图 5-7 所示。

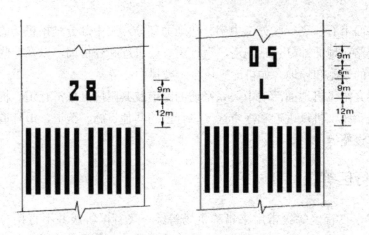

图5-7　跑道号与标志

2. 跑道分类

跑道按其作用可分为主跑道、次跑道、起飞跑道三种。主跑道指在条件允许时比其他跑道优先使用的跑道，按使用该机场最大机型的要求修建，长度较长，承载力也较高。次跑道也称为辅助跑道，在因受侧切风影响，飞机不能在主跑道起、降时，供辅助起降使用。由于飞机在次跑道起、降都有逆风影响，因此，次跑道长度比主跑道短。起飞跑道是仅供起飞用的跑道。

跑道根据配置的无线电导航设施情况可分为非仪表跑道及仪表跑道两种。

（1）非仪表跑道。非仪表跑道是供目视进近程序飞行的跑道。

（2）仪表跑道是供仪表进近程序飞行的跑道。仪表跑道又可分为非精密进近跑道和 I 类、II 类、III 类精密进近跑道，此类别按决断高度和跑道视程或能见度来区分，类别越高则决断高度越低、跑道视程越短。其中，非精密进近跑道装备相应的目视和非目视助航设备足以为直接进近提供方向性引导；I 类精密进近跑道装备 I 类仪表着陆系统和目视助航设备，其决断高 60 米/跑道视程 800 米；II 类精密进近跑道装备 II 类仪表着陆系统和目视助航设备，其决断高 30 米/跑道视程 400 米；III 类精密进近跑道装备 III 类仪表着陆系统和目视助航设备，其决断高 0 米。

3. 跑道的道面和强度

为准确表示飞机轮胎与地面压强和跑道强度之间的关系，ICAO 规定用飞机等级序号（ACN）和道面等级序号（PCN）确定。PCN 表示不受飞行次数限制的道面承载强度，由机场建设部门提供。

4. 跑道附属区域

（1）跑道道肩。位于跑道纵向侧边和相接的土地之间隔离的地段，当飞机因侧风偏离跑道中心线时不引起损害。

（2）跑道安全带。分为侧安全带和道端安全带。

① 侧安全带：跑道中心线向外延伸一定距离（大型机场为 150 米）的区域。

② 道端安全带：跑道端向外延伸至少 60 米的区域，减少飞机冲出跑道发生危险的可

能性。

（3）净空道。跑道端之外的地面和向上延伸的空域，宽度为 150 米，在跑道中心延长线两侧对称分布，该区域除了有跑道灯之外，不能有任何障碍物，下方可以是地面或水面。图 5-8 所示为跑道的附属区域，图 5-9 所示为净空道示意图。

图5-8　跑道附属区域　　　　　　　　　　图5-9　净空道示意图

三、滑行道

滑行道是机场内供飞机滑行的规定通道。滑行道的主要功能是提供从跑道到候机楼区的通道，使已着陆的飞机迅速离开跑道，不与起飞滑跑的飞机相干扰，并尽量避让即将到来的飞机着陆。此外滑行道还提供了飞机由候机楼区进入跑道的通道，滑行道可将性质不同的各功能分区（飞行区、候机楼区、飞行停放区、维修区及供应区）连接起来，使飞机场最大限度地发挥其容量潜力并提高运行效率。

滑行道系统主要包括主滑行道、进出滑行道、飞机机位滑行通道、机坪滑行道、辅助滑行道、滑行道道肩及滑行带。图 5-10 所示为机场滑行道。

图5-10　机场滑行道

四、机坪

机坪是民用机场运输作业的核心区域，此区域供飞机停放、上下旅客、装卸货物，对飞机进行各种地面服务（机务维修、上水、配餐、加电、清洁等）。机坪布局应根据机坪的类别、停放飞机的类型和数量、飞机停放方式、飞机间的净距、飞机进出机位方式等各项因素确定，如图5-11所示。

图5-11　机场机坪

为了保证飞机的滑行安全，通常在滑行道两侧对称地设置道肩，而且还要向两侧延伸一定的距离，延伸部分连同滑行道（机位滑行道除外）统称为滑行带。滑行道必须设置滑行带。滑行道内不得有危害飞机滑行的障碍物，以保障飞机安全。

五、机场净空

机场净空也称机场净空区，飞机在机场起飞降落必须按规定的起落航线飞行。机场能否安全有效地运行，与机场内外的地形和人工构筑物密切相关。它们可能使可用的起飞或着陆距离缩短，并使可以进行起降的气象条件的范围受到限制，因此，必须对机场附近沿起降航线一定范围内的空域（即在跑道两端和两侧上空为满足飞机起飞爬升、降落下滑和目视盘旋需要所规定的空域）提出要求，也就是净空要求，保证飞机在起飞和降落的低高度飞行时不能有地面的障碍物妨碍导航和飞行。

为了飞行安全，就需要创造一个适航、安全的"干净的近空空域"，在这个空域中，不仅没有超高的固体障碍物，也没有诸如电磁环境、漂浮物、烟雾、粉尘、灯光、鸟类、施工机械、车辆等影响飞行安全的事物。这个区域叫作净空区。

净空区的底部是椭圆形，以跑道为中线，它的长度是跑道的长度加上两端各 60 米的延长线；椭圆形的宽度在 6 千米以上。净空区以它为底部向外向上呈立体状延伸，同时在跑道的两端向外画出一个通道，这个通道的底面叫进近面，沿着下滑道水平延伸 10 千米以上。这水平面也向上延伸形成一条空中通道。由这些平面围成的空间是为飞机起降专用的，任何其他建筑物和障碍物均不得伸入这个区域。风筝和飞鸟也在严禁之列。接近此区域的楼房、烟囱等在高度上都有限制，而且在顶部还要漆上红白相间的颜色，装上灯光或闪光灯，目的都是便于驾驶员识别，防止碰撞，涉及净空保护区、净空保护区域的障碍物限制面以及净空保护范围。按规范，净空保护范围为进近跑道两端各 15 千米，以跑道两端入口为圆心，6 千米为半径的近似椭圆，如图 5-12 所示。

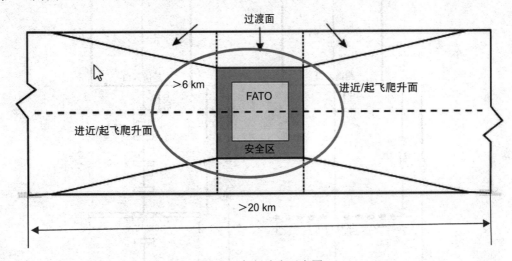

图5-12　机场净空示意图

六、机场导航设施

机场导航设备分为非精密进近设备和精密进近设备两种。

非精密进近是不提供下滑信号的一种标准"仪表进近程序"。其是利用甚高频全向信标台（VOR）、无方向性导航台（NDB）或简式定向设施（SDF）等设备分别设计的程序，均属只提供对准跑道的航向引导，不提供垂直（下滑）引导的非精密进近。这些设备提供方位引导，但没有垂直引导的仪表进近。

而精密进近设施是使用精确方位和垂直引导，并根据不同的运行类型规定相应最低标准的仪表进近。其使用仪表着陆系统（ILS）、微波着陆系统（MLS）或精密进近雷达（PAR）提供方位和下滑引导的进近。

非精密和精密进近二者之间最大的区别就是，前者没有垂直引导，要靠机组根据飞机离跑道头的距离来计算、检查和调整飞行高度，以控制飞机在规定的"下滑线"上下降，因此，非精密飞行难度要相对大一些。

七、机场灯光系统

机场灯光与机场地面标志一样，同属机场的目视助航设备，其目的是更好地引导飞机安全进场着陆，尤其在夜间和低云、低能见度条件下的飞行，机场灯光系统更是发挥着它不可替代的作用。

1. 进近灯光

进近灯光分为简易进近灯光系统、I 类精密进近灯光系统、II/III 类精密进近灯光系统。
简易进近灯光系统一般分为单灯、短排灯等，如图 5-13 所示。

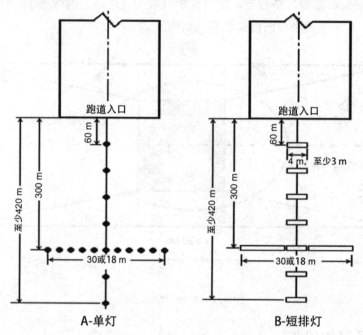

图5-13　简易进近灯光系统示意图

I 类精密进近灯光系统、II/III 类精密进近灯光系统是更高级的灯光系统，便于飞机的安全起降。图 5-14 所示为 II/III 类精密进近灯光系统。

图5-14　II/III类精密进近灯光系统

2. 跑道灯光

1）跑道入口灯

设置在跑道末端或靠近末端以外不大于 3 米处，并且安装在垂直于跑道中心线的一条直线上，从进近主方向看去，灯光颜色为绿色。

2）接地带灯

从跑道入口起沿跑道纵向按间距 30 米对称地设置在跑道中心线两侧至距跑道入口900 米处，灯光颜色为单向白光。

3）跑道末端灯

设在跑道末端的跑道边线灯中间，均匀布置在垂直于跑道中心线的直线上，灯具数至少为 6 盏，从起飞方向看，灯光颜色为红色（跑道末端灯通常与跑道入口灯共用一组半红半绿的灯具）。

4）跑道中心线灯

沿跑道全长设在跑道中心线上，灯距为 30 米；从跑道入口到距跑道末端 930 米范围内全部为白光灯，从距跑道末端 900 米处起至距跑道末端 300 米处范围内红光灯与白光灯相间设置；其余均为红光灯。

5）跑道边线灯

沿跑道全长对称地设置在距跑道边线外侧不大于 3 米的两条平行线上；跑道边线灯的灯距应不大于 60 米；位于跑道两端 600 米范围内的跑道边线灯应使用半白半黄发光的灯具，并使白光朝向跑道外侧，黄光朝向跑道内侧。

6）停止道灯

沿停止道的全长等距地设在跑道边线灯的延长线上，灯距为 40～60 米，灯光颜色为红色。此外，还应横贯停止道末端设置三个灯，与跑道中心线垂直，距停止道端线不大于3 米，跑道灯光系统如图 5-15 所示。

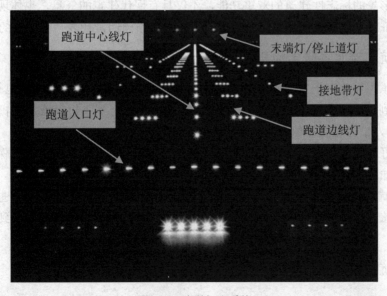

图5-15　跑道灯光系统

3. 滑行道灯光

（1）滑行道中心线灯：沿滑行道的中心线均匀设置，灯距在直线段至少应为 30 米；灯光颜色为绿色。

（2）滑行道边线灯：沿滑行道边线均匀设置，灯距不超过 60 米，灯光颜色为蓝色。

（3）停止横排灯：在精密进近 III 类跑道运行时使用，横跨滑行道或滑行等待位置，灯光颜色为红色。该灯光的开、关取决于机场管制员的指令，飞行员操纵航空器在地面活动，见此灯时必须停止滑行以等待机场管制员的下一个指令。

（4）许可横排灯：此横排灯设置在距滑行道交叉口 30～60 米内并横贯滑行道，灯具至少应为三个，灯光颜色为固定单向黄色。

第四节 航 站 区

机场航站区是旅客活动的主要区域，它以旅客航站楼为中心，包括各种设施与服务活动，以提供连接地面交通、办理离港与进港手续、连接飞行以及为旅客提供出行所需的各种服务。航站区包括旅客航站楼建筑、站坪和车道边、停车设施及地面交通组织所涉及的区域。

一、航站楼

航站楼是航站区的标志性主体建筑物，是机场地面通路与飞机之间的主要连接体，是地面运输和航空运输的交接面，也是为航空运输企业及其过港和中转旅客提供地面运输服务的生产场所。随着社会的进步及经济的发展，现代航站楼建筑具有机场的标志性建筑和城市或地区形象的标志性建筑的双重功能，不仅具有现代建筑的气息，也体现着机场所在地的地域特征、文化背景和城市特色。国际机场被看作国门，代表一个国家的形象。

（一）航站楼旅客服务流程

航站楼承担着旅客出发到达和行李地面运送的全部任务，其主要功能包括：① 为始发、中转或到达旅客办理各种手续；② 把旅客及行李运送到飞机上或从飞机上接下来送出机场；③ 为旅客提供各种商业、娱乐等综合性服务。

为了更好地服务旅客出行，机场的区域划分与相应服务一定与服务流程保持一致。其具体的流程如图 5-16 所示。

在实际航站楼旅客服务的流程设计中，不同的航站楼会根据具体情况进行个性化设计，以满足旅客出行的便捷和凸显自身的特色。图 5-17 所示为某机场出发到达服务实际布局图。

（二）航站楼区域与功能

航站楼的设施与服务功能均是面向旅客离港与进港活动所需而设计的。航站楼按照旅客出发和到达所经历的流程来划分，一般包括售票区域、值机区域、安检区域、登机区域、商品服务区域等。随着现代科技的发展与智能和智慧技术的发展和应用，现在的机场设施与设备人性化、智能化，旅客的体验度越来越高。

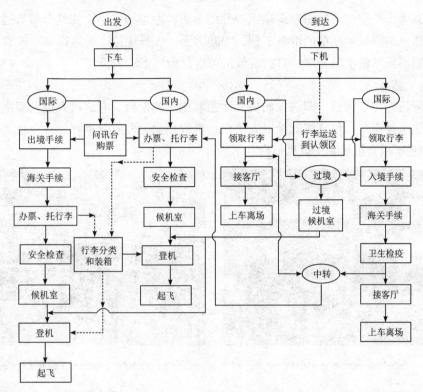

图5-16　航站楼旅客服务流程简图

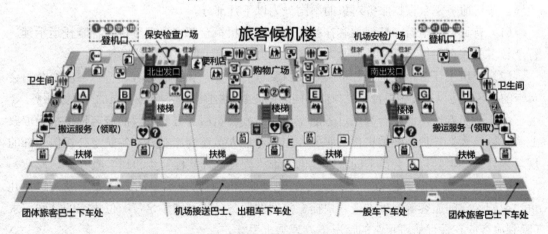

图5-17　某机场出发到达服务布局图

1. 售票区域及服务

飞机客票销售是航空公司营销工作的重点，为了方便旅客出行，候机楼内有专门的售票区域，也即售票大厅，有专业的航空公司或机票代理机构派驻人员进行航站楼售票的票务工作。随着互联网的发展和销售网络的扩大，机场售票服务业务正呈现减退的趋势。图 5-18 所示为某机场售票柜台。

2. 值机区域及服务

值机服务即航空公司的旅客运输服务部门为旅客办理乘机手续的整个服务过程，其主要内容包括办理乘机手续前的准备工作、查验客票、安排座位、验运行李、旅客运输服务和旅客运输不正常情况的处理。目前，值机可以分为以下三大类。

1）人工值机

人工值机即传统值机，即进入候机大厅的联排式的柜台，有值机人员为离港的旅客提供办理登记手续服务，包括核对乘机人信息、机位预定、发放登机牌、办理行李托运等手续。图 5-19 所示为机场人工值机柜台。

图5-18　某机场售票柜台　　　　　　图5-19　机场人工值机柜台

通常不同航空公司的值机柜台分布在不同区域，旅客值机时需要找到对应的柜台办理手续。值机服务柜台根据服务对象的不同分为以下几部分。

（1）普通旅客柜台。任何旅客在指定的普通值机柜台都可办理登机、行李托运手续，行李较多的旅客应提早在空乘专业人员帮助下办理登机手续，以免耽误行程。

（2）值班主任柜台。乘坐各个国际国内航班的 VIP、头等舱旅客，持有各航空公司会员卡的旅客都可以在此种柜台享受与众不同的便捷或无缝隙的空乘专业人员的一条龙服务。

（3）会员专柜。此柜台为通过各航空公司特别会员服务方式订票的旅客提供机场取票业务，以及大客户贵宾的乘机优质服务。空乘专业人员还为旅客办理各航空公司俱乐部的现场入会手续，为持有会员卡的旅客提供查询旅程及进行旅程补登和制卡服务。

（4）特殊旅客服务柜台。此柜台专为晚到旅客、有特殊需要的旅客如无成人陪伴儿童、孕妇、伤病旅客等提供方便、快捷、舒适的服务，尽可能满足每一位旅客的特殊需求（晚到旅客应在保证航班正常的情况下办理乘机手续）。

（5）团体旅客柜台。此柜台专为团体旅客办理乘机服务。

2）异地登机服务

航空企业为了扩大服务范围，新近推出异地值机，如城市候机楼，酒店值机、境外联程值机等，在异地直接为旅客办理登机手续。目前，城市候机楼已经在全国主要城市推广，极大地方便了出行旅客，有效地缓解了机场候机楼值机的压力。图 5-20 所示为城市候机楼。

3）自助值机

自助值机就是借助互联网等现代通信手段和自助设备完成值机，包括机场自助值机、网上值机、手机值机。随着互联网普及和智能技术的发展，自助值机已经成为很多无托运行李出行旅客值机的首选。图 5-21 所示为机场自动值机柜台。

图5-20　城市候机楼　　　　　　　　　　图5-21　机场自助值机柜台

3. 安检区域

安检（安全技术检查）是指在民航机场实施的为防止劫（炸）机和其他危害航空安全事件的发生，保障旅客、机组人员和飞机安全而采取的一种强制性的技术性检查。

一般安检区域布置在售票大厅与候机大厅之间，形成检查屏障，通过的任何人（旅客和员工）都必须经严格检查，确保候机大厅以及登机的安全。安全技术检查工作任务包括：对乘坐民用航空器的旅客及其行李，进入航站楼隔离区的其他人员及其物品以及空运货物、邮件的安全检查；对航站楼隔离区的人员、物品进行安全监控；对执行飞行任务的民用航空器实施监护。图 5-22 所示为机场安检员对乘客进行安全检查的柜台。

除了人工安检外，在 5G 技术的支持下，大型航空港开始使用高效智能的安检通道——智能安检，如北京大兴国际机场就设置了"刷脸"过安检的通道，即将证件放在安检设备指定区域，然后面向摄像头，"刷脸"完成验证后，进入安检通道再接受安检。智慧出行服务系统成为机场服务的新的领域。

4. 联检服务

联检针对出入境旅客而设置的服务是指由口岸单位对出入境行为实施的联合检查，对人员进出境由边检、海关、卫生检疫、动植物检疫联合进行检查。联检服务是窗口行业，是连接一个国家与其他国家的桥梁。联检是对出境旅行人员必须强制执行的检查，任何出境旅客都必须按规定接受检查。

1）边防检查

边防检查站是国家设在口岸以及特许的进出境口岸的出入境检查管理机关，是代表国家行使出入境管理职权的职能部门，是国家的门户。

边防检查站的任务是维护国家主权、安全和社会秩序，发展国际交往，对一切出入境人员的护照、证件和交通运输工具实施检查和管理，实施口岸差控，防止非法出入境。图 5-23 所示为山东某国际机场边检大厅。

图5-22 机场安检员对乘客进行安全检查的柜台　　　图5-23 山东某国际机场边检大厅

随着国际安全环境的变化，边检成为国家安全及反恐的前沿，已经引起各个国家的高度重视，它们纷纷加强边检工作的力度。很多国家的边防检查由移民局或外侨警察局负责，中国由边防检查站负责。主要手续是填写出入境登记卡片，有时登记卡片在飞机上由航空公司代发，提前填写，入境时校验护照并检查签证（有些国家不要求填写入境卡片）。有些国家免办过境签证，并允许旅客出机场去市内参观，但要将护照留在边防，并领取过境卡片，返回机场时再换回护照。

出境时，许多国家还需填写卡片，并将出境卡连同护照和登机牌交工作人员检查。有些国家不要求填写出境卡。不少国家出境旅客需先交纳机场税后再办理护照检查。

入境卡、出境卡要求填写以下项目：航班号、来自何处、全名、姓、出生日期和地点、性别、职业、国籍、所在国家的地址、家庭地址、护照号码，有的还要填写邀请单位或个人的住址及电话号码，本人签字。出入境卡填写姓名要用外文大写字母，无论前往哪个国家均可用英文填写，通常情况下，在所乘航班上，执行航班服务的空乘人员提前发放出入境卡，乘客需要在机上填写完毕，便于出关。

2）检验检疫

机场检验检疫的主要工作包括对机场口岸出入境人员、旅客携带物、货物、交通工具、运输设备、包装物进行检验检疫和监督管理以及应对核生化恐怖事件，口岸卫生许可及卫生监督、传染病监测工作，机场口岸出入境特殊物品卫生检疫监督工作，机场口岸入境的食品、化妆品、植物产品、食用性动物产品、食用性水生动物、用于销售的成品盆栽花卉、进口石材的检验检疫监管工作。

卫生检疫也称"口岸卫生检疫"，是国家政府为防止危害严重的传染病，通过出入境的人员、行李和货物传入、传出、扩散所采取的防范措施。外国旅游者、移民入境是传染病得以传播的重要媒介。为了保障人民健康，各国都在口岸设立卫生检疫及动植物检疫机构。检验机构负责对出入境交通工具全方位进行卫生检查和监督；负责对发现的或疑似传染病的入境人员实施隔离、留验和就地就医等医学措施；负责对来自污染区的交通工具、集装箱、行李、货物等物品进行消毒、除鼠、除虫等卫生处理。联合国制定的《国际卫生条例》规定，目前把班疹、伤寒和回归热定为国际监视传染病。该条例还规定对移民或者入境居留时间长达半年以上的人员和海员进行体格检查，具有健康证明者方能准许入境。近年由于艾滋病的蔓延，许多国家纷纷要求外国移民者或长期居留者提供未患有艾滋病的健康检查证明。

当今，人们生存环境受越来越多不确定因素的影响，病菌、病毒等具有广泛传播性的疫情严重地影响着人们的健康和生命安全，各种疫情不仅在境内传播，更容易通过航空口岸传播，因此，卫生检疫已经成为把住疫情输入与输出通道的重要关口。

旅客出入境时，国家卫生检疫部门要检查预防接种证书，即黄皮书。有些国家有时免验，但有些国家对某些流行病检查又特别严格，例如，智利、墨西哥、澳大利亚、新西兰等国家要求入境的外国人出具预防霍乱和预防黄热病的接种或复种证明书。出国者如果遗忘了申办接种证明书，到达某些国家时，可能会被隔离并采取强制检疫措施。

中国国境卫生检疫部门根据旅客来自国家或地区的不同，决定是否实施检疫。随着世界疫情变化，现需检疫的传染病有鼠疫、霍乱、黄热病等。我国出国人员在出国前应与中华人民共和国北京卫生检疫所或上海卫生检疫所联系，也可与当地防疫部门联系，了解需要办理何种检疫手续。

动植物检验检疫是检验检疫部门依法对出入境、过境的动植物、动植物产品和其他检疫物及包装工具、运输工具等进行检验检疫的过程。动植物检验检疫部门代表的是国家依法在开放口岸执行出入境动植物检疫、检验、监管的检验机关。我国动植物检疫部门根据《中华人民共和国进出境动植物检疫法》的规定，负责检疫进出中华人民共和国国境的动植物及其产品和其他检疫物，装载动植物产品和其他检疫物的装载容器、包装物以及来自动植物疫区的运输工具。图 5-24 所示为杭州某国际机场检验检疫工作柜台。

3）海关

海关是根据国家法律对进出关、境的运输工具、货物和物品进行监督管理和征收关税的国家行政机关。海关的任务是依照《中华人民共和国海关法》和其他有关法律法规，监管进出境的运输工具、货物、行李物品、邮递物品和其他物品，征收关税和其他税费，查缉走私，编制海关统计和办理其他海关业务。图 5-25 所示为机场海关工作大厅。

图5-24　杭州某国际机场检验检疫工作柜台

图5-25　机场海关工作大厅

世界上各国普遍都设立海关，对出入境人员携带的货物进行检查，因此公民出国不仅在出境时要接受本国海关的检查，在抵达外国入境口岸时，同样要接受外国海关的检查。一般在卫生检疫和护照签证查验结束并提取托运行李之后办理海关手续。

各国因国情不同，海关监督检查的范围也不同，但是对出入境旅客携带物品行李的查验都有明确的规定。哪些可以免税，哪些需要征税，对旅客随身携带的烟酒、香水、个人使用的衣物和纪念品等常常有限制。通常每个国家的机场均设有绿色通道和红色通道供不同人选择。

海关检查一般仅询问一下是否有需申报的物品，或填写旅客携带物品入境申报单。必要时海关有权开箱检查所带物品。持外交护照者，按外交惯例，一般可免验。各国对出入境物品管理规定不一，通常烟、酒等物品按限额放行；文物、武器、毒品、动植物等为违禁品，非经特许不得出入国境。

世界各国海关对外国旅客或非当地居民的检查常有四种情况。

（1）免验。西欧一些机场在海关写明"不用报海关"，或海关处根本无人办公。

（2）口头申报。旅客不需要填写海关申报表，过海关时，海关人员只口头询问带了什么东西，通常不用开箱检查。

（3）旅客须填写海关申报单，但是在通过海关时，海关人员只是询问是否携带了海关所限制的物品，很少开箱检查。

（4）旅客须填写海关申报表，通过海关时还要开箱检查。

前三种做法较普遍，第四种做法较少。

5. 登机区域及服务

登机区域主要指机场内通往不同机位的登机口，为了使旅客正确、迅速、流畅地登机，机场在航班办理登机前都有机场广播提示，并有专门的机场引导人员在对应的登机口为旅客办理登机手续。图 5-26 所示为机场离港登机口。

登机服务时引导员接到商务调度出港的航班上客通知后，主动地了解该航班人数及各种信息，将该航班的人数报商务调度；通知引导商务做好上客准备，及时把"登机"告示显示在登机动态栏内；通知旅客登机，有特殊服务的旅客优先登机。登机服务时要进行检票、查验登机牌、对登机的人数进行核对、通知商务调度、记录"航班记录本"。

6. 航站楼商业服务

随着世界经济的发展，人民生活水平的提高，机场禁区内外的商业零售业已成为机场非航空业务收入的重要的经济来源和增长点。候机楼零售业在整个非航空主营业务中占据重要位置，它是机场非航空主营业务收入的主要来源，而且非主业收入的开发已经成为主流机场开展经营的主要渠道。

ACI 数据显示，2015 年全球机场总营收 1520 亿美元，其中非航收入占 40%，而在所有的非航业务收入中，零售、餐饮占 26%，商业在机场创收方面发挥着举足轻重的作用。

航站楼内的服务除了为旅客提供进出机场必不可少的与出行相关的服务外，还应该向旅客提供进出机场及候机时所需要的周到、方便、舒适的商业服务。航站楼商业以特许经营的模式进行，零售服务的主要分类包括免税店、餐饮、酒店、工艺品、皮具玩具等品牌商品。图 5-27 所示为香港机场航站楼内部商业区。

图5-26　机场离港登机口　　　　图5-27　香港机场航站楼内部商业区

7. 其他

随着机场功能的拓展与延伸，机场的服务功能不断增加，给旅客带来更好的出行体验，包括候机大厅、VIP 服务、临时休息场所、咨询服务、保险、休闲、包装等。

二、进出机场的地面交通系统

很显然，机场是一个开放系统。在空侧，机场通过跑道、停机坪、飞机等与外界进行客货交流；而在陆侧，机场又借助各种道路、停车场、车站、各种车辆与外界实现着沟通。只有空侧、地面交通的各个环节达到均衡，人流、物流活跃，机场才能正常运营。由于地面交通形式的多样化和航站区陆侧的多功能，使出入机场地面交通系统的组织及与城市交通系统的衔接变得非常复杂。

进出机场的地面交通系统指由城市通向机场的道路系统，通常为公路，有时也包含地铁和水上交通。进出机场的地面交通系统的距离远近及是否畅通影响客货的运输时间和航站楼的功能面积。机场地面交通系统包括出入机场的地面交通方式、航站楼道边、机场停车场和内部停车场。

1. 出入机场的地面交通方式

出入机场的地面交通方式包括：① 小汽车、出租车；② 公共汽车；③ 机场班车（包括出租车、公共汽车）；④ 火车；⑤ 城市捷运（地铁、有轨电车）；⑥ 其他。通航发达国家还有直升机。

2. 机场停车场

机场停车场的大小与进出机场的人数（包括旅客、接送人员、工作人员）、交通方式、停车时间等因素有关。停车场必须足够大，且考虑不同需求，分门别类地进行区域划分（短期停车场、长期停车场、停车楼等）。一般情况下，出租车和接送旅客的车辆分区域停放，且离航站楼很近。

3. 航站楼道边

航站楼前的狭长地带可供旅客车辆短暂停靠，以便旅客上下车辆和装卸行李，有多个航站楼布局的机场，航站楼车道边也供摆渡车同行，以方便旅客在不同候机楼换乘飞机，目前，很多国家的摆渡车采用无人驾驶的有轨电车模式。

随着民航业的蓬勃发展，全国各大机场尤其是区域性枢纽机场迎来了旅客出行及货物运输的极大吞吐量爆发，为确保机场交通枢纽的道路交通顺畅与人员财物安全，机场陆侧交通区域自然成为重点关注区域，而处理好机场陆侧交通区域跨度大、道路四通八达及人车流复杂的情况，需要建立现场执法与疏导管理，兼具监控、识别、报警及追溯等功能为一体的综合性陆侧交通综合监控管理系统。

第五节　机场的其他功能区

机场不仅有飞行区、航站楼区和地面交通系统三大主要区域，同时，为了机场的更好运行，为航空公司、旅客和货主服务，也需要相应的管理、服务、保障、救援等服务。

一、货运区

机场货运区就是进出机场的待运货物存储发放的指定区域，在此区域完成货运办理手续、装上飞机以及飞机卸货、临时储存、交货等。其主要由业务楼、货运库、装卸场及停车场等组成。一般的货运手段有客机带运和货机载运两种形式。客机带运是客机附加功能，通常在客机坪上完成作业，而货机载运由货机专门完成，通常在货机坪上完成作业。一般情况下，货运区应离开旅客航站区及其他建筑物适当距离，以确保机场安全。

二、运行保障设施与服务

1. 机务维修设施

多数机场对飞机只承担航线飞行维护工作，即对飞机在过站、过夜或飞行前进行例行检查、保养和排除简单故障。其规模较小，只设一些车间和车库。有些机场设停机坪，供停航时间较长或过夜的飞机停放用。有的机场还设隔离坪，供专机或由于其他原因需要与正常活动场所相隔离的飞机停放用。

少数机场承担飞机结构、发动机、设备及附件等的修理和翻修工作。其规模较大，设有飞机库、修机坪、各种车间、车库和航材库等。

2. 油料供应设施

供油设施供储油和加油用。大型机场设有储油库和使用油库。储油库储存大量油料，并有装卸油的各种配套设施，是机场的主要油库。小型机场只设一个油库。小型机场通常用罐式加油车加油，大型机场通常用机坪管线系统（加油井或加油栓）加油。

3. 空中交通管制设施

空中交通管制设施是为机场交通提供的空中交通管制服务所需要的设施，而机场空中交通管制单位是塔台。其一般职能是为使在机场内和机场附近的空中交通安全、有序和迅速地流通，必须对在其管制下的航空器提供情报及发布空中交通管制许可，以防止在其管制下的航空器与航空器之间、航空器与地面车辆之间及航空器与地面障碍物之间发生相撞。

4. 航站楼信息系统

航站楼信息系统包括航班信息显示系统、旅客离港系统、闭路电视显示系统、自动广播系统、保安监控系统、消防火警系统和 GPS 时钟系统。

其中，航班信息显示系统是与旅客联系最紧密的，旅客最关心的，最能反映服务质量的机场信息系统，主要包括以下信息。

（1）国内离港/到港航班动态信息。

（2）值机柜台办理登机手续信息。

（3）登机口离港航班登机信息。

（4）行李提取引导及指示信息。

（5）行李搬运引导及指示信息。

（6）行李分捡指示信息。

（7）候机引导及指示信息。

（8）时间信息。

（9）其他信息。

三、保卫与救援

1. 安全防范设施

机场安全保卫设施的作用是提高机场的防入侵、抗冲击能力，提高对异常事件、突发事件的识别和处置能力，防止非法干扰事件，保障民用航空运输安全。机场安全防范设施由航空器活动区安全保卫设施、航站楼安全保卫设施、货物运输安全保卫设施、停车场管理系统、要害部位的安全保卫、机场安全保卫信息系统及指挥中心和机场安全防范监控系统控制中心等构成。

2. 应急救援和消防设施

机场应急属于航空交通灾害危机管理范畴，根本目的是在航空交通灾害及其他影响机场运行的紧急事件临近或已发生时，在有效时间内采取救援行动，有效弛救，尽量减少生命和财产损失，适用于灾害临近或已发生时的管理。众所周知，理想的和绝对的安全是难以达到或者根本无法实现的。当事故或灾害不可避免时，有效的应急救援行动是唯一可以抵御事故或灾害蔓延并减缓危害后果的有力措施。

国际民航组织公约附件十四和相关技术文件是各个缔约国制定本国民用机场各种规章的基础，按照国际民航组织《芝加哥公约》对缔约国的要求，对于缔约国本国规章和措施中与国际民航组织附件、技术文件之间的任何差异，应当通知国际民航组织。

四、行政与后勤

1. 行政办公区
供机场当局、航空公司、联检等行政单位办公用，可能还有区管理局或省管理局等单位。

2. 生产辅助与后勤保障设施
主要包括宾馆、航空食品公司，以及场务队、车队、综合仓库及各种公用设施等。

第六节　机场代码及世界主要机场简介

一、机场与城市代码

1. 机场代码
国际上均实行统一的机场代码，机场代码分为三位代码和四位代码。

1）三位代码

全称国际航空运输协会机场代码，简称 IATA 机场代码，是国际航空运输协会（IATA）注册的代表不同机场的特定代码，由 3 个英文（大写）字母组成，不允许有数字。它刊登在 IATA 机场代码目录中，是最常用的机场代码，多用于对公众的场合，全世界至少 10 000 个机场有三位代码。如 PVG 代表上海浦东国际机场，PEK 代表北京首都国际机场，NKG 代表南京禄口国际机场，HGH 代表杭州萧山国际机场，CAN 代表广州白云国际机场等。

2）四位代码

全称国际民间航空组织机场代码（ICAO code，简称 ICAO 机场代码），是国际民航组织为世界上所有机场所定的识别代码，由 4 个英文字母组成。ICAO 机场代码较少面向公众，主要用于空中交通管理部门之间传输航班动态，通常用于空中交通管理及飞行策划等。表 5-3 所示为国内主要机场代码，表 5-4 所示为国际主要机场代码。

表 5-3　国内主要机场代码

城 市 名	机场三位码/四位码	机场名称
北京	PEK/ZBAA	北京首都国际机场
上海	SHA/ZSSS	上海虹桥国际机场
上海	PVG/ZSPD	上海浦东国际机场
广州	CAN/ZGGG	广州白云国际机场
深圳	SZX/ZGSZ	深圳宝安国际机场

续表

城　市　名	机场三位码/四位码	机场名称
成都	CTU/ZUUU	成都双流国际机场
海口	HAK/ZJHK	海口美兰国际机场
南京	NKG/ZSNJ	南京禄口国际机场
重庆	CKG/ZUCK	重庆江北国际机场
西安	XIY/ZLXY	西安咸阳国际机场
长沙	CSX/ZGHA	长沙黄花国际机场
杭州	HGH/ZSHC	杭州萧山国际机场
哈尔滨	HRB/ZYHB	哈尔滨太平国际机场
三亚	SYX/ZJSY	三亚凤凰国际机场
昆明	KMG/ZPPP	昆明长水国际机场
厦门	XMN/ZSAM	厦门高崎国际机场
大连	DLC/ZYTL	大连周水子国际机场
武汉	WUH/ZHHH	武汉天河国际机场
青岛	TAO/ZSQD	青岛流亭国际机场
乌鲁木齐	URC/ZWWW	乌鲁木齐地窝堡国际机场
济南	TNA/ZSJN	济南遥墙国际机场
南宁	NNG/ZGNN	南宁吴圩国际机场
天津	TSN/ZBTJ	天津滨海国际机场
沈阳	SHE/ZYTX	沈阳桃仙国际机场
贵阳	KWE/ZUGY	贵阳龙洞堡国际机场
桂林	KWL/ZGKL	桂林两江国际机场
温州	WNZ/ZSWZ	温州龙湾国际机场
福州	FOC/ZSFZ	福州长乐国际机场
太原	TYN/ZBYN	太原武宿国际机场
宁波	NGB/ZSNB	宁波栎社国际机场

表5-4　国际主要机场代码

城　　市	机场名称	机场三位码/四位码
迪拜（阿联酋）	迪拜国际机场/Dubai International Airport	DXB/OMDB
伦敦（英国）	伦敦希思罗机场/London Heathrow Airport	LHR/EGLL
巴黎（法国）	戴高乐机场/Charles de Gaulle International Airport	CDG/LFPG
阿姆斯特丹（荷兰）	阿姆斯特丹史基浦机场/Amsterdam Schiphol Airport	AMS/EHAM
新加坡（新加坡）	樟宜机场/Singapore Changi International Airport	SIN/WSSS
法兰克福（德国）	法兰克福机场/Frankfurt am Main International Airport	FRA/EDDF
首尔（韩国）	仁川国际机场/Incheon International Airport	ICN/RKSI
曼谷（泰国）	曼谷素万那普国际机场/Suvarnabhumi Airport	BKK/VTBS
伊斯坦布尔（土耳其）	伊斯坦布尔阿塔图尔克机场/Atatürk International Airport	IST/LTBA
伦敦（英国）	盖特威克机场/London Gatwick Airport	LGW/EGKK
吉隆坡（马来西亚）	吉隆坡国际机场/Kuala Lumpur International Airport	KUL/WMKK
马德里（西班牙）	马德里巴拉哈斯国际机场/Madrid Barajas International Airport	MAD/LEMD
慕尼黑（德国）	慕尼黑机场/Munich International Airport	MUC/EDDM

续表

城 市	机 场 名 称	机场三位码/四位码
多哈（卡塔尔）	多哈哈马德国际机场/Doha Hamad International Airport	DOH/OTBD
东京（日本）	东京成田机场/Narita International Airport	NRT/RJAA
纽约（美国）	纽约约翰·菲茨杰拉德·肯尼迪国际机场/John F Kennedy International Airport	JFK/KJFK
巴塞罗那（西班牙）	巴塞罗那机场/Barcelona International Airport	BCN/LEBL
罗马（意大利）	菲乌米奇诺机场/Leonardo Da Vinci(Fiumicino) International Airport	FCO/LIRF
多伦多（加拿大）	多伦多皮尔逊机场/Pearson International Airport	YYZ/CYYZ
哥本哈根（丹麦）	哥本哈根凯斯楚普机场/Copenhagen Kastrup Airport	CPH/EKCH
布鲁塞尔（比利时）	布鲁塞尔机场/Brussels Airport	BRU/EBBR
阿布扎比（阿联酋）	阿布扎比国际机场/Abu Dhabi International Airport	AUH/OMAA
维也纳（奥地利）	维也纳机场/Vienna International Airport	VIE/LOWW
安塔利亚（土耳其）	安塔利亚机场/Antalya International Airport	AYT/LTAI

机场代码的用途在于有效地管理并提供准确快捷的服务，在航空货物运单（AWB）、登机牌、行李牌等上面，都有可能看到 IATA 机场三位码。在网上订机票时，如携程旅行网、去哪儿网等，也可以输入机场三位码进行搜索。有的城市有两个甚至三四个民用机场，这时还要根据机场代码选择你要选择的某个机场，如北京有北京首都国际机场（PEK）和北京大兴国际机场（PKX）；上海有上海虹桥国际机场（SHA）和上海浦东国际机场（PVG）；纽约有纽瓦克国际机场（Newark International Airport，EWR）、肯尼迪国际机场（Kennedy International Airport，JFK）和拉瓜迪亚机场（La Guardia Airport，LGA）等。

2. 航空港城市代码

凡通航城市及机场都有三位代码，机场代码用于客货运输服务的运价计算，机场三位代码用于点对点的航空运输。城市三位代码代表着一个城市，一般取一个城市的英文"首三个字母"或者具代表性的三个字母，比如上海（SHANGHAI）城市代码为 SHA。

有的机场代码与城市代码一致，有的不一致。通常是：如果一个城市有唯一的一个机场，则城市代码与机场代码系统一致，如果有多个机场，则不同的机场就会有不同的代码。比如，SHA 代表上海，但也代表上海虹桥国际机场，而 PVG 代表上海浦东国际机场；PEK 代表北京，但也代表北京首都国际机场，而 PKX 是北京大兴国际机场的 IATA 代码。

二、世界主要机场简介

1. 迪拜阿勒马克图姆国际机场

阿勒马克图姆国际机场（ICAO：OMDW）是在阿拉伯联合酋长国迪拜杰贝阿里的一个主要机场的正式名称，2010 年 6 月 27 日竣工。以前有过的名称包括杰贝阿里国际机场、杰贝阿里机场城和迪拜世界中心国际机场。它的名字是为了纪念已故酋长迪拜前国王马克图姆·本·拉希德·阿勒马克图姆，是迪拜世界中心的一部分，如图 5-28 所示。

图5-28　迪拜阿勒马克图姆国际机场

该机场拥有 5 个平行跑道，长度 4.5 千米，3 幢豪华航站楼，高档酒店和商场，10 万个停车位，每年可接待乘客 1.6 亿人次，货运吞吐量达到 1200 万吨，因此，该机场也入选了世界十大超级工程。

2. 芝加哥奥黑尔国际机场

美国芝加哥奥黑尔国际机场是世界上最大的飞机场，机场占地面积 31 平方千米，相当于 4340 个足球场，也是世界上唯一的双中枢机场，同时还是美国联合航空公司的总部所在地，距离芝加哥市 27 千米，拥有 6 条跑道、4 个航站楼，并且有高速公路穿梭其中，美国所有的航空公司在这都有自己的登机口，平均不到 3 分钟就有一个航班起降，年旅客吞吐量为 7000～8000 万人次，如图 5-29 所示。

3. 北京大兴国际机场

北京大兴国际机场为 4F 级民用机场，位于北京市大兴区与河北省廊坊市广阳区交界处，距离北京天安门 46 千米，距离廊坊市 26 千米，距离雄安新区 55 千米，距离北京首都国际机场 67 千米；定位为大型国际航空枢纽、国家发展的一个新的动力源、支撑雄安新区建设的京津冀区域综合交通枢纽，机场由建筑师扎哈·哈迪德设计，辐射状的新航站楼将大大减少乘客的换乘距离，屋顶外观的流线型设计赋予了机场全新生命力，是世界十大机场中最具设计感的机场，因此也入选了新世界七大奇迹，如图 5-30 所示。

图5-29　芝加哥奥黑尔国际机场

图5-30　北京大兴国际机场

北京大兴国际机场于 2014 年 12 月开始动工，于 2015 年 9 月全面开工，时名"北京新机场"。2018 年 9 月，机场定名为"北京大兴国际机场"。2019 年 9 月 25 日，机场正式投入运营。

截至 2019 年 11 月，北京大兴国际机场拥有航站楼综合体建筑共计 140 万平方米，可停靠飞机的指廊展开长度超过 4000 米，有"三纵一横"四条跑道（远期规划"四纵两横"6 条民用跑道），拥有机位共 268 个；根据规划，未来将开通国内外航线 119 条，其中国内航线 104 条，国际及港澳台地区航线 15 条；覆盖全球 118 个航点，包括国内航点 103 个（直航航点 93 个），国际及港澳台航点 15 个（直航航点 13 个，其中欧洲 5 个、非洲 1 个、东南亚 4 个、南亚 2 个、港澳台地区 1 个，北美无航点）。机场已经建成了"五纵两横"的交通网络，1 小时通达京津冀。

4. 伦敦希思罗国际机场

伦敦希思罗国际机场（LHR），世界著名的民用机场之一，英国首都伦敦的主要机场，世界主要航空枢纽，是全欧洲最繁忙的机场，也是全世界最繁忙的机场之一，同时也是全世界最大的机场之一，2018 年旅客吞吐量 8010 万人次，居全球第 7 位，如图 5-31 所示。

5. 纽约国际机场

纽约国际机场全称为纽约约翰·菲茨杰拉德·肯尼迪国际机场，1948 年开始运营。机场共有 4 条跑道和 9 个航站楼，是全世界最昂贵的机场之一。仅第四航站楼就耗资 14 亿美元，设 AB 两个大堂和 17 个登机闸，如图 5-32 所示。

图5-31　伦敦希思罗国际机场

图5-32　纽约国际机场

6. 洛杉矶国际机场

洛杉矶国际机场位于洛杉矶市中心西南，建于 1948 年，位于美国洛杉矶市，2017 年的旅客吞吐量为 8456 万人次。洛杉矶国际机场不但是加利福尼亚州最繁忙的客运机场，在美国，也是第三大机场，并且在世界上是第五名，机场共有 4 条跑道和 9 幢航站楼，排列成马蹄形，由接驳公共汽车接送往来旅客。除了旅客航厦外，洛杉矶国际机场另有占地 18.6 万平方米的货运设施，并设有一个直升机起降场，如图 5-33 所示。

7. 上海浦东国际机场

上海浦东国际机场建成于 1999 年，是上海两大国际机场之一，距上海市中心约 30 千米，距上海虹桥国际机场约 52 千米，面积为 40 平方千米，与北京首都国际机场、香港国际机场并称中国三大国际机场，有两座航站楼和三个货运区，总面积 82.4 万平方米，有218 个机位，其中 135 个是客机位，拥有跑道四条。年旅客吞吐量 6598.21 万人次，货邮吞吐量 342.53 万吨，如图 5-34 所示。

图5-33　洛杉矶国际机场

图5-34　上海浦东国际机场

8. 东京成田国际机场

东京成田国际机场是日本最大的国际机场，而且是众多国际航空公司在亚洲的枢纽港。机场占地面积 10.6 平方千米，拥有两条平行跑道和三个航站楼，目前正在计划修建第三条跑道，年旅客吞吐量 3905 万人次。机场内设有 280 个登记手续办理柜台，112 个登机口，49 个登机栈桥，2900 个临时停车位，如图 5-35 所示。

9. 巴黎夏尔·戴高乐国际机场

巴黎夏尔·戴高乐国际机场简称戴高乐机场，是法国首都巴黎首要的机场，为欧洲主要的航空中心，也是法国主要的国际机场。它是以法兰西第五共和国第一任总统夏尔·戴高乐的名字命名的。其位于离巴黎市中心东北 25 千米处的鲁瓦西（隶属于法兰西岛大区的瓦勒德瓦兹省），也因此被称为鲁瓦西机场（Roissy）。戴高乐机场占地面积 32.38 平方千米，海拔 119 米，它最初被称为 Aéroport 酒店巴黎北站（巴黎北机场，Paris North Airport），但经过八年重建，已成为世界上最迷人和现代的机场之一。重开的巴黎戴高乐机场于 1974 年 3 月 8 日启用，如图 5-36 所示。

图5-35　东京成田国际机场

图5-36　巴黎夏尔·戴高乐国际机场

戴高乐国际机场的独特之处在于设计上的创举，把停机坪安排在一个圆圈内，沿圆的外环建了个庞大的环形候机厅，分为 24 个小厅供不同航空公司使用，整个机场从外边看起来形状像个大圆盘。机场共有 9 幢航站楼，配备便捷的机场交通网络，是欧洲第二大航空中转平台。

10. 香港国际机场

虽然仅有两条跑道和两座客运大楼，但是香港国际机场年旅客吞吐量却高达 7050.2 万人次，总航空货运量共 452 万吨。2010 年起，香港国际机场的货运量连续 7 年位居世界第一位，以国际旅客客运量计算排名世界第二最繁忙机场，如图 5-37 所示。

图5-37　香港国际机场

在"2019 世界十佳机场"排行榜中，香港国际机场凭借优美的机场环境、高度的安全保障水平、涵盖国内外的超大业务规模等因素，连续第十次获得冠军。

思 考 题

1. 机场在民航运输体系中具有什么样的重要地位？
2. 如何从机场的功能分区去理解机场运行的复杂性？
3. 如何从国内外主要机场概况信息中去理解我国加强机场建设的目的？

复 习 题

1. 飞行区的主要功能是什么？
2. 航站区的主要功能是什么？
3. 国内外主要机场的基本情况如何？

第六章

航空公司及运输常识

本章学习目的

　　航空公司作为主要的民航企业，是民航运输的承运单位，也就是说民航的职能是通过航空公司的运营过程来实现的，是实现民航为旅客和货主等服务的主体，如果没有航空公司的存在和发展，民航就成为一个空架子。因此，航空公司的审批、监管管理、运行以及服务水平，代表着一个国家民航发展的水平。

　　航空公司设立与运行有严格的法律程序和运行规范，并在其运行过程中接受有关部门的严格审计与监督。同时，民航运输既有半公共事业的属性，是市场活动，需要遵守国家有关法律法规，又要为乘客提供完善的服务，并接受消费者的监督与评价，保护消费者利益。随着民航运输的发展，航空公司不断地涌现，使民航运输展现蓬勃发展的态势，这就要求航空公司不断强化自身的责任意识，在扎实做好服务的同时，根据民航运输的发展趋势和民航消费的发展，不断地创新服务，拓展服务领域，丰富服务功能，使民航运输不断满足人们对消费体验的需要。

　　本章的学习目的包括以下内容。

　　1．了解航空运输企业，特别是航空公司在民航体系中的作用；

　　2．了解国内外航空公司的发展与现状；

　　3．理解国际航空组织的基本情况及宗旨；

　　4．了解民航运输的基本知识。

 导读

中国第一家航空公司——中苏民用航空

　　民航在发展的百余年历史中涌现的航空公司数不胜数。我国于 1949 年 4 月起开始同苏联商议共建民航事宜，当时考虑到公路、铁路基础设施因为内战损毁严重，航空是最快实现新中国同苏联这一最大盟友的联系的方式。中国当时缺乏飞行员和飞机，缺乏航空公司的管理经验，因此，同苏联合资是最好的方式。1949 年 11 月 2 日，双方签订合同，各出资 50%，总资本 4200 万卢布，中苏民用航空（以下简称"中苏航"）宣告成立，其管理层人员由中方、苏方共同派人出任，这是新中国第一家航空公司，此时距"两航起义"还有 1 周。

　　协议中约定由中方提供中国境内的机场、维修厂等配套设施，由苏方提供苏境内机场、维修厂等基础设施，以及飞机、机材、通信及导航设备，培训中方飞行员等。中苏航在北京、沈阳和乌鲁木齐建有办事处。1950 年 7 月 1 日，中苏航正式投入运营，当日即开通北京—赤塔航线，经沈阳、哈尔滨和海拉尔，每周一班。在赤塔可衔接苏联民航航线，至莫斯科等苏联各大城市，并能转机前往欧洲各国。此时距离"八一开航"还有一个月，所以新中国的第一条国际定期民用航线其实是早于第一条国内定期航线的。

　　中苏航开通之初使用的是里-2 型客机，先后引进 16 架里-2，其中客机、货机各 8

架。1952 年，伊尔-12T 型货机加入中苏航机队。1954 年 10 月 12 日，中国与苏联共同宣布中苏合营公司中所有的苏方股份均交给中国，中苏航运营将于 1955 年 1 月 1 日中止，中方购买苏方全部股份，中苏航并入中国民航。截至 1954 年年末，中苏航通航国内 15 个城市，尤其是新疆等陆路交通不发达的地区实现了与中原地区的快速联系。此外中苏航还通航赤塔、阿拉木图、伊尔库茨克、赛音山达和乌兰巴托 5 个国际航点。

中苏航尽管存在时间不长，但在它短短的 4 年半的运营时间内，实现了中苏间的通航，建立了北方和西北地区的空中航线，为我国民航后来的发展奠定了非常重要的基础。

第一节　航空公司的基本概况

一、航空公司的定义

航空公司（airlines）是以各种航空飞行器为运输工具，以空中运输的方式为乘客和货物提供民用航空服务（为各类旅客提供出行服务和货物运输服务）的企业。航空公司使用的飞行器可以是它们自己拥有的，也可以是租来的，它们可以独立提供服务，或者与其他航空公司合伙或者组成联盟。现在为人们航空出行所提供服务的均是航空公司，包括国内的航空公司和国外的航空公司，这些航空公司构成了民航运输的主体，决定了民航运输的规模与运输能力。

二、航空公司的分类

航空公司可以按多种方式分类。按公司规模分，如大型航空公司、小型航空公司；按飞行范围分，如国际航空公司、国内航空公司；按运输的种类分，如客运航空公司、货运航空公司。

国家航空公司指的是由国家出资设立或经营的航空公司，普遍会在该公司机体的明显处漆上代表该国的国旗，例如中国国际航空公司就属于国家航空公司。

三、航空公司的发展

1. 国外航空公司的发展

1）早期航空公司的创始

德国飞艇股份公司（DELAG）是世界上第一家航空公司，成立于 1909 年 11 月 16 日。它是一家政府参与的公司，使用齐柏林飞船，总部位于法兰克福。世界上依然存在的五家历史最悠久的航空公司为荷兰的荷兰皇家航空、哥伦比亚的哥伦比亚航空、澳大利亚的澳大利亚航空、墨西哥的墨西哥航空和捷克的捷克航空。

2）航空公司在美国的发展

美国是一个航空公司发展迅速的国家，今天也被称为世界第一民航大国。美国最早的班机商业航线于 1914 年 1 月 1 日设立。最早的航空公司有布兰尼夫国际航空、泛美航空、达美航空、联合航空（最初为波音的子公司）、环球航空、西北航空和东方航空等。

20 世纪 20 年代早期航空公司针对乘客的服务很少，大多数航空公司运送邮包。1925 年福特汽车收购了一家飞机制造公司，开始建造全金属的福特三发动机飞机，这是美国第一架成功的航班飞机。它可以运载 12 名乘客，因此使得乘客服务更有利润。航空飞行逐渐成为美国运输网中铁路运输的补充。

与此同时，胡安·特里普开始建立一个把美国与世界其他各地连接在一起的航空网——泛美航空，使用一支水上飞机队设立了洛杉矶至上海和波士顿至伦敦的航线。20 世纪 40 年代前泛美航空和西北航空（从 20 世纪 20 年代开始飞往加拿大）是美国仅有的两个有国际航线的航空公司。

3）1945 年后民航的发展

第二次世界大战后，各国政府开始为正在出现的民用航空业设立标准和范围，美国支持给予航空公司最大的操作自由，原因之一在于美国航空公司不像欧洲和亚洲的航空公司那样在战争中遭到了巨大的破坏。迄今为止，美国政府在一定程度上依然支持这个"开放空间"的政策。

第二次世界大战后，许多航空公司通过与军队的租借合约发了大财，预测到未来货物和乘客民用航空运输的巨大需求，投资购买新的飞机如波音 377、洛克希德"星座"和道格拉斯 DC-6，提高了这些飞机的效率，使得它们的速度和负载量均获得提高，促进了航空公司的发展。

20 世纪 50 年代，哈维兰彗星型、波音 707、道格拉斯 DC-8 等成为西方喷气式飞机的第一批旗舰。

20 世纪 70 年代，波音 747、道格拉斯 DC-10 和洛克希德 L-1011 三星客机为航空公司业再次带来了巨大的推动力。

1978 年美国放松对航空业的管制，降低了对新航空公司成立的要求。当时经济正处于萧条时期，新的航空公司进入市场，它们购买飞机、租用机库和维护服务、训练新的人员和雇用其他航空公司解雇的人员。

20 世纪 80 年代，世界上半数的航空飞行是在美国。今天，美国国内每天有上万次航班。

20 世纪末出现了一种新型的廉价航空公司，它们提供没有外加服务的廉价飞行。西南航空、捷蓝航空、穿越航空等廉价航空公司对大航空公司造成了严峻的挑战，与此同时在欧洲、加拿大和亚洲也形成相应的趋势。

2. 我国航空公司的发展

1949 年 11 月 2 日，中、苏双方签订合同，各出资 50%，总资本 4200 万卢布，中苏民用航空宣告成立，其管理层人员由中方、苏方共同派人出任，这是新中国第一家合作性质的航空公司。但真正意义上的新中国的航空公司是"中国人民民用航空公司"，其 1952 年 7 月 17 成立于天津，后经方槐建议，于 7 月 27 日经周恩来总理批准，更名为"中国人民航空公司"。周恩来亲自题写了公司名称。这是中国民航在创建初期，根据《关于整编民用航空的决定》中确定的"政企分开"原则，改革原有管理体制的一次有益尝试。公司拥有机型 DC-3、C-46、爱罗-45、C-47 等各型飞机 34 架。

从 1952 年 8 月到 1953 年 5 月，公司开辟了北京—汉口—重庆、重庆—汉口—上海、北京—太原—西安—重庆等 6 条航线，连同接办军委民航局的重庆—昆明、重庆—成都、重庆—南昌 3 条航线，共 9 条航线，通航里程达 8556 千米。

1953 年 6 月 9 日，军委民航局局长朱辉照发布命令"为减少组织层次，统一业务管理，提高工作效率，以适应民航事业的发展，兹奉军委空军批示，着即将中国人民航空公司与局合并，自 6 月 9 日起执行"。中国人民航空公司的业务工作全部结束，但公司对外名称不变，飞机仍用"中国人民航空公司"标志。直到 1954 年取消公司对外称呼时，才将民航飞机标志改漆为民航局的局徽。

历经 70 余年的发展，特别是改革开放 40 余年，我国的航空公司无论是在公司的数量还是公司的规模方面均取得发展，目前，公共运输航空公司已经达到 60 家，其中南方航空公司、东方航空公司、国际航空公司和海南航空公司均名列世界航空公司的前列，其中，国际航空公司和东方航空公司进入 2019 年世界十大航空公司的行列。

四、公共航空运输企业设立的条件

世界各国立法都对公共航空运输企业的设立条件做出了严格的规定，这主要是因为公共航空运输企业是为社会公众提供具有公共性质的产品和服务，涉及社会的整体安全，因此，它必须受到政府特殊管制措施的制约。

我国《民用航空法》中规定设立公共航空运输企业应当具备如下条件。

1. 有符合国家规定的适应保证飞行安全要求的民用航空器

民用航空器是公共航空运输企业从事航空运输的最基本工具。航空运输一旦发生危险，损失是灾难性的，所以，各国为了保证企业所使用的民用航空器适应飞行安全的需求，对民用航空器的适航管理均有严格规定。我国《民用航空法》中，规定了民用航空器适航管理的内容，以确保飞行安全。

2. 有必需的依法取得执照的航空人员

航空人员是公共航空运输企业从事航空活动所必需的保障条件，不仅是设立公共航空运输企业的条件之一，也是公共航空运输企业保证安全运营的基本责任主体。我国《民用航空法》中明确了对航空人员的要求，各类航空人员应当接受专门训练，经考试合格，取得民用航空主管部门颁发的执照后，方可从事所载明的工作，如飞行员、空中乘务员、空中安全保卫、机务维修人员、签派等，并需持证上岗，且定期接受检查和考核，经检查、考核合格才能上岗。

3. 有不少于国务院规定的最低限额的注册资本

民用航空运输企业属于高投入、高风险的行业，对民用航空运输业的主体——公共航空运输企业在法律上规定最低限额的注册资本，对于保证其开展经营活动，对外承担债务责任是十分必要的。一般要求最低限额注册资本是 8000 万元人民币，同时，在《公共航空运输企业经营许可规定》中购买或租赁符合相关要求的民用航空器不能少于 3 架。

4. 设立公共航空运输企业应当具备法律、行政法规规定的其他条件

民用航空运输企业不仅要符合民用航空法律制度所规定的企业运营的基本条件和要求，同时作为企业也应当符合国家有关企业设立的各项规定和条件要求，如：飞行器数量要求；主要负责人应当具备公共航空运输企业管理能力；企业法定代表人为中国籍公民；主管飞行、航空器维修和其他专业技术工作的负责人应当符合民用航空规章的相应要求；具有符合民用航空规章要求的专业技术人员、注册资金、场所等。

五、航空公司的组织机构与责任

航空公司的运行是一个复杂的系统，需要设置科学的组织机构，并做好责任分工。不同的航空公司会根据自身的条件与发展目标设置自己的组织机构，做好自己的责任分配。

1. 职能层次组织机构的设置

（1）行政总部。主要有总裁办公室、综合管理部。

总裁办公室主要负责日常事务、文秘、档案管理；专包机任务管理；护照与签证管理；协调政府、企业间和驻城海关、边防、机场当局、空管、航油、安检等有关单位的关系。

综合管理部负责行政、基本建设、车辆设备、总务和房屋、物业管理。

（2）管理总部。主要有企管研发部、财务结算部。

企管研发部负责经营战略、经营决策研究管理，负责中长期规划、计划管理，机队规划与引进管理，经济活动分析与计划统计管理，负责运输服务质量管理；负责企业形象与标志的设计、策划、监制、督导；负责经济指标考核管理，负责整个系统的信息反馈、监督控制管理；负责业务流程规章管理与标准化、规范化、程序化管理。

财务结算部负责国际国内票务收入与结算管理；负责财务政策、法规管理与投资管理；负责财务计划、预决算、经济活动分析管理；负责融资租赁与外汇管理。

（3）技术总部。主要有飞行安全部、机务工程部。

① 飞行安全部。负责飞行专业管理与安全监察管理，负责飞行技术与天气标准放飞管理，负责航务与技术引进管理，负责空防安全管理。

② 机务工程部。负责机务专业管理与安全管理，负责机务专业技术与放行标准管理，负责机务与飞机设备设施引进与技术改造管理。

（4）人事总部。主要有人力资源部、教育培训部。

① 人力资源部。主要负责劳动工资、劳动保险的管理；负责定员定编、技术职称的管理；负责组织人事、组织机构管理；负责人才资源、人才开发管理；负责工资总额、奖励基金、福利基金的管理。

② 教育培训部。主要负责飞行、乘务、机务、商务专业培训；负责干部职工培训、经理进修培训；负责飞行员、乘务员模拟舱培训、复训等管理。

2. 业务层面的系统设置

在执行层面上，航空公司的运营组织系统一般由四大系统（运营系统、维修系统、市场系统、供应系统）和两大中心（基地管理中心、地区销售中心）组成，具体负责日常航班生产的指挥活动。

1）运营系统

运营系统是航空公司业务的主体，包括日常航班生产经营体系中所有涉及航班生产的各个部门，以保证运营效率和运营效果。运营系统下设以下部门。

（1）飞行控制中心（也称运控指挥中心）。飞行控制中心是公司飞行运行操作系统，负责执行国际、国内航班，专机，包机的机组任务，同时负责机组人员的组织、调配，以及飞行人员的安全、技术管理与改装训练管理等。

（2）乘务服务中心。乘务服务中心是航班空中服务系统，负责执行国际、国内航班，专机，包机的乘务组任务，同时负责乘务人员的组织、调配，以及乘务人员的服务质量、客舱应急设备与业务管理等。

（3）运行控制中心。运行控制中心的核心任务是签派指挥系统：负责进出港航班飞机的调度签派管理；负责进出港飞机的机坪地面指挥与航班正常率管理；负责进出港航班飞机的综合服务质量监督管理；负责事故调查与旅客投诉的处理；负责国内外航空公司航务代理管理；负责航班信息、通信业务、航行情报、飞机性能、导航数据库的管理；负责外国政府、航空公司和企业商务飞行的航务代理；负责国际国内航班航线的申请与航班时刻协调管理；负责驻场单位的协调管理。

（4）地面保障中心。地面保障中心属于地面服务系统：负责国际国内旅客运输、货邮运输、机票销售管理；负责地面服务、货物装卸的管理；负责运输载重平衡、货物运价管理；负责航班信息的收集、整理、分析、发布；负责行李查询、服务咨询的管理；负责VIP 及航班不正常服务管理；负责国际国内航班机上清洁管理；负责与航班有关的延伸服务管理；负责外国航空公司地面代理管理；负责外国航空公司民航雇员的管理；负责外国政府和企业商务飞行的地面代理。

（5）信息控制中心。信息控制中心负责整个航空公司系统的信息管理、处理和服务；负责软件开发与应用；负责软件开发、维护升级和运行保障的建立、规划与使用。

2）维修系统

维修系统属于飞机安全飞行的保障系统，负责各类机型的维修维护、定检、大修，承担其他航空公司委托代理的各种飞机的维修。维修系统下设以下部门。

（1）航线维护中心。主要负责国际、国内航班飞机的航前、航后日常维护管理；负责外站机务维修管理。

（2）部件大修中心。主要负责飞机部件、发动机的定检、换发、大修管理。

（3）航材供应中心。主要负责飞机航空器材的订购、供应、仓储管理。

（4）设施设备中心。主要负责各种维修、维护设备设施的制造、改装、修理。

（5）计量质量中心。主要负责设备、器材的计量检测、管理，维护质量的控制管理。

3）市场系统

市场系统包括航班销售与服务系统，主要负责航空运输市场的营销管理、广告管理、货运管理。市场系统下设以下部门。

（1）航班计划中心。主要负责国际国内航空运输市场的开发、拓展；负责销售网络的规划、实施和航班计划管理。

（2）销售控制中心。主要负责国际国内航班机票销售控制管理；负责国内外地区销售管理。

（3）客运业务中心。主要负责国际国内客货运输业务、机票运价管理；负责客、货运代理人的管理。

（4）货运业务中心。主要负责国际国内货物运输和邮件运输管理业务、货邮运价管理。

（5）广告策划中心。主要负责对外媒体的广告策划、投放、监制；负责对外形象的广告宣传；负责国内外各类展览会、博览会的策划、实施以及公共关系活动，包括新闻发布会、记者招待会和公益活动。

4）供应系统

供应系统包括采购与配置系统。它将除航材以外的采购、供应、配置活动集中统一管理，其下设如下部门。

（1）机供品中心。主要负责机上供应品（包括餐用具、装饰具、杯子、毛巾等）、礼品、免税品的采购、供应、配置与配发管理。

（2）餐饮品中心。主要负责机上餐食、饮料、酒类、小吃食品等的采购、供应、配置与配发管理。

（3）综合品中心。主要负责服装、航空油料、设施设备、生产资料等物资的采购、供应、配置与配发管理。

（4）机上娱乐中心。主要负责机上娱乐系统（音乐、影视、报刊）的管理，按照国际航空娱乐协会和国家音像管理部门的规定、要求负责包括音像节目的采购、制作备份、配置及设备维护。

（5）物流控制中心。主要负责机供品、餐饮品、综合品和机上娱乐系统所有物品的保管、运输、收发和仓储等物流控制管理。

5）基地管理中心

属于外埠各地的分公司的管理系统，对分公司或基地的运输业务、机票销售管理、空勤机组、乘务组进行调配与管理，同时，负责飞机维护、定检管理、航班签派、航线申请管理等工作。

6）地区销售中心

根据业务的范围和发展，在不同地区（国内、国外）设置地区销售中心，负责该区域的市场开发等运营业务。

第二节 国内外航空公司介绍

一、国内航空公司介绍

1. 国内航空公司的数量

据《2018 年民航行业发展统计公报》(中国民用航空局，2019 年 5 月)显示，截至 2018 年年底，我国共有运输航空公司 60 家，运输飞机 3639 架，定期航班航线 4945 条，定期航班国内通航城市 230 个(不含港澳台)，通航 65 个国家的 165 个城市。按不同所有制类别划分：国有控股公司 45 家，民营和民营控股公司 15 家。在全部运输航空公司中，全货运航空公司 9 家，中外合资航空公司 10 家，上市公司 8 家。

2. 中国主要航空公司名字及代码

为便于国际化的航空运输业务活动，每一家航空公司在国际航空运输协会(IATA)都是有编码的，有两种编码：二字编码和三字编码，其中二字编码最常用，它由航班代码的两个首字母组成，其中 MU 就是东方航空公司的编码，MU 不是东航的英文缩写。航班号：一般前两位字母或字母与数字的组合代表航空公司，是国际航空协会规定的两位代码，需要各个航空公司向 IATA 申请，经批准后使用。IATA 也采用国际民用航空组织 1987 年开始发布的三位代码。

因为中国的航空公司成立得比较晚，大部分代码都已被其他航空公司使用，所以中国的航空公司的二位代码只能挑那些还没使用的，有的甚至是数字，所以显得没有规律性。例如，川航是 3U，厦航是 MF，东航是 MU，都是没什么意义的。中国国际航空公司的代码 CA 延续了当年中国民航 CAAC 的代码(当时中国还没有航空公司，只有一个中国民航局，所有中国的航班都是 CA 开头，民航改革成立航空公司后，CA 就由国航使用了)，而外国的航空公司申请得早，可以申请到与航空公司名称相关性比较强的代码，例如，美国航空公司是 AA(American Airlines)、联合航空公司是 UA(United Airlines)、法国航空公司是 AF(Air France)、日本航空公司是 JL(Japan Air Lines)等。

航空公司代码用于各种商业用途的航空公司识别，两字母的航空公司代码表用于预约、时刻表、票务、征税、航空提单、公开发布的日程表和航空公司间的无线电通信，同时也用于航线申请。大部分的国际航空公司都是国际民航运输协会成员，以便和其他航空公司共享联程中转的票价、机票飞行、代码共享等标准。

截至 2019 年年末，我国国内航空公司及代码(不包括港澳台)如表 6-1 所示。

表 6-1 我国国内航空公司及代码一览表

航空公司名称	二位代码	航空公司名称	二位代码
中国国际航空公司	CA	北部湾航空	GX
中国南方航空公司	CZ	昆明航空	KY

续表

航空公司名称	二位代码	航空公司名称	二位代码
东方航空公司	MU	重庆航空	OQ
深圳航空公司	ZH	东海航空	DZ
四川航空公司	3U	青岛航空	QW
厦门航空公司	MF	瑞丽航空	DR
山东航空公司	SC	福州航空	FU
上海航空公司	FM	九元航空	AQ
海南航空公司	HU	乌鲁木齐航空	UQ
首都航空公司	JD	中国国际货运航空	CA
上海吉祥航空公司	HO	大连航空	CA
上海春秋航空公司	9C	长安航空	9H
天津航空公司	GS	圆通货运航空（货运）	YG
华夏航空有限公司	G5	桂林航空	GT
祥鹏航空	8L	江西航空	RY
顺丰航空（货运）	O3	中国货运航空（货运）	CK
中国联合航空	NK	多彩贵州航空	GY
成都航空	EU	红土航空	A6
长龙航空	GJ	友和道通（货运）	UW
西部航空	PN	内蒙古航空	CA
奥凯航空	BK	龙浩航空（货运）	GI
西藏航空	TV	大新华航空	CN
河北航空	NS	龙江航空	LT
金鹏航空（原扬子江）	Y8	天津货运航空（货运）	HT
中国邮政航空（货运）	CF	首都航空	JD
幸福航空	JR	中航货运（货运）	ZY
长城航空公司（货运）	IJ		

3. 国内主要航空公司介绍

1）中国国际航空股份有限公司

（1）基本概况。中国国际航空股份有限公司简称"国航"，英文名称为 Air China Limited，简称 Air China，其前身中国国际航空公司成立于 1988 年。根据国务院批准通过的《民航体制改革方案》，2002 年 10 月，中国国际航空公司联合中国航空总公司和中国西南航空公司成立了中国航空集团公司，并以联合三方的航空运输资源为基础，组建新的中国国际航空公司。2004 年 9 月 30 日，经国务院国有资产监督管理委员会批准，作为中国航空集团控股的航空运输主业公司，国航股份在北京正式成立。2004 年 12 月 15 日，中国国际航空股份有限公司在香港和伦敦成功上市，使国航进入世界前十行列，具有国内航空公司第一的品牌价值（世界品牌实验室 2019 年 6 月评测为 1678.76 亿元），在航空客运、货运及相关服务诸方面，均处于国内领先地位，是十大世界航空公司排名中最靠前的中国航空公司。图 6-1 所示为中国国际航空股份有限公司代码及标志。

截至 2019 年 6 月 30 日，国航（含控股公司）共拥有以波音、空中客车为主的各型飞机 676 架，平均机龄 6.81 年；经营客运航线已达 766 条，其中国际航线 132 条，地区航线 29 条，国内航线 605 条，通航国家（地区）41 个，通航城市 190 个，其中国际 67 个，地区 3 个，国内 120 个；通过与星空联盟成员等航空公司的合作，将服务进一步拓展到 193 个国家的 1317 个目的地。

图6-1　中国国际航空股份有限公司代码及标志

国航总部设在北京，辖有西南、浙江、重庆、天津、上海、湖北、贵州、西藏和温州分公司，华南、华东基地等，国航主要控股子公司有中国国际货运航空有限公司、深圳航空有限责任公司、大连航空有限责任公司、北京航空有限责任公司、中国国际航空内蒙古有限公司、澳门航空有限公司、国航进出口有限公司、成都富凯飞机工程服务有限公司、中国国际航空汕头实业发展公司等，合营公司有北京飞机维修工程有限公司（Ameco）、四川国际航空发动机维修有限公司，另外，国航还参股国泰航空、山东航空等公司，是山东航空集团有限公司的最大股东。

国航是中国唯一载国旗飞行的民用航空公司以及世界最大的航空联盟——星空联盟成员、2008 年北京奥运会和残奥会官方航空客运合作伙伴、2022 年北京冬奥会和冬残奥会官方航空客运合作伙伴。

国航承担着中国国家领导人出国访问的专机任务，也承担许多外国元首和政府首脑在国内的专包机任务，这是国航独有的国家载旗航的尊贵地位。

（2）国航的标识。国航的企业标识由一只艺术化的凤凰和中国改革开放的总设计师邓小平同志书写的"中国国际航空公司"以及英文 AIR CHINA 构成。"凤凰"是中华民族远古传说中的祥瑞之鸟，为百鸟之王。国航标志是凤凰，集中体现在"中国红凤凰体VIP"上。标志颜色为中国传统的大红，造型以简洁舞动的线条展现凤凰姿态，同时又是英文 VIP（尊贵客人）的艺术变形。"凤凰者，仁鸟也""见则天下宁"，凤凰"出于东方君子之国，翱翔四海之外"，撷英咀华，志存高远。

（3）国航的文化。

国航愿景："全球领先的航空公司。"

国航品牌定位："专业信赖，国际品质，中国风范。"

国航推崇的凤凰精神的核心内涵："传递吉祥，引领群伦，超越自我。"

国航企业使命："安全第一，四心服务，稳健发展，成就员工，履行责任。"

国航企业价值观："人本，担当，进取，乐享飞行。"

国航服务理念："放心、顺心、舒心、动心。"

（4）国航的服务理念与服务模式。致力于为旅客提供放心、顺心、舒心、动心的"四心"服务，拥有中国历史最长的常旅客计划——"国航知音"，又通过整合控股、参股公司多品牌常旅客会员，统一纳入"凤凰知音"品牌，截至 2019 年 6 月，凤凰知音会员已达 6009 万人。国航在中国民航业内首家推出了以"平躺式座椅"和"全流程尊贵服务"为核心内容的中远程国际航线两舱服务，为旅客提供尊贵、舒适、便捷的出行空间和全程服务。国航坚持以客户导向创新服务，陆续推出"飞行管家""国航无线"等系列产品。国航具有很强的国内国际联程运输能力和销售网络，拥有广泛的高品质客户群体，已经成为众多中国政府机构及公司商务客户首选的航空公司。

（5）国航的荣誉与资质。飞行队伍曾获得"国际民航组织荣誉奖章""全国安全生产先进集体""安全飞行标兵单位"等诸多荣誉，创造了堪称世界一流的安全飞行纪录；成功进行极地飞行，在飞行难度举世公认、曾经被国际民航界视为"空中禁区"的成都—拉萨航线上创造了安全飞行 54 年（1965 年开始）的奇迹，2008 年又成功实现夜航。空中乘务队伍显示了国际化水准，日籍、韩籍、德籍、俄籍、泰籍、意籍乘务员陆续加盟，具有良好的职业素质和敬业精神，是旅客在蓝天上最好的朋友。他们持续推进让旅客"放心、顺心、舒心、动心"的"四心服务"工程，服务品质一直倍受广大旅客的赞赏。

国航机务系统持有中国民航局（CAAC）、美国联邦航空局（FAA）及欧洲航空安全局（EASA）等在内的近 30 个国家或地区颁发的维修执照，是中国民用航空局授权的民用航空器改装设计委任单位代表（DMDOR），拥有 11 座大型机库和先进的设施设备，具备强大的维修能力，赢得了全球 100 余家航空公司的选择和信赖，是民航总局确认的首家具备培训资格的乘务训练机构，被誉为"亚洲第一舱"。

遍布全球的国航航班皆在运行组织指挥和协调中枢的控制之下，计算机飞行计划系统从飞机性能数据库、全球导航数据库、全球机场数据库和高空气象数据库中提取信息，优选航路，制订飞行计划，把握飞机性能，确认飞行资格，严格把关放行。国航自行研制开发了运行管理系统，集成了卫星电话系统、空地数据通信系统和短波无线电系统等，成为国内第一家具有超远程监控能力的航空公司。

国航在北京首都国际机场为国内外航空公司提供包括旅客进出港、中转服务，特殊旅客服务，要客、"两舱"旅客服务，旅客行李服务，航班载重平衡服务，航班离港系统服务，站坪装卸服务，客舱清洁服务，特种设备维修等方面的地面服务业务，同时是国内首家使用旅客自助办理乘机手续、旅客自助办理托运行李手续及自主分配航站楼部分机位的航空公司。国航现已在国内 100 多个航站开通了国航中心配载业务，是国内第一家采用中心配载工作模式的航空公司。

2018 年国航连续第 12 年入选世界品牌 500 强，是中国民航唯一一家进入"世界品牌500 强"的企业，同时连续 12 年获得了"中国品牌年度大奖 NO.1（航空）"和"中国年度文化品牌大奖"；2018 年 6 月，国航被世界品牌实验室评为中国 500 最具价值品牌第23 名，位列国内航空服务业第一名；2017 年 9 月，国航荣获"亚洲品牌 500 强奖"，位居中国民航第一；国航荣获国资委 2013—2015 年任期"品牌建设优秀企业"荣誉称号；

国航品牌曾被英国《金融时报》和美国麦肯锡管理咨询公司联合评定为"中国十大世界级品牌";在品牌中国总评榜系列评选活动中,荣膺"品牌中国华谱奖——中国年度 25 大典范品牌"称号;在各类社会评选中多次获得"最佳中国航空公司""年度最佳航空公司奖""极度开拓奖""最佳企业公众形象奖""全国企业文化优秀成果奖""中国经济十大领军企业"等称号。

2)中国南方航空股份有限公司

(1)基本概况。中国南方航空股份有限公司(以下简称"南航")总部设在广州,以蓝色垂直尾翼镶红色木棉花为公司标志,是中国运输飞机最多、航线网络最发达、年客运量最大的航空公司,拥有新疆、北方等 18 家分公司,在杭州、青岛等地设有 23 个国内营业部,在新加坡、纽约等地设有 69 个国外办事处。截至 2019 年 10 月,南航运营包括波音 787、777、737 系列,空客 A380、A330、A320 系列等型号客货运输飞机超过 850架,是全球首批运营空客 A380 的航空公司。机队规模居亚洲第一、世界第三(数据来源:国际航协)。此外,南航股份还投资了雄安航空、厦门航空等 23 家全资、控股子公司,14 家联营参股公司,3 家合营公司。2018 年,南航旅客运输量达 1.4 亿人次,连续40 年居中国各航空公司之首。图 6-2 所示为中国南方航空股份有限公司代码及标志。

图6-2　中国南方航空公司代码及标志

2018 年南航每天有 3000 多个航班飞至全球 40 多个国家和地区、224 个目的地,航线网络 1000 多条,提供座位数超过 50 万个。通过与合作伙伴密切合作,航线网络延伸到全球更多目的地。近年来,南航持续新开和加密航班网络,强化中转功能,利用第六航权,全力打造"广州之路"(Canton Route)国际航空枢纽,形成了以欧洲、大洋洲两个扇形为核心,以东南亚、南亚、东亚为腹地,全面辐射北美、中东、非洲的航线网络布局,已成为中国大陆至大洋洲、东南亚的第一门户枢纽。2018 年,南航在广州枢纽通航点达到 145个,其中国际和地区通航点 51 个,广州枢纽全年共保障中转旅客 442 万余人次。

南航拥有独立培养飞行员能力,在珠海拥有亚洲最大的飞行训练基地;与德国 MTU公司合建有国内最大、维修等级最高的航空发动机维修基地;自主研发的飞行运行控制系统和发动机性能监控系统双双获得国家科技进步二等奖,是国内航空业最先进的 IT 系统;建有年货邮吞吐量 80 万吨的超级货站,以及年配餐能力超过 3000 万份的专业航空配餐中心。

（2）企业标志与含义。南方航空集团公司视觉识别系统由标志、中英文标准字体、标准色彩、吉祥物、辅助图形五部分构成。它们是整个企业信息传达与形象识别的核心，由此确立了企业对外的基本视觉形象。航徽标志由一朵抽象的大红色木棉花衬托在宝蓝色的飞机垂直尾翼图案上组成，航徽色彩鲜艳，丰满大方。木棉花是中国南方特有花卉，木棉花树干挺拔高大，每年开春，木棉花先于树叶开放，花朵硕大，红艳艳布满枝头，远望近观，皆富情趣。在中国南方人心目中，木棉花象征高尚的人格，人们赞美它，热爱它，广州市民还把它推举为自己的市花，视为图腾。而南方航空集团公司在广州，一方面是因为公司创立时总部设在中国南方地域广州，木棉花航徽既可以显示公司的地域特征，也可顺应南方人民对木棉花的喜爱和赞美；另一方面是因木棉花所象征的坦诚、热情的风格，有助于塑造公司的企业形象，表示自己将始终以坦诚、热情的态度为广大旅客、货主提供尽善尽美的航空运输服务。

（3）南航企业文化。南航以"阳光南航"为文化品格，以"连通世界各地，创造美好生活"为企业使命，以"顾客至上、尊重人才、追求卓越、持续创新、爱心回报"为核心价值观，大力弘扬"勤奋、务实、包容、创新"的南航精神，致力于建设具有中国特色的世界一流航空运输企业。

其核心价值观体现在以下五个方面。

第一，顾客至上。顾客无处不在，无时不在，各有所需，以顾客为核心，致力于提供满意服务，创造感动服务，赢得顾客忠诚，使公司为全球顾客所乐于选择。

第二，尊重人才。每个员工各有所长，皆是人才。以人才为根本，渴求并广聚有激情、有责任、有能力的全球贤才，使公司在业内最具人才优势，最受员工喜爱。

第三，追求卓越。得潮流之先，领行业之先，赢发展之先。以领先为标准，广泛运用先进的理念、制度、技术、工具和方法，发挥国际化规模航空公司的优势，致力于成为航空业界的领导者。

第四，持续创新。创新是生存之道，发展之魂。顾客是创新之源，员工是创新之本。以创新为动力，鼓励创新思维，尊重创新行为，共享创新成果，持续创新改革，以最具创新能力和改革精神立足业内。

第五，爱心回报。爱心塑造品格，回报达成共享。以回报为己任，坚持创造价值回报社会，创造效益回报股东，创造服务回报顾客，创造机会回报员工，做有高度责任感、受人尊敬的公司和南航人。

（4）南航荣誉。南航安全飞行记录卓越，保持着中国航空公司最好的安全记录，安全记录和安全管理水平处于国际领先地位。2018 年 6 月，南航荣获中国民航飞行安全最高奖"飞行安全钻石二星奖"，是中国国内安全星级最高的航空公司。

2011 年，南航被国际航空服务认证权威机构 SKYTRAX 授予"四星级航空公司"称号；2016 年，获评 SKYTRAX"全球最受喜爱航空公司"第 13 名，居中国内地航空公司之首。2017 年，南航被评为中国质量协会全国"用户满意标杆"企业，并获得中国国家顾客推荐指数航空服务第一名。2018 年，南航获评 SKYTRAX"全球最杰出进步航空公司奖"。

南航 2012 年、2013 年连续获评《财富》（中文版）"最受赞赏的中国公司" 50 强、"中国年度最佳雇主 30 强""社会责任百强企业"；2014 年，南航获评美国《环球金融》"中国之星" 最佳航空公司，《财富》（中文版）最受赞赏中国公司交通运输及物流行业第一称号；2015 年，南航获评空客公司 "全球空客 A330 杰出运行航空公司"，中国物流业最高奖项 "金飞马奖" 和 "中国品牌价值百强物流企业奖" 等。2016 年和 2017 年，南航连续获评《财富》（中文版）中国企业 500 强，居交通运输业首位。南航"十分"关爱基金会被国务院国资委授予 "中央企业优秀志愿服务项目" 及中央企业首批十佳志愿服务品牌。在英国独立品牌评估与咨询公司 Brand Finance 发布的 "2017 年全球最有价值航空公司品牌 50 强" 排行榜中，南航位列第六名，获得 AAA 品牌评级，居中国航空公司首位。

3）中国东方航空股份有限公司

（1）公司概况。中国东方航空集团有限公司（以下简称 "东航"）总部位于上海，是我国三大国有骨干航空运输集团之一，前身可追溯到 1957 年 1 月上海成立的第一支飞行中队。截至 2019 年，东航集团总资产超过 3500 亿元，持续推进产业转型升级，着力打造全服务、低成本、物流三大支柱产业和航空维修、航空餐食、创新科技平台、金融平台、产业投资平台五大协同产业融合发展的 "3+5" 产业结构布局。图 6-3 所示为中国东方航空股份有限公司代码及标志。

图6-3　中国东方航空股份有限公司
代码及标志

作为集团核心主业的中国东方航空股份有限公司，1997 年成为首家在纽约、香港、上海三地上市的中国航企，运营着 750 余架客货运飞机组成的现代化机队，是全球最年轻的机队之一，拥有中国规模最大、商业和技术模式领先的互联网宽体机队，在中国民航中首家开放手机等便携式设备的使用。

借助天合联盟，东航构建起以上海为核心枢纽、通达全球 175 个国家 1150 个目的地的航线网络，年旅客运输量超过 1.3 亿人，位列全球前十，"东方万里行" 常旅客可享受天合联盟 19 家航空公司的会员权益及全球超过 750 间机场贵宾室。

东航致力于以精致、精准、精细服务为全球旅客创造精彩旅行体验，近年来荣获中国民航飞行安全最高奖——"飞行安全钻石奖"，连续 8 年获评全球品牌传播集团 WPP "最具价值中国品牌" 前 50 强，连续 4 年入选品牌评级机构 Brand Finance "全球品牌价值 500 强"，在运营品质、服务体验、社会责任等领域屡获国际国内殊荣。

（2）企业标志与含义。东方或西方都流传着关于燕子的传说。在中国古代，燕子被称为吉鸟，相传瑶光星散为燕鸟，跃动的群燕是大自然灵性的化身。而在远古的西方，水手们将燕子纹在身上，彰显了他们引以为傲的远航经验，也表达出平安回家的美好心愿。

新 LOGO 延续使用原标识的红蓝品牌基准色，燕首及双翅辉映朝霞的赤红——"日出东方"，升腾着希望、卓越、激情；弧形的尾翼折射大海的邃蓝——"海纳百川"，代表广博、包容、理性，巧妙地呼应东航 "激情超越、严谨高效" 的企业精神。

新 LOGO 传承了初始标识中的核心元素 "飞燕"。飞燕姿态自然勾勒出 CHINA

EASTERN 的首字母 CE，显示了东航推动品牌无国界的竞合意识。

整个设计象征着飞行不仅缩短空间距离，更能增进人类心灵沟通和人文交融；展现出东航屹立东方、俯瞰广远，致力于建设一个"员工热爱、顾客首选、股东满意、社会信任"的世界一流航空公司、携手全球伙伴推动世界民航事业蓬勃发展的恢弘愿景。

（3）东航企业文化理念体系。东航企业文化理念体系的具体内容包括四个部分。

企业愿景：成为"员工热爱、顾客首选、股东满意、社会信任"的世界一流航空公司。站在世界的东方，致力于建设世界一流航空公司，为全球客户架起安全高效的空中桥梁。

企业核心价值观：客户至尊，精细致远。尊重客户需求，也创造客户需求，这一切都源于内心对客户的尊敬和对事业的热忱。

企业精神：严谨高效，激情超越。以战略的眼光着眼全局，谋划未来；以务实的行动关注细节，日清日高。通过精细化管理实现资源价值最大化，使公司的基业长青。

服务理念：以客为尊，倾心服务。要求时刻把客户利益放在第一位，为客户着想，从客户需要出发，以客户满意度为价值导向和经营追求。

（4）东航的荣誉。东航致力于以精致、精准、精细服务为全球旅客创造精彩旅行体验，近年来荣获中国民航飞行安全最高奖——"飞行安全钻石奖"，连续 8 年获评全球品牌传播集团 WPP "最具价值中国品牌" 前 50 强，连续 4 年入选品牌评级机构 Brand Finance "全球品牌价值 500 强"，在运营品质、服务体验、社会责任等领域屡获国际国内殊荣。

4）海南航空股份有限公司

（1）公司简介。海南航空控股股份有限公司（以下简称"海航"）于 1993 年 1 月成立，起步于中国最大的经济特区海南省，致力于为旅客提供全方位无缝隙的航空服务，打造安全舒适的旅行体验。

海航是中国四大航空公司之一，1993 年开始运营，截至 2019 年，海航连续安全运营 26 年，累计安全运行超过 740 万飞行小时，拥有波音 737、787 系列和空客 330、350 系列为主的年轻豪华机队，截至 2019 年 2 月，共运营飞机 244 架，2019 年上半年，海航及旗下控股子公司共运营国内外航线 1800 余条，航线覆盖亚洲，辐射欧洲、北美洲和大洋洲。海航专注打造国际国内高效互动的、品质型、规模化的卓越型世界级航空网络。紧密配合国家"民航强国"发展战略，在北京、广州、海口、深圳等 24 个城市建立航空营运基地/分公司。图 6-4 所示为海南航空股份有限公司代码及标志。

图6-4 海南航空股份有限公司代码及标志

（2）海航文化。经过多年的培育，海航创立了特色鲜明的企业文化，提炼出"海航同仁共勉"，以彰显海航人的魅力所在，其"海航同仁共勉"表述如下。

团体以和睦为兴盛；精进以持恒为准则；健康以慎食为良药；诤议以宽恕为旨要；长幼以慈爱为进德；学问以勤习为入门；待人以至诚为基石；处众以谦恭为有理；凡事以预立而不劳；接物以谨慎为根本。

作为企业文化的核心，精神文化是企业文化的精髓与灵魂，海航通过共同理想、共同信仰、共同追求和共同理念给予海航精神完整的解读。

海航人的共同理想，是"造福于人类的幸福与世界的和平"；海航人的共同信仰，是"天佑善人、天自我立、自我主宰"，是"真、善、美"，是"无疆大爱"；海航人的共同追求，是"大众认同、大众参与、大众分享、大众成就"；海航人的共同理念，是"诚信、业绩、创新"。

（3）公司的荣誉。海航以良好经验与服务保障，获得众多殊荣，其中，2011 年，海航成为全球第七家、中国内地第一家 SKYTRAX "五星航空公司"，并在 2019 年 6 月第九次蝉联 SKYTRAX "五星航空公司"荣誉，并荣获"世界最佳商务舱舒适品""中国最佳航空公司""中国最佳航司员工"三项大奖。同时，于 2019 年跻身"全球最佳航空公司TOP10"榜单第 7 位，成为中国内地唯一入围并蝉联该项荣誉的航空公司。2019 年 4 月，荣获猫途鹰（TripAdvisor）2019 年"旅行者之选"亚洲大型航空公司奖项。2019 年 3 月，荣获陕西省文旅厅颁发的西安丝绸之路旅游博览会"最佳人气奖"。

5）深圳航空有限责任公司

深圳航空有限责任公司（以下简称"深航"）成立于 1992 年 11 月，1993 年 9 月 17 日正式开航。股东为中国国际航空股份有限公司、深国际全程物流（深圳）有限公司，主要经营航空客、货、邮运输业务。

截至 2018 年年底，深航主体共拥有波音 737，空客 330、320、319 等各类型客机 200 余架，经营国内、国际航线 200 余条。图 6-5 所示为深圳航空股份有限公司代码及标志。

IATA 代码	ZH
ICAO 代码	CSJ

图6-5　深圳航空股份有限公司代码及标志

深航秉承"安全第一，预防为主，综合治理"的安全工作方针，注重营造科学务实的安全管理文化，不断强化系统防控能力，严格履行责任体系，努力提升风险管理水平，确保安全链的整体可靠，为旅客提供安全可靠的飞行服务。

安全筑基石，服务塑品牌。深航持续提升服务质量以铸就优秀企业品牌，通过打造"深航女孩""尊鹏阁""12＋会员日"子品牌，完善"凤凰知音深航常旅客计划"客户权益体系，为旅客提供全程优质服务；重点打造"深航易行"品牌产品体系，推出机场接送、乘机泊车、城市快线、出行秘书、一"旅"阳光等特色服务，使旅客获得最便捷舒适的出行体验。

作为与特区共同成长起来的航空企业，深航扎根深圳，服务大众，搭建起一条条深圳对外经贸往来和文化交流的"空中走廊"。2012 年 11 月深航正式加入星空联盟，融入国际航空市场，以崭新的面貌和姿态开启国际化建设进程。深航不仅注重企业自身发展，还自觉履行社会责任，感恩回报社会，被誉为深圳的一张亮丽名片。

根据公司发展规划，"十三五"期末，深航将超过 230 架客机，并将引进宽体客机。在未来发展中，深航将努力打造成具有独立品牌的亚太地区著名的全国性航空公司，成为以深圳为基地、航线网络覆盖亚洲及洲际的大型网络航空公司。

6）山东航空集团有限公司

被誉为"齐鲁之翼"的山东航空集团有限公司（以下简称"山航集团"）是由中国国际航空股份有限公司、山东省财金投资集团有限公司等九家股东合资组成的从事航空运输相关产业经营的企业集团公司。山航集团于 1994 年 3 月 12 日经国家民航总局和山东省委、省政府批准成立，总部在济南。山航集团控股的山东航空股份有限公司是山航集团的核心企业、深交所 B 股上市公司，主营航空运输业务。

山航集团以股权关系为纽带，控股山东航空股份有限公司、山东太古飞机工程有限公司、山东翔宇航空技术服务有限责任公司、山东航空新之航传媒有限公司、山航酒店管理公司等子公司和分支机构，形成了以运输业为龙头，集航空运输、飞机维修、航空培训、酒店旅游、广告业务为一体的上下游业务配套发展的经营格局。图 6-6 所示为山东航空集团有限公司代码及标志。

图6-6　山东航空集团有限公司代码及标志

多年来，山航集团始终把"确保安全，狠抓效益，力求正点，优质服务"放在首位。截至 2019 年年底，山航集团拥有波音 B737系列飞机 126 架；在济南、青岛、烟台、厦门、重庆、北京、乌鲁木齐、贵阳等地设有分公司和飞行基地；经营国内、国际、地区航线共 230 多条，每周 4300 多个航班飞往全国80 多个大中城市，并开通韩国、日本、泰国、柬埔寨、印度等周边国家及中国台湾、中国香港等地区航线。

山航集团连续保持了 25 年的安全飞行记录，先后四次获得民航总局安全最高荣誉奖"金雁杯""金鹰杯"，连续安全飞行 400 万小时，荣获中国民航"飞行安全 3 星奖"，多次被评为国家级"用户满意服务单位""全国质量效益型企业"，公司彩虹乘务队、市场部济南营业部被团中央、民航总局命名为"全国青年文明号"。2015—2017 年，山航集团（本部）连续 3 年被评为"全国文明单位"。2017 年，山航集团荣获"全国质量奖"，成为中国民航首次也是唯一获奖的航企。

7）上海航空股份有限公司

上海航空股份有限公司（Shanghai Airlines）简称"上海航空"或"上航"，前身是上海航空公司，成立于 1985 年 12 月，是中国第一家多元化投资的商业性质有限责任航空企业。2010 年 1 月 28 日，东航以换股吸收合并上航的联合重组顺利完成，上航成为新东航的成员企业。2010 年 5 月 28 日，作为东航全资子公司的上海航空有限公司正式挂牌运营。

2018 年年底，上航拥有以波音及空客为主的先进机队 105 架，开辟国内航线百余条，还通达了日本、韩国、泰国、澳大利亚、新加坡、马来西亚、俄罗斯、中国港澳台地区等 17 条中远程国际及地区航线。

上航于 2010 年 11 月 1 日正式退出星空联盟，同时宣布随同母公司中国东方航空股份有限公司一同加入天合联盟。图 6-7 所示为上海航空股份有限公司代码及标志。

8）厦门航空有限公司

（1）公司的基本情况。厦门航空有限公司（以下简称"厦航"）成立于 1984 年，总部位于中国东南沿海的福建省厦门市，是中国首家按现代企业制度运行的航空公司，经过36 年的持续发展，已成为中国民航独具特色的航空公司。

厦航是天合联盟成员，航空承运人代码为 MF，年旅客运输量超过 3600 万人次，已有超过 1000 万人加入厦航常旅客计划。厦航目前运营国内外航线近 350 条，航线网络覆盖全中国，辐射东南亚和东北亚，随着阿姆斯特丹、悉尼、纽约、洛杉矶等洲际航线的陆续开通，实现了航线网络对欧洲、美洲和大洋洲的全覆盖，并借助天合联盟将航线网络延伸至全球。

截至 2019 年 8 月，机队规模达到 206 架飞机，平均机龄 5 年，是世界上最年轻的机队之一。图 6-8 所示为厦门航空有限公司代码与标志。

图6-7　上海航空股份有限公司代码及标志

图6-8　厦门航空有限公司代码与标志

（2）公司的业绩与荣誉。厦航是中国民航业保持盈利时间最长的航空公司，实现中国唯一的连续 32 年盈利。在全球航空公司金融评级中，名列中国航空公司之首。厦航现拥有总资产近 500 亿元，净资产超过 200 亿元，资产负债率为 56%。在国际航协 240 多家成员航空公司中，厦航的利润总额名列前 20 位，收入、利润率更是进入前 10 位。

多年来，厦航在保证航空安全、提升服务品质方面做出了不懈的努力，并于 2012—2018 年连续六年被中国旅客评为航空服务"最佳航空公司"。2016 年 3 月，厦航荣获第二届中国质量奖，成为中国服务业首家获此殊荣的企业，同时也是中国民航唯一获奖的航空公司。

厦航在追求自身发展的同时，通过开展扶贫助学、志愿服务，推动节能减排、环境保护，积极参与公益活动，承担企业社会责任。2017 年 2 月 15 日，厦门航空与联合国在纽约联合国总部签署协议，成为全球首家与联合国开展可持续发展目标合作的航空公司。

（3）公司的理念。

① 愿景——绩效卓越，行稳致远。"绩效卓越"来自习近平总书记在厦门金砖会晤上特别提到的"这里的厦门航空，绩效也还是很好的"。厦航以此为方向，将持续推动安全、运行、服务、效益、管理等全方位高质量发展，打造更加卓越的绩效，成为国企高质量发展的典范。同时厦航也将坚持"复利思维"，不折腾、不动摇，着力防范化解重大风险，实现健康永续发展，打造航空"百年老店"，在"行稳"中实现"致远"。

② 使命——帮助更多的人行走天下。阐释了厦航作为承载着党和国家使命的企业必

须牢记的初心，即坚持"以人民为中心"，把旅客的需要作为努力方向，创新航空出行服务，"帮助"广大旅客实现美好生活的愿望，同时"做强做优做实做大"主业，构建通达全球的枢纽网络，为"更多的人"搭建起互联互通的桥梁，以最安全可靠、最轻松便捷、最温馨舒适的真情服务陪伴旅客"行走天下"，让厦航成为旅客漫漫人生路上的忠实旅伴。

③ 核心价值观。

诚信——诚信是立企之本，公司要对顾客、员工、股东和社会诚信，员工要对公司忠诚。

坚毅——坚毅是强企之魂，要锁定目标、永不言败，以更大的毅力、决心和勇气去战胜困难，完成公司的使命，实现公司的愿景。

和谐——和谐是固企之要，要有大局意识和协作精神，以保证公司利益和实现长远发展为原则，勇于担当，团结互助，和谐共进。

精进——精进是兴企之力，要有昂扬向上的状态、精益求精的追求和求真务实的作风，精细管理，不断创新，百尺竿头，更进一步。

9）四川航空股份有限公司

（1）公司基本情况。四川航空股份有限公司（以下简称"川航"）成立于 2002 年 8 月 29 日，四川航空集团有限责任公司为第一大股东。其他股东分别为中国南方航空股份有限公司、中国东方航空股份有限公司、山东航空股份有限公司、成都银杏金阁投资有限公司。川航改制前为四川航空公司，该公司成立于 1986 年 9 月 19 日，1988 年 7 月 14 日正式开航营运。作为中国最具特色的航空公司之一，川航以安全为品牌核心价值，持续安全飞行 31 年，现运营中国国内最大的全空客机队，160 余架飞机，执飞国内外航线超过 300 条，航线网络覆盖亚洲、欧洲、大洋洲、北美洲及非洲地区。图 6-9 所示为四川航空股份有限公司的代码及标志。

图6-9 四川航空公司代码及标志

川航的航徽是一只海燕，它奋力翱翔、志存高远的气质，与川航人"咬定青山"的企业精神紧密契合。圆圈代表地球，四条波浪纹寓意百川赴海，奔流涌进，上善若水，厚德载物，同时对应川航"真、善、美、爱"的核心价值观，象征着川航从内陆起飞，萃取陆地文明的稳定持重与海洋文明的外向开拓，以"东成西就，南北纵横，上山出海，网络搭台"的战略布局，架起一座座贯通南北、联通中外的空中金桥。

（2）公司的业绩与荣誉。随着机队规模壮大和自身实力增强，川航加快了网络化转型和国际化步伐。成都总部以外，川航已设有重庆、云南、北京、浙江、黑龙江、陕西、海南、新疆、西昌、天津、南宁、深圳、绵阳等分公司、基地，并已开通温哥华、墨尔本、悉尼、莫斯科、迪拜、东京、大阪、新加坡、布拉格、洛杉矶、奥克兰、圣彼得堡、苏黎世、特拉维夫、开罗、哥本哈根、伊斯坦布尔、罗马、赫尔辛基等国际航线，每年为全球超过 3000 万旅客提供深具"中国元素，四川味道"的航空服务，服务质量及航班正常率位居中国民航前列，在中国民航服务测评中获评"最佳航空公司"，蝉联"中国质量奖提名奖"。

（3）"美丽川航"文化体系。

①"美丽川航"的核心内容。

企业精神——咬定青山。

企业目标——做优、做强、做久。

企业口号——美丽川航、卓越时尚。

企业价值观——真、善、美、爱。

安全理念——安全至上、科学发展。

服务特色——中国元素、四川味道。

管理理念——严谨务实、智慧创新。

②"美丽川航"的主体内涵。以"真、善、美、爱"之心为旅客提供精品服务，在企业、员工、旅客、社会的多重关系中铸造多重关系的价值共同体、利益共同体和美丽爱心共同体。以美丽关爱感动人心，以感恩事业铸造和谐。

真——真诚：对同事真心，对旅客诚心，对企业忠心。

善——善良：善待员工，善待旅客，善待他人。

美——美丽：美在形象，美在行为，美在心灵，美在环境。

爱——爱心：爱心融于川航，爱心服务旅客，爱心回报社会。

③"美丽川航"的特色理念。

四为理念——员工利益为首、客户利益为上、股东利益为大、国家利益为本。

两个关心——领导多关心员工的生活琐事、员工多关心公司的发展大事。

10）春秋航空股份有限公司

（1）公司的简介。春秋航空股份有限公司（以下简称"春秋航空"）作为中国首批民营航空公司之一，于2005年7月18日开航，截至2019年年底拥有100架飞机。

春秋航空总部位于上海，目前，拥有上海虹桥、浦东、沈阳、石家庄、深圳、扬州泰州、宁波、揭阳（潮汕）等国内基地以及日本东京、大阪、泰国曼谷、韩国济州等海外基地，运营上海飞广州、深圳、珠海、揭阳（汕头）、厦门、三亚、福州、沈阳、哈尔滨、长春、大连、青岛、银川、绵阳、石家庄、昆明、重庆、西安、兰州、乌鲁木齐、呼和浩特等多个城市，经营130多条国内航线。2018年10月，春秋航空股份有限公司河北分公司正式揭牌成立。春秋河北分公司是春秋航空旗下首家分公司。图6-10所示为春秋航空股份有限公司代码及标志。

图6-10　春秋航空股份有限公司代码及标志

2010年7月，春秋航空开辟上海浦东—茨城包机航线，标志着中国的民营航空公司首次飞出国门；2010年9月28日开通上海—香港航线；2011年4月8日开通上海—澳门航线；2012年8月10日开通上海—曼谷航线。现拥有上海和各地至香港、澳门、高雄、台北，日本札幌、大阪、茨城、高松、佐贺、东京（羽田）、名古屋，韩国首尔、济州等

80 余条国际和地区航线。

春秋航空创新起步,安全、平稳运行,是唯一一家开航当时不进中航信、不通过机票代理,以 B2C 网上销售和手机直销为主要销售渠道的航空公司。

春秋航空打造个性化出行,在安全、准点的核心需求基础上,推出了酒店、景区门票、行李、餐饮、春秋跨境海外直购、选座(国际地区)、签证、租用车、机场接送等方便旅客的个性化产品。高度自由、旅客自选的产品搭配组合,从极简出行直至服务至臻的商务经济座,令春秋航空的飞行与众不同。

从 2018 年 10 月 15 日起,上海虹桥国际机场 T1 航站楼改造完成,以全新的面貌以及包括"自助值机—自助托运—自助验证—自助登机"在内的一站式智能化设施服务广大旅客。总部位于上海的春秋航空,将航班运营由虹桥机场 1 号航站楼 A 岛转至 D 岛,成为全国第一家率先尝试使用智能化机场自助服务的航空公司之一。

(2)公司业绩与荣誉。春秋航空省之于民、用之于民,开航以来总平均票价低于同航线市场价 30%以上,相当于让利超过 300 亿元。总平均客座率保持在 95%左右,居全球同行业前列。春秋航空荣获多项荣誉:在中国民营航空公司中第一家获得民航局安全星级评定荣誉;在行业数据公司 OAG 的准点率报告中,2017 年春秋航空在中国大陆航空公司中到港准点率第一;2018 年亚洲十佳特色航空公司;2017 年度 CAPSE 最佳低成本航空;2018 年最佳航空服务奖;共获三十余项荣誉。

二、国外特色航空公司介绍

1. 全球最佳航空公司——新加坡航空公司(Singapore Airlines)

新加坡航空公司(以下简称"新航")成立于 1947 年,当时的名称是马来亚航空(Malayan Airways)。早期只有一架飞机,1947 年 4 月 2 日执行首个非定期航班,由当时属英国殖民地的新加坡飞往吉隆坡。5 月 1 日开始定期航班服务,开通新加坡与吉隆坡、怡保和槟城之间的商业航班。历经 70 多年的发展,现在已经成为全球最佳航空公司。截至 2018 年 5 月,加上新加坡航空属下的廉价航空"酷航"(Scoot),新加坡航空公司总共拥有超过 180 架飞机,其中,空客 79 架(380~800 机型 21 架),波音 49 架(787-10 机型 6 架),其综合客运网络遍及全球超过 135 个目的地。

新加坡航空有限公司排名位居世界前列,是亚洲第 8 大航空公司和全球国际乘客人数排第 6 的航空公司。图 6-11 所示为新加坡航空公司的在飞飞机。

新加坡航空不仅提供一流的客舱服务,同时,各等级客舱均享有奢华飞行享受:先进的娱乐设施、宽敞的客舱,致力于打造个性化飞行体验,这些都是新航引以为傲的特质。新航端出的飞机餐也堪称国际化杰作——由八位来自世界各地的主厨组成的新航国际烹饪顾问团不断推陈出新,让乘客在十万里高空的机舱内也能让味蕾获得最大满足。

新航凭着享誉全球的优质标准屡获奖项,包括入选《时代》杂志(*Time Magazine*)2018 年度 50 大创意公司,Skytrax 世界航空公司 2018 年度"世界最佳航空公司"奖项,2018 年 5 月 15 日,在香港举行的第九届世界航空公司排行榜新闻发布会暨第八届世界空姐节颁奖典礼上，新加坡航空公司在"世界十大最安全航空公司"排名中列第二位。2020年1月13日，入选2020年胡润至尚优品获奖名单。

2. 全世界安全纪录最好的大型航空公司——澳洲航空（Qantas）

澳洲航空为大洋洲和南半球最大的航空公司，成立于1920年，总部设在悉尼，以悉尼和墨尔本机场为主要枢纽，航点包括非洲的南非，东亚的日本、中国、中国香港，东南亚的印度尼西亚、泰国、新加坡、菲律宾，南亚的印度，欧洲的英国，北美洲的美国、加拿大，南美洲的智利，以及大洋洲。澳洲航空从渺小逐渐壮大，绵延了近百年的历史，如今已经发展成为澳大利亚国家航空公司，为全球历史第三悠久的航空公司，亦为全世界安全纪录最好的大型航空公司之一，是从1920年成立至今西方国家中少有的一家从无死亡事故发生的主流大型航空公司，2019年被Airlineratings.com评为全球十大最安全航空公司首位。目前机队规模130架（不含子公司），其中波音90架（787-9机型8架），空客40架（787-9机型12架）。如今，澳航已成为世界领先的长途航空公司及澳大利亚最强势的品牌之一，1999年澳洲航空与美国航空公司、英国航空公司和国泰航空公司正式成立"寰宇一家"（One World）国际性航空公司联盟。图6-12所示为澳洲航空（Qantas）标志。

图6-11　新加坡航空公司　　　　　　图6-12　澳洲航空（Qantas）标志

3. 全球最大的航空公司——美国航空公司（American Airlines）

1926年4月15日，Charles Lindbergh驾驶美国航空的第一趟航班飞上蓝天——将密苏里州圣路易斯的美国邮件送到伊利诺斯州芝加哥。这条邮件航线运行了8年，之后，美国航空开始转向目前的业务。美国航空的创始人C.R.Smith与Donald Douglas合作打造了DC-3，这款飞机改变了整个航空行业，将该行业的收入来源从邮件变成乘客。

美国航空公司是世界上最大的航空公司，也是寰宇一家的创始成员之一，成立于1930年。美国航空旗下附属美鹰航空和美国连接，机队由近900架飞机组成；美国航空遍布260余个通航城市——包括美国本土150个城市及40个国家，每日从芝加哥、达拉斯、沃斯堡、洛杉矶、迈阿密和纽约五大枢纽起飞的航班数量超过3500个班次；美国航空的国际航线接近100条，包括伦敦、马德里、圣保罗、东京和上海等重要国际大都市。图6-13所示为美国航空公司标志。

美国航空致力于提供卓越的全球飞行体验，公司共飞往50多个国家和地区的260多个城市。作为全球最大机队的拥有者，现有各型飞机964架。美国航空每年接待近2亿名乘客，每天有超过6500个航班飞往全球330多个目的地。

2018 年 7 月 19 日，《财富》世界 500 强排行榜发布，美国航空集团位列 260 位。2018 年 12 月 18 日，世界品牌实验室发布《2018 世界品牌 500 强》，美国航空排名第 312 名。

4．全球最大的低成本航空公司——美国西南航空公司（Southwest）

美国西南航空公司（以下简称"美国西南航空"）是美国的一家廉价航空公司，成立于 1971 年 6 月 18 日，当时只有 3 架波音 737 客机，总部设在美国得克萨斯州，为得克萨斯州三个城市提供服务：达拉斯、休斯顿和圣安东尼奥。目前已经拥有 537 架波音 737 客机，为美国 35 个州的 68 座城市提供服务。美国西南航空以"廉价航空公司"闻名，是民航业"廉价航空公司"经营模式的鼻祖，曾是美国第二大航空公司，在 2019 年福布斯新推出的最快航空公司排名中，西南航空在 10 家干线航空公司中名列第二，也是美国第五大航空公司。

美国西南航空的枢纽机场是达拉斯爱田机场，重点机场有休斯敦霍比机场、纳什维尔国际机场、拉斯维加斯麦卡伦国际机场、芝加哥中途机场、凤凰城天港国际机场、巴尔的摩华盛顿国际机场、奥克兰国际机场、洛杉矶国际机场、奥兰多国际机场、圣迭戈国际机场、盐湖城国际机场、萨克拉门托国际机场、圣荷西国际机场和坦帕国际机场。图 6-14 所示为美国西南航空公司标志。

图6-13　美国航空公司标志

图6-14　美国西南航空公司标志

美国西南航空以低成本战略赢得市场，为旅客提供他们所希望的：低票价、可靠安全、高频度和顺便的航班、舒适的客舱、旅行经历、一流的常旅客项目、顺利的候机楼登机流程以及友善的客户服务。

5．全球历史最悠久的航空公司——英国航空（British Airways）

英国航空又称不列颠航空（以下简称"英航"），总部设在英国伦敦希思罗机场，以伦敦希思罗机场（Heathrow Airport）作为枢纽基地。英国航空公司的历史可追溯到 1924 年

成立的帝国航空，是世界上历史最悠久的航空公司之一，也是欧洲乃至世界上最知名的航空公司之一，是全球七大货运航空公司之一，也是"寰宇一家"航空联盟的创始成员之一，2006 年度获选为全球最佳航空公司，被 Skytrax 评为 2007 年度四星级航空公司。图 6-15 所示为英国航空标志。

图6-15　英国航空标志

英航目前机队规模为 273 架，其中空客系列 143 架（A380-800 型号 12 架）、波音系列 129 架（B787-8/9 型号 28 架），全球航班网络覆盖 75 个国家的 150 多个目的地；英国航空公司自 1980 年起为中国提供服务，现在北京、上海、成都都有直飞伦敦的航班并在伦敦希思罗机场设有自己的独立航站楼。

第三节　民航旅客运输基本知识

一、准备知识

1. 航班、班次

航班是根据班期时刻表，在规定的航线上，适用规定的机型，按照规定的日期、时刻进行的定期飞行，航班分为去程航班和回程航班。

航班主要有两种形式：定期飞行（班期飞行和加班飞行）和不定期飞行（包机飞行）。

（1）班期飞行。班期飞行是根据班期时刻表，按照规定的航线，定机型、定日期、定时刻的飞行，班期飞行也叫定期飞行。班期飞行是民航运输生产的基本形式。

（2）加班飞行。根据临时性的需要，在班期飞行以外增加的飞行叫加班飞行，加班飞行是在班期飞行的航线上，解决航班客货运输拥挤现象，并对外公布航班时刻的临时飞行，是班期飞行的补充。

（3）包机飞行。包机飞行是根据包机单位的要求，在现有的航线上或以外航线进行的专用飞行。它包括客货包机飞行、专业飞行和专机飞行。

班次根据单位时间（通常以一周为标准）来计算飞行是几班（包括去程及回程）。班次要根据运量的需要和运输的能力确定。

2. 航班号

民航运输中按照一定的方法，给各个航班编以不同的号码，并加上航空公司的两字代码组成航班号。国内航班航班号的编排规律如图 6-16 所示。

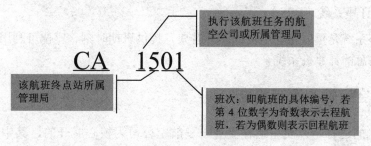

图6-16　国内航班号示例

国际航班航班号的编排规律如下：由航空公司的两位代码加三位数字组成。三位数字中，第一位数字表示执行该航班任务的航空公司数字代码，第二、三位数字表示某个具体的航班。而第三位数字单数表示去程航班，双数表示回程航班，如 CA982，由纽约飞往北京的航班，是由中国国际航空公司承运的回程航班。

3. 班期时刻表

班期时刻表是航空公司组织日常运输生产的依据，也是在社会上介绍民航运输生产的一种重要形式。

班期时刻表每年制定两次，分为夏秋班期时刻表和冬春班期时刻表。一般国内夏秋班期时刻表从每年 3 月的最后一个星期天开始使用；冬春班期时刻表从每年 10 月的最后一个星期天开始使用。

4. 承运人/销售代理

承运人是指承担航班飞行任务的航空公司，销售代理人是指与各航空公司签订销售代理协议，代售各航空公司的机票业务，并从中获取代理费的个人或机构。

5. 订座

订座是指对旅客预定的座位、舱位等级或对行李重量、体积进行预留。

6. 中转/中转联程

中转是指旅客的出发地与目的地之间没有直接到达的航班，为了到达目的地，旅客需要在出发地与目的地之间的机场换乘另一架飞机，这样的行程也叫作中转行程。

由航空公司之间或独自的航班通过中转的方式到达目的地的旅行方式叫作中转联程，也叫无缝转接。中转联程实际上也是中转，中转联程在国内一般由一个承运人承运。

7. 经停

航空公司有时会安排一班飞机在出发地与目的地之间做短暂停留，我们将这样的航班称为经停航班。经停机场也称为过站，在此机场，有到达目的地的旅客下飞机，也有新的旅客登机。

8. 行李/托运行李

行李是指旅客在旅行中为了穿着、使用、舒适或方便的需要而携带的物品和其他个人财物，而托运行李是指旅客交由承运人负责照管和运输，并填开行李票的行李。

9. 民航订座系统（CRS）

民航订座系统是可以预订座位或填开客票，提供班期时刻、座位可利用情况、票价和相关服务等信息的计算机系统。

二、航空运输的运行要素

航空运输的运行是以航空运输企业——航空公司为核心展开的，其中包括诸如飞行员、运行控制（签派）、客舱/货运服务、维修保障、配载控制和机场地面服务的要素的密切配合与协调。图 6-17 所示为航空运输的运行要素。

1. 飞行员

飞行员是飞机的驾驶者，是航班执飞过程中的最高指挥者，承担着飞行与安全的责任。

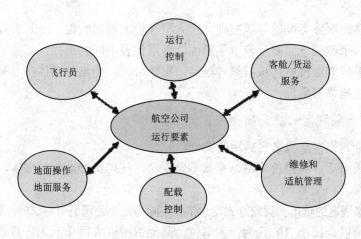

图6-17　航空运输的运行要素

2. 运行控制

运行控制是航空公司对飞行活动的综合指挥协调部门，其核心工作是在飞机运行控制中心（AOCC）展开的，掌握着飞行的运行状态。飞行与运控之间的接口是签派员，签派员把获得的所有信息进行综合后交给飞行机组执行，并提示每个航段飞行中应该注意的问题。签派是飞机运行控制中心最重要的职能。

3. 客舱/货运服务

为旅客提供机上的规范的服务，使旅客获得愉悦的飞行体验。

4. 维修保障

在航前、航后和过站短停都要对飞机进行全面的检测和维修，机务技术员确定排除全部故障以后，方可在确认书上签字放行。

5. 飞机的配载控制

主要指载重控制（吨控）与平衡，即调整重量和平衡两个因素，其一是通过载重控制使飞机不能超重，其二是根据货物和旅客位置的布置，使飞机在整个飞行过程中重心始终处于安全区域之内。

6. 地面服务

提供航班计划等信息，办理登机手续，为候机旅客提供服务，对到港旅客提供支持以及行李提取托运服务。

三、航空旅客运输业务常识

（一）民航国内旅客运价

民航旅客运价是单位旅客由始发地机场至目的地机场的航空运输价格，不包括机场与市区之间的地面运输费用。

根据旅客对象的类别、运输方式、运输距离的不同，民航运价是变化的，同时，根据客舱布局、餐食及服务标准的等级差别，在大型客机上根据舱位，分为头等舱、公务舱、普通舱票价。每个舱位下面复设若干子舱位，分别代表不同的折扣，形成了多等级舱位运价体系。国内航线客运价格还根据旅客年龄，出票时间、地点等具体情况有儿童票、婴儿票、特种票、包舱票等票价。

1. 票价的一般规定

（1）客票价为旅客乘机之日适用的票价。

（2）客票售出后，如票价调整，票款不做变动。使用特种票价的旅客，应遵守该特种票价规定的条件。

（3）按国家规定的货币和付款方式交付票款，除与航空公司另有协议外，票款一律现付。

（4）客票价以人民币 10 元为计算单位，其他费用以人民币元为计算单位，尾数一律四舍五入。

（5）公布票价不包括各种税款和其他服务费，政府有关当局或机场规定的，由旅客享用的任何服务、设施而征收的税款或费用，不计在航司公布的票价内（如机场建设费、燃油税）。

2. 票价分类

1）服务等级票价

（1）头等舱票价。座位最宽敞舒适，餐食/地面食宿最高，行李限额最高（40 千克），票价为经济舱正常票价的 150%。

（2）公务舱票价。座位宽敞舒适次之，餐食/地面食宿次之，行李限额最高（30 千克），票价为经济舱正常票价的 130%。

（3）经济舱票价。行李限额为 20 千克，其正常票价以国家对外公布的直达票价为基础。

2）旅程方式票价

（1）单程票价。也称"直达票价"，适用于规定航线上的，从甲地到乙地的航班运输。

（2）来回程票价。由两个单程票价组成：使用直达票价的去程运输；使用直达票价的回程运输。某些航司来回程票价会在两个单程票价上享受一定的折扣。

3）旅客类型票价

（1）成人票。按正常公布票价购买的票。

（2）儿童（CHD）票。年满 2 周岁、未满 12 周岁的旅客，按成人普通票价的 50%购买儿童票，提供座位。

（3）婴儿（INF）票。未满 2 周岁的旅客，按照成人普通票价的 10%购买婴儿票，不提供座位，无免费行李额，仅可免费携带一个摇篮。

4）特种票价

（1）团体旅客票价。适用于 10 人（含）以上，航程、乘机日期、航班相同并按同一类型团体票价支付。

（2）军残票价。凭《革命残废军人证》或《人民警察伤残抚恤证》购买，按正常票价的 50%计收。

（3）各种促销票价。教师、学生票价；季节性票价或其他特种票价。

5）免票、优惠票

（1）由承运人特殊批准的旅客，凭乘机优待证可以填开由该承运人承运的免票、优惠票。

（2）货运包机押运人员凭包机货运单和包机单位介绍信可填开免票。

（3）航空公司常旅客，凭借积分换取免票。

（4）免票、优惠票是针对客票价的免收或优惠，不涉及税费。

6）包舱票价

包舱票价是根据旅客乘坐飞机的特殊需要，购票单位向航空公司包购飞机中某一客舱舱位的全部座位，但旅客人数不得超过所包舱的座位总数。包舱票价按照包用舱位的座位总数乘以适用的票价计算。包舱票价旅客的免费行李额，按适用舱位票价享受的免费行李额乘以包舱的座位总数计得，而不是按旅客实际人数计算。

（二）民航国内旅客运输凭证

1. 电子客票

客票由承运人（航空公司）或承运人代理人所填开的具有运输契约属性的航空旅客运输凭证，是旅客办理乘机手续的依据。1993 年，世界上第一张电子客票在美国西南航空公司诞生，结果大获成功。2000 年 3 月 28 日，南航推出内地首张电子客票，电子客票给乘客带来了诸多的便利，并降低了航空公司成本。电子客票克服了纸质客票容易丢失损坏的问题；电话订座、网上购票减少了中间环节，购票更为快捷。乘客可以在异地订购机票，不需要送票、取票，直接到机场凭预定电子客票时的有效身份证件办理乘机手续。根据 IATA 的强制规定，从 2006 年 10 月 16 日起，停止向我国国内各大机票代理人发放 BSP 纸质客票，而到 2007 年年底在全世界实现 BSP 客票 100%电子化。

2. 电子客票销售渠道

（1）B2C。在航空公司官方网站上销售的客票，旅客直接向航空公司购买。

（2）B2B。在代理人的销售平台代理销售航空公司的客票，代理人与航空公司发生结算关系。

（3）C2C。第三方销售平台的合作，不同的代理人和航空公司的客票信息汇集在一起，也是目前机票销售的主要渠道。

3. 电子客票行程单的辨读

电子客票是普通纸质机票的一种电子映象，是一种电子号码记录，它作为世界上最先进的客票形式，依托现代信息技术，实现无纸化、电子化的订票、结算和乘机手续办理等全过程，对于旅客来讲，它的使用与传统纸质机票并无差别。它可以像纸票一样执行出票、作废、退票、换开、改转签等操作。目前电子客票使用《航空运输电子客票行程单》作为旅客购买电子客票的付款凭证或报销凭证，不作为机场办理乘机手续和安全检查的必要凭证使用。票样如图 6-18 所示。

（1）旅客姓名（NAME OF PASSENGER）。按照旅客有效身份证件的信息打印旅客的全名。外国旅客姓名先写姓氏，其后画一斜线，再打印名字和称谓。需要表明特殊用途的代号时，将代号打印在姓名后。

图6-18 电子客票行程单票样

（2）有效身份证（ID NO.）。根据旅客旅行所要求的有效身份证件打印证件号码。如果是国内旅行，年龄不足16岁的旅客，还没有申请办理居民身份证的，此栏打印出生年月日。

（3）自……至……（FROM... TO...）。旅客的航程。在"自……"栏内打印始发城市名称，在"至……"栏内打印每一连续的转机点或目的地机场。

（4）承运人（CARRIER）。各航段上已经申请座位或订妥座位的承运人两字代号。

（5）航班号（FLGHT）。打印各航段已经申请座位或订妥座位的航班号。

（6）座位等级（CLASS）。打印各航段已经申请座位或订妥座位的舱位等级代号。

（7）日期（DATE）。打印各航段已经申请座位或订妥座位的乘机日期和月份，阿拉伯数字表示日期后跟英文月份三字代码，如01MAR。

（8）时间（TIME）。打印各航段已经申请座位或订妥座位的航班离站时间。时间用24小时制表示。

（9）客票级别/客票类别（FARE BASIS）。根据所购买客票的具体情况打印客票的级别，一般包括服务等级、旅客类别、折扣率、有效期等方面的内容。

（10）客票生效日期（NOT VALID BEFORE）和有效截止日期（NOT VALID AFTER）。打印客票的有效期。对于有效期为一年的普通客票，可以不填。

（11）免费行李（ALLOW）。根据旅客所持客票的服务等级打印规定的免费行李额。

（12）票价（FARE）。打印全航程的票价总额，CNY表示人民币。

（13）机场建设费（AIRPORT TAX）。按照规定，从中国境内机场乘机旅行的旅客，均需缴纳机场建设费。机场建设费征收代号为CN。

（14）燃油附加费（FUEL SURCHARGE）。以航段为单位定额计收，税款代号为YQ，根据油价变动而有所调整。

（15）其他税费（OTHER TAXES）。目前在国内运输中，除了机场建设费和燃油附加费以外，没有征收其他费用，所以基本空白。

（16）合计（TOTAL）。将"票价"栏的金额加上"机场建设费"栏和"燃油附加费"栏的金额计得的总金额填入。

（17）签注（ENDORSEMENT/RESTRICTION（CARBON））。打印使用整本客票或某一乘机联需要特别注意的事项。

（18）电子客票号码（E-TICKET NO.）。客票号码由航空公司结算代号和客票的序列号组成，一般而言，承运第一航段航班的航空公司为客票归属航空公司。

（19）验证码（CK）。为了验证行程单的真假而设定的一个代码。

（20）连续客票（CONNECTION TKT）。如果全航程使用两本或两本以上客票，在每一本的这一栏内打印全部客票的所有客票号。

（21）保险费（INSURANCE）。打印旅客在票价以外支付的保险费。不包括机票本身所包含的强制保险部分。

（22）销售单位代号（AGENT CODE）。打印销售单位的代号、终端 OFFICE 号及工作号。

（23）填开单位（ISSUED BY）。打印销售单位的名称。

（24）填开日期（DATE OF ISSUE）。打印出票日期。

4. 客票改签

旅客根据自己的实际出行情况，对客票进行改签，改签包括更改和签转两种。

1）更改

更改又称改期，指客人的行程不变、承运的航空公司不变的情况下的更改。更改分为两种：同等舱位更改和升舱。同等舱位更改是指所更改的航班的航空公司和舱位都相同；升舱是指所更改的航空公司相同，但所改的舱位折扣高于原订舱位的折扣。一般情况下同等舱位更改航空公司不收取手续费；升舱一般情况下航空公司都会要求补足差价。

按照变更原因的不同，客票变更分自愿变更和非自愿变更。

（1）自愿变更。由于旅客原因需要改变航程、航班、乘机日期、时间、座位等级或乘机人，均属自愿变更（经医疗单位证明旅客因病要求变更的除外）。

（2）非自愿变更。由于天气、空中交通管制、机务维护、航班调配、航班取消、提前、延误、航程改变或承运人未能向旅客提供已经订妥的座位（包括舱位等级），或未能在旅客的中途分程地点或目的地停留，或造成旅客已经订妥座位的航班衔接错失，旅客要求变更客票的，均属于非自愿变更。

客票变更的一般规定：要求变更的客票必须在客票有效期内并且客票乘机联为未使用状态；要求变更的客票不得违反票价限制条件；变更航程或乘机人均应按退票处理，重新购票；变更承运人，按客票签转有关规定处理；客票变更后，客票的有效期仍按原客票出票日期或开始旅行日期计算；要求变更航班、乘机日期、航程，必须在原定航班离站时间前提出，承运人可按有关规定给予办理。旅客购票后，如从较低舱位等级变更为较高舱位等级，或从较低票价变更为较高票价，需向旅客收取票价价差；如从较高舱位等级变更为较低舱位等级或从较高票价变更为较低票价，则按自愿退票处理。

2）签转

签转指旅客购票后要求改变原客票的指定承运人，发生在不同航空公司之间。一般情况下，签转只适用于全价票的客人，折扣票不可以签转，因此，需要注意的是机票签转、改期和退票都受客票价的限制。签转的两个航空公司之间必须有协议，同意两个航空公司的客人进行签转，反之也是。

旅客自愿要求改变承运人，在符合下列全部条件的情况下，承运人可以予以签转：① 旅客的客票无签转限制；② 旅客未在航班规定的离站时间前 72 小时以内改变过航班、日期；③ 旅客应在航班规定离站时间 24 小时以前提出；④ 新承运人与原承运人有票证结算关系且新承运人的航班有可利用座位。

为旅客优先安排有可利用座位的本承运人的后续航班未果，再转签就属于非自愿转签的，在征得旅客及有关承运人的同意后，方可办理签转手续。

5. 退票规定

旅客购票后，由于旅客原因和承运人原因，不能在客票有效期内完成部分或全部航程，而要求退还部分或全部未使用航段票款，称为退票。退票分为自愿退票、非自愿退票和旅客因病退票三种。

非自愿退票是指航班取消、提前、延误、航程改变或承运人不能提供原定航班座位的，旅客要求的退票。始发站应该退还全部票款，经停地退还未使用航段的全部票款，均不收退票费。若航班在非规定的航站降落，旅客要求退票，原则上退还由降落站至旅客到达站票款，但不得超过原付款金额。

自愿退票是指由于旅客原因，未能按照运输合同（客票）完成全部或部分航空运输，在客票的有效期内要求的退票。各航空公司根据旅客购买客票折扣、舱位不同，收取的退票费率也不相同。旅客购买经济舱子舱位较高折扣的机票，退票时扣除退票手续费率较低；相反，旅客购买经济舱子舱位较低折扣的机票，退票时扣除的手续费费率较高。特价折扣舱位客票一般不得自愿退票。

旅客因病退票是指旅客因个人身体健康原因未能全部或部分完成机票中所列明的航程所产生的退票。旅客因病要求退票，须在航班规定离站时间前提供县级（含）以上医疗单位出具的医生诊断证明（如诊断书、病历、旅客不能乘机的证明），免收退票费。患病旅客的陪伴人员要求退票，应与患病旅客同时办理退票手续，免收退票费。

（三）运输不正常的处理

1. 航班正常与不正常

航班正常是指飞机在班期时刻表上公布的离站时间前关好机门，并在公布的离站时间后 15 分钟内起飞，又在公布的到达站正常着陆的航班；反之，则为航班不正常。

2. 航班不正常的原因与处理

1）旅客方面原因与处理

（1）旅客误机。旅客没能在航班截止办理登机手续前办理登机手续，通常原因为乘机手续问题或因其旅行证件不符合规定等原因，未能按照票上注明的日期、航班乘机。

旅客误机时，按各航空公司的规定办理后续事宜，一般最迟应在该航班离站后的次日中午 12 点（含）以前办理误机确认。误机旅客要求改乘后续航班，在航班有可利用座位的条件下予以免费办理一次；如果旅客所持客票有特殊规定，则按航空公司的规定办理；

如果误机后，旅客要求退票，则按自愿退票处理。

（2）旅客漏乘。在航班始发站办理乘机手续后或在经停站过站时，未能搭乘上指定的航班。

对于由于旅客原因造成漏乘，发生在航班始发站，按误机有关规定处理，即旅客可办理改乘后续航班，也可以办理退票；发生在中途站，不得改乘后续航班，按旅客自动终止旅行处理，该航班未使用的航段的票款不退。

若由于承运人原因造成漏乘，承运人应尽早安排旅客乘坐后续航班，并按航班不正常的相关规定，承担漏乘旅客等候后续航班期间的膳宿费用。

（3）旅客错乘。旅客乘坐了不是客票的适用乘机联上列明的运输地点的航班。

由于旅客原因错乘：在始发站发现错乘，承运人应安排错乘旅客搭乘飞往旅客客票乘机联上列明地点的最早航班，票款不补不退。在中途站发现旅客错乘，应中止其旅行，承运人应安排错乘旅客搭乘飞往旅客客票上列明的目的地的直达航班，票款不补不退。

由于承运人原因错乘：承运人应向旅客赔礼道歉，妥善安排旅客，并应承担错乘旅客在等候后续航班期间的膳宿费用。在始发站发现旅客错乘，承运人应安排错乘旅客搭乘飞往旅客客票上列明地点的最早航班。如旅客要求退票，按非自愿退票处理。在中途站发现旅客错乘，应中止其旅行，承运人应尽可能安排错乘旅客搭乘飞往旅客客票上列明的目的地的直达航班。如旅客要求退票，按非自愿退票处理，退还自错乘地点至旅客客票上列明的目的地的票款。但是，任何情况下退款都不得超过旅客实付票款。

2）非旅客方面的原因与处理

（1）承运人原因。包括航班提前起飞、延误、取消、合并、临时备降、飞越等不正常情况。

（2）非承运人原因。由于天气、突发事件、空中交通管制、安检以及旅客等非承运人原因，造成航班延误或取消。

（3）非旅客原因造成的航班不正常，承运人应及时将航班延误或取消等信息通知旅客，做好解释工作，提供良好服务，并做好后续航班座位安排和退票工作，负责免费向旅客提供膳宿服务，特殊情况需按有关规定给予旅客经济补偿。

思 考 题

1. 航空公司在民航运输体系中有什么作用？
2. 世界民航的发展格局与我国民航企业的现状怎样？
3. 通过对民航运输知识的理解，如何加深对民航运输的认识？

复 习 题

1. 简述航空公司及其发展过程。
2. 简述国内外主要航空公司的基本状况。
3. 简述民航运输的主要内容。

第七章

民航组织管理机构

本章学习目的

民航是具有高度国际性和严密组织性的行业，运输业务跨越国境，存在国际航线的衔接、货物与旅客以及飞行规则、安全等，这依赖严谨的组织体系和管理机制，来为服务保驾护航，以统一意见，解决争端，推进合作。

第二次世界大战对航空器技术的发展起到了巨大的推动作用，使得世界上已经形成了一个包括客货运输在内的航线网络，但随之也引起了一系列急需国际社会协商解决的政治上和技术上的问题，以及在民航市场运行的合作与衔接等问题，民航各国际组织就应运而生，并发挥着不可替代的作用。

我国民航的起步较晚，经过 70 年的发展，我国的民航组织管理体系不断完善，无论在管理机制、治理制度，还是法规规范建设等方面，都在逐步与发达国家接轨。一个具备国际化特点、具有中国特色的民航组织管理机制正在趋于完善。

从民航的国际化和规范化的角度来看，理解民航的有关事宜，需要对民航的国际国内组织管理机构有所了解，并从中去理解民航运行中众多技术、市场等问题。

本章的学习目的包括以下内容。

1．了解国际民航组织机构产生的背景与机构功能；

2．了解国内民航组织管理机构的基本概况；

3．理解民航运输的国际合作与民航发展问题。

第一节　国际航空运输组织介绍

一、国际民用航空组织（ICAO）

国际民航组织前身为根据 1919 年《巴黎公约》成立的空中航行国际委员会（ICAN）。1944 年 11 月 1 日至 12 月 7 日，52 个国家在芝加哥签订了《国际民用航空公约》（《芝加哥公约》），按照公约规定成立了临时国际民航组织（PICAO）。1947 年，《国际民用航空公约》正式生效，国际民航组织也因此正式成立。1947 年 5 月，国际民航组织正式成为联合国的一个专门机构，总部设在加拿大的蒙特利尔。该组织的宗旨是发展国际航行的原则和技术，并促进国际航空运输的规划和发展，图 7-1 所示为国际民用航空组织会徽。

图7-1　国际民用航空组织会徽

国际民航组织主要宗旨和目的如下。

（1）保证全世界国际民用航空安全和有秩序地发展。

（2）鼓励为和平用途的航空器的设计和操作技术。

（3）鼓励发展国际民用航空应用的航路、机场和航行设施。

（4）满足世界人民对安全、正常、有效和经济的航空运输的需要。

（5）防止因不合理的竞争造成经济上的浪费。

（6）保证缔约各国的权利充分受到尊重，每个缔约国均有经营国际空运企业的公平的机会。

（7）避免缔约各国之间的差别待遇。

（8）促进国际航行的飞行安全。

（9）普遍促进国际民用航空在各方面的发展。

我国是国际民航组织的创始成员国之一，于 1944 年签署了《国际民用航空公约》，并于 1946 年正式成为会员国。1971 年，国际民航组织通过决议承认中华人民共和国为中国唯一合法代表。1974 年，我国承认《国际民用航空公约》并参加国际民航组织的活动。

国际民航组织理事会是国际民航组织的日常管理机构，由 36 个理事国组成。其中，一类理事国有 11 个，由在航空运输方面占主要地位的国家组成；二类理事国有 12 个，由对提供国际民用航空的空中航行设施贡献最大的国家组成；三类理事国有 13 个，由代表世界各主要地理区域的国家组成，在蒙特利尔设有中国驻国际民航组织理事会代表处。中国自 1974 年恢复参加国际民航组织活动以来，曾连续 10 年当选为二类理事国，于 2004 年竞选成为一类理事国并连任至今。作为国际民航组织的创始国之一，中国不断完善行业管理体系，推进行业持续快速发展。中国积极参加国际民航组织的各项活动和项目，在国际民用航空管理体系的建立和实施中发挥着积极的建设性作用，对推动国际民用航空的安全和有序发展做出了积极的贡献。

二、国际航空运输协会（IATA）

国际航空运输协会（International Air Transport Association，国际航协）是非营利、非政府的、全球航空公司的行业组织，1945 年 4 月成立，总部设在加拿大蒙特利尔，执行机构设在古巴哈瓦那，创始会员为来自 31 个国家的 57 家航空公司，现有 297 家会员航空公司，在东北亚地区共有 40 家，其中中国大陆有 28 家。该组织致力于国际航空运输规则的统一，航空企业间财务结算、技术合作，协调国际航空客货运价、航空法律工作等，多年来为国际航空运输网络安全、便捷、可持续发展提供了坚实的保障。目前下设公共关系、法律、技术、运输、财务、政府和行业事务六个部门，图 7-2 所示为国际航空运输协会会徽。

图7-2　国际航空运输协会会徽

国际航空运输协会的主要宗旨如下。

（1）促进安全、正常和经济的航空运输以造福于世界各族人民，培植航空商业并研究与其有关的问题。

（2）为直接或间接从事国际航空运输服务的各航空运输企业提供协作的途径。

（3）与国际民航组织及其他国际组织合作。半个多世纪以来，国际航协充分利用航空公司的专门知识在多个方面做出了重大贡献，这中间包括推动地空通信、导航、航空器安全飞行等新技术；制定机场噪声、油料排放等环境政策；与国际民航组织密切联系制定一系列国际公约；协助航空公司处理有关法律纠纷；筹建国际航空清算组织；推进行业自动化，促进交流；对发展中国家航空运输企业提供从技术咨询到人员培训的各种帮助；在航空货运方面制定空运集装箱技术说明及航空货运服务有关规章；培训国际航协代理人；等等。另外，定期召开的 IATA 会议还为会员提供了讨论航空运输规则、协调运价、统一单证、财务结算等问题的场所。可以这样说，国际航空运输业今天的发展离不开国际航协的努力，"它的工作使飞行从一种科学现象转为全世界人人都能够享用的公共事业"。

目前，中国东方航空公司、中国南方航空公司和香港国泰航空公司代表北亚地区行使理事会成员职责。

三、国际货运代理人协会（FIATA）

国际货运代理人协会是国际货运代理人的行业组织，于 1926 年 5 月 31 日在奥地利维也纳成立，总部设在瑞士苏黎世，创立的目的是解决由于日益发展的国际货运代理业务所产生的问题，保障和提高国际货运代理在全球的利益，提高货运代理服务的质量。协会的一般会员由国家货运代理协会或有关行业组织或在这个国家中独立注册登记的且为唯一的国际货运代理公司组成，另有为数众多的国际货运代理公司或其他私营企业作为其联系会员。该会是目前在世界范围内运输领域最大的非政府和非盈利性组织，具有广泛的国际影响力。其会员来自全球 161 个国家和地区的国际货运代理行业，包括 106 家协会会员和近 6000 家企业会员。2001 年年初，中国国际货运代理协会代表中国国际货运代理行业加入国际货运代理协会联合会。图 7-3 所示为国际货运代理人协会会徽。

图7-3　国际货运代理人协会会徽

四、国际航空电信协会（SITA）

国际航空电信协会（Society International De Telecommunicatioan Aero-nautiques，SITA）是联合国民航组织认可的一个非营利性组织，是航空运输业世界领先的电信和信息技术解决方案的集成供应商。

1949 年 12 月 23 日，荷兰、法国、英国、瑞士、莎伯那等 11 家欧洲航空公司代表在布鲁塞尔成立了国际航空电信协会，将成员航空公司的通信设备相互连接并共同使用。随着成员不断增加和航空运输业务对通信需求的增长，SITA 目前已成为一个国际化的航空电信机构，经营着世界上最大的专用电信网络。图 7-4 所示为国际航空电

图7-4　国际航空电信协会（SITA）会徽

信协会会徽。

中国民航于 1980 年 5 月加入 SITA。中国民航通信网络（ADCC）与 SITA 相连通，实现了国内各个航空公司、机场航空运输部门与外国航空公司和 SITA 亚特兰大自动订座系统连通，实现了大部分城市订座自动化。中国民航还部分使用了 SITA 伦敦飞行计划自动处理系统，在商定的航线采用自动处理的飞行计划。我国的三大航空公司加入了 SITA，成为其会员，这三家公司是中国国际航空公司、东方航空公司和南方航空公司。

五、国际航空三大联盟

航空公司战略联盟是指两个或两个以上的航空公司战略联盟为了提高其竞争优势，共享联盟航空公司的稀缺资源而结成的一种长期合作关系，主要的形式是代码共享、投资参股、包租舱位、特许经营等。这些结合方式使得联盟内的航空公司能够共享稀缺资源，提高其竞争力，增加联盟内航空公司的盈利。

据不完全统计，目前全球有各类航空公司一千余家，20 世纪 80 年代形成的航空公司战略联盟已成为最近十几年航空公司的发展趋势，使航空公司之间的竞争也由单个的航空公司间的竞争发展到了几个全球航空公司联盟间的竞争，航空联盟提供了全球的航空网络，加强了国际的联系，并使跨国旅客在转机时更方便。

目前，全球最大的三个航空联盟是星空联盟、天合联盟及寰宇一家。除客运外，货物航空公司之中也有航空联盟，如 WOW 航空联盟。另外，2016 年，欧洲五大航空公司成立新联盟，被称为"欧洲的航空公司"（A4E）的这个新联盟，将易捷航空、瑞安航空、德国汉莎航空、法航荷航集团以及国际航空集团（英国航空公司和西班牙伊比利亚航空公司的母公司）聚集在一起，以应对市场竞争的挑战。

1. 星空联盟（Star Alliance）

星空联盟成立于 1997 年，总部位于德国法兰克福，是世界上第一家全球性航空公司联盟。星空联盟英语名称和标志代表了最初成立时的五个成员：北欧航空、泰国国际航空、加拿大航空、汉莎航空以及美国联合航空。联盟成立的主要宗旨是希望凭借各成员所串联而成的环球航空网络，提供乘客一致的高品质服务以及全球认可的识别标志，并加强每个联盟成员在本地及全球所提供的服务及发展统一的产品服务。图 7-5 所示为星空联盟符号与标志。

图7-5　星空联盟符号与标志

这个前所未有的航空联盟将航线网络、贵宾候机室、值机服务、票务及其他服务融为一体，由于联盟内各航空公司的合作关系，无论客户位于世界何处，都可以提高其旅行体验。星空联盟最新统计有 28 家航空公司成为星空联盟成员，其庞大的飞行航线网航线涵盖了 192 个国家和地区以及 1330 个机场，透过成员的共同协调与安排，将提供旅客更多的班机选择、更理想的接机时间、更简单化的定票手续及更妥善的地勤服务，符合资格的旅客可享用全球超过五百个机场贵宾室及相互通用的特权和礼遇。会员搭乘任一星空联盟成员的航班，皆可将累计里程数转换至任一成员航空的里程酬宾计划的账户内。

我国的中国国际航空公司、上海航空公司、深圳航空公司、吉祥航空公司已成为星空联盟成员。星空联盟成员公司及标志一览表如表 7-1 所示。

表 7-1 星空联盟成员公司及标志一览表

	航空公司	国家或地区	公司标志		航空公司	国家或地区	公司标志
1	加拿大航空	加拿大		15	南非航空	南非	
2	新西兰航空	新西兰		16	长荣航空	中国台湾	
3	日本全日空航空	日本		17	瑞士航空	瑞士	
4	亚德里亚航空	斯洛文尼亚		18	葡萄牙航空	葡萄牙	
5	中国国际航空	中国		19	泰国航空	泰国	
6	韩国韩亚航空	韩国		20	巴拿马航空	巴拿马	
7	奥地利航空	奥地利		21	布鲁塞尔航空	比利时	
8	深圳航空	中国		22	克罗地亚航空	克罗地亚	
9	波兰航空	波兰		23	土耳其航空	土耳其	
10	德国汉莎航空	德国		24	美国联合航空	美国	
11	北欧航空	瑞典		25	印度航空	印度	
12	吉祥航空	中国		26	巴西阿维安卡航空	巴西	
13	新加坡航空	新加坡		27	希腊爱琴海航空	希腊	
14	埃及航空	埃及		28	埃塞俄比亚航空	埃塞俄比亚	

2. 天合联盟（Sky Team）

天合联盟是一些航空公司所形成的国际航空服务网络。2000 年 6 月 22 日由法国航空公司、达美航空公司、墨西哥国际航空公司和大韩航空公司联合成立"天合联盟"，曾译为"空中联队"。

2004 年 9 月与"飞翼联盟"（也译为"航翼联盟"）合并后，荷兰皇家航空公司以及美国西北航空公司亦成为其会员。天合航空联盟网络每日航班达 16 270 个架次，航线目的地达 1150 个，通达 175 个国家/地区，航空会员包括 19 家航空公司。图 7-6 所示为天合联盟符号与标志。

天合联盟航空会员来自世界各大国家，中国成员有中国东方航空公司、中华航空公司和厦门航空公司。自 2020 年 1 月起原天合联盟航空公司——中国南方航空退出天合联盟。天合联盟成员公司及标志一览表如表 7-2 所示。

图7-6　天合联盟符号与标志

表 7-2　天合联盟成员公司及标志一览表

序　号	航空公司	国家或地区	标　志
1	俄罗斯航空	俄罗斯	AEROFLOT
2	墨西哥国际航空	墨西哥	AeroMexico.
3	欧罗巴航空	西班牙	AirEuropa
4	法国航空	法国	AIRFRANCE
5	意大利航空	意大利	Alitalia
6	中华航空	中国台湾地区	CHINA AIRLINES
7	中国东方航空	中国	CHINA EASTERN
8	捷克航空	捷克	CZECH AIRLINES
9	达美航空	美国	DELTA
10	肯尼亚航空	肯尼亚	Garuda Indonesia
11	荷兰皇家航空	荷兰	KLM
12	大韩航空	韩国	KOREAN AIR
13	罗马尼亚航空	罗马尼亚	TAROM
14	越南航空	越南	Vietnam Airlines
15	沙特阿拉伯航空	沙特阿拉伯	SAUDIA
16	黎巴嫩中东航空	黎巴嫩	MEA
17	阿根廷航空	阿根廷	AerolíneasArgentinas
18	厦门航空	中国	XIAMENAIR
19	印度尼西亚鹰航空	印度尼西亚	Garuda Indonesia

3. 寰宇一家（Oneworld）

寰宇一家是 1999 年 2 月 1 日正式成立的国际性航空公司联盟。由美国航空、英国航空、国泰航空、澳洲航空、原加拿大航空 5 家分属不同国家的大型国际航空公司发起结盟，其成员航空公司及其附属航空公司亦在航班时间、票务、代码共享（共挂班号、班号共享）、乘客转机、飞行常客计划、机场贵宾室以及降低支出等多方面进行合作。图 7-7 所示为寰宇一家标志。寰宇一家联盟成员公司及标志

图7-7　寰宇一家标志

一览表如表 7-3 所示。

表 7-3 寰宇一家联盟成员公司及标志一览表

序 号	航 空 公 司	国家或地区	公 司 标 志
1	日本航空	日本	JAPAN AIRLINES
2	国泰航空	中国香港特别行政区	CATHAY PACIFIC
3	智利国家航空	智利	LATAM AIRLINES
4	芬兰航空	芬兰	SriLankan Airlines
5	西班牙国家航空	西班牙	IBERIA 西班牙国家航空
6	马来西亚航空	马来西亚	malaysia airlines
7	英国航空	英国	BRITISH AIRWAYS
8	卡塔尔航空	卡塔尔	QATAR AIRWAYS
9	皇家约旦航空	约旦	ROYAL JORDANIAN
10	S7 航空	俄罗斯	S7 Airlines
11	美国航空	美国	American Airlines
12	澳洲航空	澳大利亚	QANTAS 100
13	汉莎航空	德国	FINNAIR

第二节　我国民航运输组织与管理机构

一、中国民用航空局（CAAC）

中国民用航空局简称"民航局"，是中华人民共和国国务院主管民用航空事业的部委管理的国家局，归交通运输部管理，属于行政管理机构，其前身为中国民用航空总局，于 2008 年 3 月改为中国民用航空局。图 7-8 所示为中国民用航空局标志。

中国民用航空局
Civil Aviation Administration of China

图7-8　中国民用航空局标志

民航局的主要职责如下。

（1）提出民航行业发展战略和中长期规划、与综合运输体系相关的专项规划建议，按规定拟订民航有关规划和年度计划并组织实施和监督检查。起草相关法律法规草案、规章草案、政策和标准，推进民航行业体制改革工作。

（2）承担民航飞行安全和地面安全监管责任。负责民用航空器运营人、航空人员训练机构、民用航空产品及维修单位的审定和监督检查，负责危险品航空运输监管、民用航空器国籍登记和运行评审工作，负责机场飞行程序和运行最低标准监督管理工作，承担民航航空人员资格和民用航空卫生监督管理工作。

（3）负责民航空中交通管理工作。编制民航空域规划，负责民航航路的建设和管理，负责民航通信导航监视、航行情报、航空气象的监督管理。

（4）承担民航空防安全监管责任。负责民航安全保卫的监督管理，承担处置劫机、炸机及其他非法干扰民航事件相关工作，负责民航安全检查、机场公安及消防救援的监督管理。

（5）拟定民用航空器事故及事故征候标准，按规定调查处理民用航空器事故。组织协调民航突发事件应急处置，组织协调重大航空运输和通用航空任务，承担国防动员有关工作。

（6）负责民航机场建设和安全运行的监督管理。负责民用机场的场址、总体规划、工程设计审批和使用许可管理工作，承担民用机场的环境保护、土地使用、净空保护有关管理工作，负责民航专业工程质量的监督管理。

（7）承担航空运输和通用航空市场监管责任。监督检查民航运输服务标准及质量，维护航空消费者权益，负责航空运输和通用航空活动有关许可管理工作。

（8）拟定民航行业价格、收费政策并监督实施，提出民航行业财税等政策建议。按规定权限负责民航建设项目的投资和管理，审核（审批）购租民用航空器的申请。监测民航行业经济效益和运行情况，负责民航行业统计工作。

（9）组织民航重大科技项目开发与应用，推进信息化建设。指导民航行业人力资源开发、科技、教育培训和节能减排工作。

（10）负责民航国际合作与外事工作，维护国家航空权益，开展与港澳台的交流与合作。

（11）管理民航地区行政机构、直属公安机构和空中警察队伍。

（12）承办国务院及交通运输部交办的其他事项。

民航局是通过直属机构、区域管理和外部机构系统来履行其职责的，主要的直属机构业务部门、外部机构如图7-9所示。

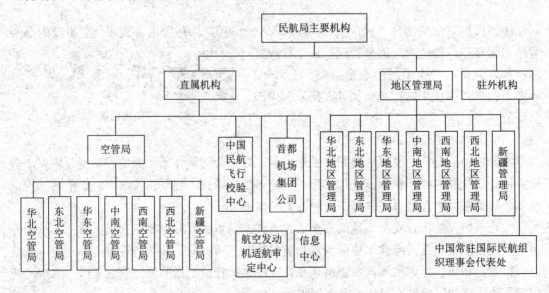

图7-9　中国民用航空局主要机构

二、中国航空运输协会（CATA）

中国航空运输协会成立于 2005 年 9 月 9 日，是依据中国有关法律规定，经中华人民共和国民政部核准登记注册，以航空运输企业为主体，由航空运输相关企事业单位、社会团体自愿结成的全国性、行业性、非营利性社会组织。图 7-10 所示为中国航空运输协会标志。

图7-10　中国航空运输协会标志

1. 协会的宗旨

协会的宗旨是在民航行业、企业与政府之间，努力发挥桥梁作用，认真宣传贯彻党和国家的方针政策、国家和政府的法律、法规及规章，代表企业争取国家和政府的支持及帮助；在本行业会员之间努力发挥桥梁作用，帮助会员之间加强团结、开展合作。

2. 本会的业务范围

（1）宣传、贯彻党和国家的方针政策和法律法规。

（2）协助配合政府工作。

（3）研究制定行业标准和规则，推进行业自律。

（4）依法维护会员的权利。

（5）组织开展本行业从业人员培训、学习。

（6）为会员开展各项服务。

（7）法律允许的其他业务。

三、中国民用机场协会（CCAA）

中国民用机场协会是经中国民用航空总局、民政部批准的中国民用机场行业（不含港澳台地区）唯一的合法代表，图 7-11 所示为中国民用机场协会标志。

图7-11　中国民用机场协会标志

思　考　题

1. 民航组织管理机构与民航发展的关系如何？
2. 如何进一步理解民航的国际化？

复　习　题

1. 民航的国际组织机构有哪些？
2. 简述"三大航空联盟"的职能与作用。
3. 我国的民航组织管理机构有哪些？

第八章

民航文化与从业的基本要求

本章学习目的

民航是国民经济发展的支柱产业，民航人的特殊品质造就了民航企业、民航人的风采，特别是在国家需要和面对危机事件时，民航人所体现出来的大无畏奉献精神。什么文化就造就什么行业，什么行业造就什么样的人，什么行业也就需要什么样的人。民航是高技术与安全保障为先的行业，有特殊的企业文化，而长期积淀壮大的民航文化，在民航发展中为民航发展保驾护航，也不断发扬光大。民航需要人才，更需要理解和融入民航文化中的人，因此，有志于成为民航人的年轻人，不仅需要了解民航文化，更要理解民航文化对从业者的要求，并在民航文化与岗位职责的要求下，培养才干，磨炼自己的意志品格，为投身民航事业做好准备。

本章的学习目的包括以下内容。

1．了解民航的属性和文化的特点；

2．了解民航主要岗位的责任与要求；

3．明确如何将自己培养成民航人。

 导读

从电影说起——民航特殊，民航人更特殊

《中国机长》是根据 2018 年 5 月 14 日四川航空 3U8633 航班机组成功处置特情过程的真实事件改编的，讲述了"中国民航英雄机组"成员与 119 名乘客遭遇极端险情，在万米高空直面强风、低温、座舱释压的多重考验，机组完成"史诗级"备降的故事。影片上映引起了社会，特别是关注民航业的年轻人强烈的反响，也得到了外媒的赞誉。英国《每日邮报》详尽地报道了川航飞行员执行紧急迫降的整个过程，为飞行员点赞，称从 32 000 英尺（9.75 千米）的高空执行这些操作非常"不可思议"，将川航飞行员称作"英雄"。

纵观全片，有以下几点我们记忆犹新，值得共同思考。

第一，影片贯穿始终的是面对危险时，民航人的安全意识、使命感和责任感，以及在危险面前，勇敢沉稳、机智多谋和团队精神。民航人血脉中流淌着责任与使命，为了处理险情，保证飞行安全，民航人以精益求精的技术为基础，以一丝不苟的精神为保证，沉着冷静应对危险，以大无畏的气概、坚强的毅力化解重重困难。同时，我们也应该悟出一个道理：安全隐患的存在势必对民航安全造成致命的威胁，消灭各个环节的安全隐患和强化人为因素是重中之重，消灭安全隐患是最好的安全屏障。

第二，影片展现了飞行活动是一个大的系统特征，飞行需要各种保障和服务，需要各个岗位和人员的密切配合，没有保障部门的配合和机组的团队合作与配合，飞行安全无从保证。一个完整的飞行与保障系统涉及驾驶组（机长、第二机长、副驾驶），乘务组（乘务长、乘务员、安全员），保障部门（航管中心、气象、机场应急救援）等。可以想象，一个环节安排出现差错，一个人操作失误，乃至一个细微环节不当，后果就是极其严重的。

第三，在飞机返回和迫降的全过程，充分体现出民航需要特殊的能力与技术，这是民

航发展的保证。英雄机长靠精湛的驾驶技术与丰富的驾驶经验以及协调合作能力，在极其恶劣甚至超越了人类身体极限的环境里，控制住了飞机，最后才使飞机成功安全迫降。

可以说，喜欢民航，热爱民航职业，想投身民航事业，需要从了解民航文化与职业要求开始。

第一节 民 航 文 化

一、民航的属性

民航既是一个国家经济与国防体系的一部分，又是一个联动的协作系统，与其他行业的显著不同在于联动与保障性，比如航空公司的运行离不开机场，飞机的飞行离不开空管和气象，民航安全离不开各项安全保障体系。我国的民航是从军队体系分离出来的独立行业，而且在国民经济体系中扮演着重要的角色，具有特殊的属性。

1. 国家领空安全体系的组成部分

民航是国家战略安全的一部分，涉及领空与国家安全。从宏观层面来看，领空是国家安全的重要组成部分，任何飞行器都必须在严格的监管下，民航飞行也不例外，其飞行的空域、航线必须是指定的，一切飞行活动必须按规则与法规飞行，而非自由飞行，其前提是一切民航的飞行活动必须服从于军事用途的要求，同时，民航是国际化的行业，民航企业的所有活动也必须遵守国际民航组织的法律、公约和技术规范的约定。民航活动必须严谨，需在国防保障前提下进行，而非自由飞行。

2. 严格的法律法规制约

飞行必须是依法、合规、有秩序、可控的和安全的。从运行层面来看，依法就是以民航的相关法律为准绳，合规就是飞行器必须符合适航标准，飞行的主体必须是合法审批的，飞行活动必须符合法规的要求，飞行活动的执行人必须是有资质的；有序是必须按计划、按飞行程序飞行；可控就是任何飞行都必须在空管的监控下进行，飞行器不能离开监控系统（雷达）飞行；安全飞行就是需要对各种可能的安全情况有预案，如备降机场的安排，应急救援处理预案以及对参与飞行活动人员的监督与评估，民航中没有超越法律法规与规范的权力，更不允许随心所欲的行为发生。

3. 服务社会发展与人们需求

民航企业既要追求自身的发展，又要为经济建设和人们出行服务。从服务层面来看，人们的需求和国家发展的需要是民航发展的基础，这就要求民航企业做到经济利益与社会责任统一，服务模式与人们的需要统一，千方百计服务于人们对美好生活的追求，因此，为确保民航安全和持续健康的发展，企业必须遵守经营法律法规，把公共责任、企业利益与旅客利益有机结合。

4. 国家应急体系的重要组成部分

民航便捷、方便，在应对紧急突发事件时，可以快速转运物资和人员，如在地震、疫情、国外撤侨等重大事件中，可以起到其他运输工具不及的作用。

可以说，民航企业是一个准入门槛高，管制严格，运行复杂，且具有一定风险的高端行业，这种特殊性也孕育了独特的民航文化。

二、我国民航文化特点

我国民航事业的建设经历从无到有、由弱到强的七十多年的发展历程，而且是从军队体制逐渐企业化的发展进程，因此，我们的民航文化具有鲜明的特点，更是民航进一步发展的优势所在。

1. 具有高度的责任感与忠诚的国家意识

军队讲忠诚，讲使命，更讲责任。民航一直以传承人民军队的优良作风而建制，军营文化就是民航文化的底色和源泉。从 1950 年 8 月 1 日的"八一开航"至今的 70 年来，民航人始终如一地把责任、担当与忠诚作为第一使命，塑造了民航人的强烈的责任心、坚强的意志、严明的纪律、一丝不苟的优良作风。无论在管理机制上，还是在安全保障体系上，都有军队的血脉的传承，使命、职责高于一切的理念深深地扎根于老民航人的心中，责任、忠诚也成为民航文化的关键文化因素，引领着民航的持续发展，保证了民航的安全飞行。1957 年 10 月 5 日，周恩来总理为民航题词："保证安全第一，改善服务工作，争取飞行正常。"

为了国家和人民的利益，民航人勇于奉献，在需要的时候，民航人义无反顾地冲在前面，如武汉疫情出现后，民航调配了几十架次包机调运抗疫物资、运送医疗人员，派专机去国外接中国公民返乡。图 8-1 所示为抗击武汉疫情的国航货机装载医疗物资。

图8-1 抗击武汉疫情的国航货机装载医疗物资

2. 深植于灵魂的安全第一的运行准则

认识民航，必须充分认识民航的安全问题，因为民航安全大到国家的形象与威望，决定民航企业的生死存亡，关乎旅客的安危。每一次民航飞行安全问题的出现，其原因是复杂的，也许出自一个零部件，也许是一个马虎（人为因素），也许是民航运行系统若干问题的相互叠加，一个小小的失误会酿成大的灾难。民航界的共识就是"民航安全是生命线""保证安全，再有飞行""先有安全，再有服务"，这是民航文化最突出的特点之一，民航安全是保障民航发展的保障线，也是民航永恒的主题。民航整个行业坚持"安全第一，预防为主"的方针毫不动摇，严格管理，在强化安全意识、加强组织领导、健全管理体制、严格规章标准、强化监督检查、开展专项整治、提高人员素质、增加安全投入和落实安全责任制等方面，纷纷采取更加有效的措施，不断提升综合防御能力和水平。针对规范民航安全管理我国有多项法律法规，如《民用航空安全管理规定》于 2018 年 2 月 13 日公布，自 2018 年 3 月 16 日起施行，同时，关于机场、航空公司、空管等分门别类的相关法律法规已经为民航安全提供了坚实的保证。

民航的一切活动都离不开人，离不开具有一定技术的民航人，而民航安全的影响因素中，人为因素是重中之重，这就需要具有民航人的品格与精神，所以，民航企业的文化中的安全理念越强，落实越到位，民航安全保障程度就越高。

3. 系统联动、预防为主的团队自觉意识

民航的系统的联动性是不言而喻的，航空、机场和空管三位一体，它们共同在保证安全的前提下，为旅客、货主提供方便、快捷、舒适的运输服务环境，使其顺利到达目的地。其本质上就是一种服务，宗旨是为社会提供安全舒适的运输服务。系统联动性要求，统一指挥，高度集中，行动规范，需要协作精神；预防就是第一道防护，"第一次把事情做好"，是最好的安全防范与可靠的保障；团队合作意识相互弥补不足，最大限度地防患于未然。

4. 旅客利益至上的服务意识

真情服务是真谛，旅客忠诚是民航企业发展的原动力。对民航业而言，旅客是上帝，是企业利润的源泉，必须尊重旅客，珍惜旅客光顾的机会。只有进一步转变服务观念、健全服务机制、提高服务品质，才能提高旅客的满意度，塑造良好的社会形象，创造旅客的忠诚。

5. 致力于企业的经济性与发展

民航企业是一个营利性组织，没有良好的造血功能，企业就很难持续发展，企业的基本文化需要在安全基础上，扩大市场需求，降低成本，提高效率，要树立竞争意识，创建竞争优势，增加品牌的价值。

第二节　民航企业从业的基本要求

民航职业的发展空间，使得当下年轻人把投身民航业作为重要的选择。然而，做民航人，需要做好充分的准备，只有了解民航职业的基本要求，才能把自己培养成民航所需要的人，开启人生美好的未来。

一、飞行员

1. 飞行员职业介绍

飞行员是从事飞行职业的人员的统称，是航空公司的核心人才，在所有的民航职业中

属于高端职业，承担着飞行器驾驶、完成飞行的任务。在实际工作序列中，经过时间的积累和技术能力积累，飞行员可以按驾驶的资质等级分为教员、机长、副驾驶、实习学员、飞行学员等等级层次。级别不同，承担的责任也不同。

从职业特点看，飞行员是一个集技术、职业情操、协调能力、经验及身体素质为一身的特殊职业，可谓神圣的职业。

由于飞行环境多变性、驾驶技术集成性以及安全飞行的特殊要求，飞行员除了具备民航的理论知识和熟练的飞行技术外，职业态度和职业道德极其重要，主要体现在三个方面——敬业精神、章法观念、飞行作风。敬业精神首当其冲，是成为优秀飞行员的必备条件。就像飞机能够翱翔蓝天，需要借助空气动力和发动机为之提供动力一样，人的行为的动力来源是思想，不同的思想支配着不同的行为。这就要求每一位飞行员从内心热爱自己的飞行事业，有保证安全的责任感、使命感和全心全意为旅客服务的意识，那么他的一切为了安全的行为都会是由衷的、自觉的，这种敬业精神将激励每一位飞行员为飞行安全而努力奋斗。为了提振飞行员的责任意识与使命感，航空公司通常会举行庄严的飞行员宣誓仪式，飞行员们依据中国民用航空局关于民用航空运输飞行员的职责进行了庄严宣誓，这是华夏航空有限公司机长就职誓言——"以良好的职业道德品质，高度的负责精神，强烈的安全意识，牢固的章法观念，熟练的操作技能，精细的工作作风，严谨的组织纪律，切实履行机长职责，以党和国家以及人民生命财产的利益为重，对当班飞行活动负责，对公司负责。"每次机长授衔聘任仪式，新晋机长都会被告知肩上四道杠的特定意义，即专业、知识、技术和责任。

2. 机长/机长教员

1）机长的责任与权力

首先明确机组的概念，按照民航规范，机组由航空器经营人（航空公司）委派的在飞行期间的航空器内担任职务的人员组成。机组通常由飞行组和乘务组组成（包括乘务员和安全员），去完成当值航班的飞行任务。飞行组负责完成安全飞行任务，乘务组则要在保障客舱安全的前提下，做好旅客安全与服务工作。

从资质角度看，飞行组必须由依据中国民用航空规章取得航线运输驾驶员执照并持有执照的飞行员担任，其主要任务是驾驶舱工作，负责控制飞机运行。在飞行组中，机长是第一责任人，承担特殊责任，具有最高的法律地位和至高无上的权力，要对航空器和旅客的安全负直接的也是最终的责任，也就是说飞行过程中，机上机组成员必须听从机长的指挥，机长有对机组人员与旅客发布严格命令的权力，同时，机长有为安全地完成飞行任务而采取一切必要措施的权力。为了保障飞行器和旅客的安全，未经机长允许，机组人员不得擅自离开民用航空器；机长应当最后离开民用航空器。

民航早期飞行组包括四个位置，即机长、副驾驶、领航员和随机机械师，其中除机长只能一人外，其他位置都可以有多名成员。后随着飞行器智能水平的提高和机场与飞行保障条件的完善，领航员和随机机械师都被取消，而副驾驶位置至少一人，但可能是航线的需要还有一名或多名低级别飞行员跟机见习，也可能有一名高级别飞行员（机长教员）在机组后方观察，对机组进行考核。在《中国机长》电影中飞行组的配备是：机组的第一机长刘传健、第二机长梁鹏和年轻的"90后"副驾驶徐瑞辰。

另外，飞行员的级别可以从肩上的杠的数量看出，机长的肩上是四道杠。

机长应当由具有独立驾驶该型号民用航空器的技术和经验的驾驶员担任。机长是当班飞行的责任人，对当班飞行活动负责。机长承担着重要的责任，我国民用航空局制定了《民用航空运输机长职责》（2011年1月6日印发），其中对机长的责任做了明确的12条规定。

（1）民用航空运输机长（以下简称"机长"）是依据中国民用航空规章取得航线运输驾驶员执照，并被航空运输企业聘为机长的飞行员。机长应当具有良好的职业道德品质、高度的负责精神、强烈的安全意识、牢固的章法观念、熟练的操作技能、精细的工作作风、严谨的组织纪律以及健康的体魄。

（2）机长是当班飞机的负责人，对当班飞行活动负责。

（3）机长对当班机组负有管理责任，在其职权范围内发布的命令，民用航空器所载人员都应当执行。

（4）民用航空器的操作由机长负责，机长应当严格履行职责。

（5）机长应当模范遵守并督促机组人员执行法律、法规、规章和标准，以及被批准或加入的国际公约。

（6）飞行前，机长应当对民用航空器实施必要的检查；未经检查，不得起飞。飞行中，遇特殊情况时，为保证民用航空器及其所载人员和财产的安全，机长有权对民用航空器做出处置。在各个运行阶段和紧急情况中，机长应当严格遵守检查单，并确保遵守运行手册中的操作程序。

（7）机长发现机组人员不适宜执行飞行任务的，为保证飞行安全，有权提出调整。机长发现民用航空器、机场气象条件等不符合规定，不能保证飞行安全的，有权拒绝起飞。

（8）飞行中，对于任何破坏民用航空器、扰乱民用航空器内秩序、危害民用航空器所载人员或者财产安全以及其他危及飞行安全的行为，在保证安全的前提下，机长有权采取必要的适当措施。

（9）在飞行结束后，机长应当负责将所有已知或怀疑的航空器故障向经营人报告。

（10）机长应当对飞行机组成员名单、机组成员的职责分配、离场和到达地点、离场和到达时间、飞行小时、飞行性质、负责人签名等各项内容的飞行记录负责。

（11）机长在民用航空器遇险时，有权采取一切必要措施，并指挥机组人员和航空器上其他人员采取应急措施。在必须撤离遇险民用航空器的紧急情况下，首先组织旅客安全离开民用航空器；未经机长允许或旅客未完全撤离民用航空器的情况下，机组成员不得擅自离开民用航空器；机长应当最后离开民用航空器。

（12）机长在民用航空器发生事故或严重不安全事件后，应当以现有和最迅速的方法，如实将情况及时报告有关部门。

2）成为机长的条件

要成为商业航空航线机长，需要在获得商业执照的基础上，有飞行时间的积累和技术的提升，根据民航规章《大型飞机公共航空运输承运人运行合格审定规则》（CCAR-121部）的规定，进入运输航空公司的基本条件是持有私照、商照（飞机类别、多发等级和仪表等级）（飞行技术专业毕业或相当于飞行技术专业），并根据所在航空公司的经批准的训练大纲，完成新雇员训练、初始训练（改装训练）后方可担任该型别飞机的副驾驶参加运行，飞行经历积累满足规章要求即可向民航局申请换发航线执照，之后通过参加升级训练才有可能达到担任机长的运行资质。

由一名飞行学员成为一名机长，需要一个比较漫长的学习、训练与考核等历练的过程，其过程很复杂，简单描述为：在完成飞行学员—模拟机的改装—实习学员—飞副驾驶，再经过放飞考核才能成为机长。而机长又分为机长、教员、检查员等。图 8-2 所示为中国民航局的飞行员执照。

图8-2　中国民航局的飞行员执照

从飞行学员到成为一名飞行员，需要经历飞行学习与训练→飞行员私照→飞行员商照→仪表签注→教官执照（选考）→航线运输飞行员执照（民航航空公司就业必考）→机型改装，这样进入航空公司的飞行员序列，即普通的飞行员，开始航空公司的飞行员生涯。如果是通过国外飞行训练学校训练的，需要通过民航局的换照考试。

接下来，要经历从航空公司的飞行员到机长的过程。飞行员的成长经历大致可分为九个阶段：观察员（SS）、全程右座（FR）、第一阶段副驾驶（F1）、第二阶段副驾驶（F2）、第三阶段副驾驶（F3）、第四阶段副驾驶（F4）、左座副驾驶（FL）、机长（C）和飞行教员（I）。

每一个阶段都需要按训练章程完成训练内容，并通过考核。飞行员是经过长期的培养训练逐渐培养起来的，没有捷径，只有飞行经历积累、飞行技术历练和意志品质的历练。飞行员每年都要参加必不可少的复训，最快也要七八年，甚至更长的时间才能成为一名真正意义上的机长。

由于特殊性，不是所有的飞行学员都有机会走完飞行员的发展经历，部分飞行学员会在某个阶段由于某种原因被淘汰。飞行员培养过程的淘汰率是保证飞行员队伍质量的重要措施，民航局对飞行员培养过程有明确的要求，一般掌握在 15%左右。由于涉及航空公司培训过程中的多个环节，刨除所有相关环节的人力、物力、模拟机损耗等因素，一名机长的培养成本一般在 300 万～500 万元。

3. 成为飞行学员的条件

一般而言，成为飞行学员有两个途径，其一是考取设置"飞行技术"专业的本科高等学校进行养成培养（俗称）（注：成为公共运输客机的机长需要具备本科以上学历，专科学历的只能成为通用航空飞行员），或通过"大改驾"或"毕改驾"的方式，进入飞行学习与训练序列。"大改驾"或"毕改驾"的招生一般由航空公司招生培养训练，录取后与所招航空公司签订合同;"养成生"是设置飞行技术专业的高校受航空公司委托进行计划内招生、培养,毕业后赴受托航空公司工作。以上两种培养模式如无特殊情况,招生单位(航空公司或高校)基本都承担学员所有的培训费用,这个数字往往以数十万计,当然,也有自费培养训练的模式存在。

从素质看,民航飞行员应对飞行事业有较强的兴趣和愿望;心胸宽广,性格开朗;大胆果断,意志坚强;情绪稳定,控制力强;理解、记忆等智力水平较高;思维敏捷,反应灵活,四肢协调,方位判断准,模仿能力强。应聘或报考时要经过严格的体检、心理测验以及政审。

根据各招生学校、航空公司的招生要求,"养成生"飞行学员的招生条件如下。

1)招生对象

在有招生计划的地区,凡能够参加当年全国普通高校统一考试(秋季)的男生均可报考(根据委培单位需要部分地区招女生),英语语种,文理兼招,年龄在 16~20 岁(一般按当年 8 月 31 日计),未婚,要求具有较好的英语听说基础,各科成绩均在良好以上。

2)报名基本条件

政治思想素质:符合全国普通高等学校统一招生报考条件,热爱祖国,热爱人民,拥护党的路线、方针、政策,遵守国家宪法和法律,热爱民航事业,热爱飞行工作;具有高度的责任心、良好的工作态度、服务社会的意识以及团结协作的精神;具有良好的道德修养、品行端正、遵纪守法,无不良行为记录,符合民用航空背景调查要求。

身体自荐标准:五官端正,身心健康,生理功能正常,无传染病史和精神病家族史,无久治不愈的皮肤病;身高 165(含)~185 厘米(含),体质指数 BMI 18.5(含)~24(含),无 O、X 型腿;双眼没有经过任何手术,任何一眼裸眼视力低于 C 字表 0.1,矫正视力低于 1.0(以各航空公司公布的要求为准);无色盲、色弱、斜视,无较重的沙眼或倒睫;无龋齿、明显四环素牙及两颗以上的断、缺牙;会普通话,口齿清楚,听力正常;具有敏捷的反应能力和身体协调能力,符合招飞体检鉴定医学标准。

3)录取方式

考生首先应经过报名推荐后通过预选初检,然后进行体检鉴定以及民用航空背景调查。体检鉴定按照中国民航局颁布的《民用航空招收飞行学生体格检查鉴定标准》执行,民用航空背景调查按照中国民航局颁布的《民用航空背景调查规定》执行。以上过程均合格者方能在全国普通高等院校招生统一考试填报志愿时报考本专业,并且要求按提前录取批次第一志愿填报。

录取时按当年教育部和民航局确定录取标准执行(通常限制英语小分成绩),根据考生高考文化成绩(不包括政策性加分),按照分数优先的原则从高分到低分顺序录取。新生入学后,学校在三个月内按《民用航空招收飞行学生体格检查鉴定标准》进行入校复查,复查合格者可注册取得学籍,不合格者将按学校有关规定处理。

二、客舱乘务员/空保

1. 乘务员/空保简介

乘务员（女性简称空姐，男性简称空少）是根据空中服务程序、规范以及客舱安全管理规则在飞机客舱内为旅客服务和履行安全管理任务的空勤人员。

空保（客舱安全保卫人员的简称）的职责是保卫机上人员与飞机的安全，处置机上非法干扰及扰乱性事件，航空安全员必须在机长的领导下进行工作。在具体工作中，其责任是在乘客登机前和离机后对客舱进行检查，防止无关人员和不明物品在客舱内；制止与执行航班任务无关的人员进入驾驶舱；在飞行中对收到威胁的航空器进行搜查，妥善处置发现的爆炸物、燃烧物和其他可疑物品；处置劫机、炸机及其他非法干扰事件。

航空安全员是航空公司职工，一般由男性担任，也有些航空公司招聘女性安全员。目前，部分安全员还要承担客舱服务工作（即安兼乘，安全员同时完成乘务员的工作），但从趋势上看，安兼乘所占的比例在逐渐减少。由于职责的性质，安全员的身体素质和体能要求极高，上岗前通常在武警部队进行擒拿格斗、危险品处置、劫机谈判等专门训练。

最早的空姐出现在 1930 年，一位名叫埃伦·切奇（Ellen Church）的 25 岁护士被美国联合航空聘用在飞机上照顾乘客。图 8-3 所示为世界第一名"空姐"——埃伦·切奇。

中华人民共和国成立后招收第一批空姐是在 1955 年下半年，考虑到民航乘务员的工作性质，此次招收空乘一律由各学校推荐品学兼优的应届初中女毕业生，而不是面向社会公开招考。

最终，经过层层筛选，选定了 16 名北京中学生和 2 名转业军人。她们组成了第一代"空姐"，也被称为"空中十八姐妹"，开创了我国民航服务的新时代，奠定了今天民航客舱服务的基础。图 8-4 所示为第一代"空姐"——"空中十八姐妹"。

图8-3　世界第一名"空姐"——埃伦·切奇　　　图8-4　第一代"空姐"——"空中十八姐妹"

在很长的一段时期内，空服员主要是女性，但近些年来，越来越多的男性加入空服员的行列，这有利于航空公司进一步提高服务效率，降低服务成本，丰富服务层次，进而提升整体服务质量。由于空乘对女性的外表很重视，所以外貌美丽与气质高雅成为招聘选择的条件之一，当然，内在素质修养和教育水平更是不可或缺的考量标准。

空姐在入职前，需先接受航空公司的严格训练和考核，合格后才可正式上岗成为一名见习乘务员。岗前训练包括航空公司文化、服务理念、英语、仪态、化妆、机型、机上设备与操作、飞机安全、大撤及急救等，以确保在服务和意外情况发生时，能够具备很强的应变能力。

空姐的职业生涯可分为以下几个阶段：普通舱乘务员、两舱乘务员、区域乘务长、乘务长、主任乘务长。一般学员在完成相应的业务培训后，经过带飞可担当普通舱乘务员。随着飞行小时数的增加，个人资历的提升，通过相应的考核，可提升为两舱/头等舱乘务员。头等舱乘务员考核期满后，可担当区域乘务长，成绩优秀的区域乘务长经过考评委员会严格的考评后，可担当主任乘务长，并可以独立带班执行国际航班以及首长专机任务。

2. 乘务员的职业发展

1）普通乘务员

普通乘务员一般是经过航空公司的招聘程序，按招聘标准进行选拔（包括面试、体检、政审）后进入培训序列成为培训学员，按乘务员培训大纲要求，经过初始乘务员培训并合格后，进入公司的客舱部，再按初始新雇员带飞检查程序，完成特定机型的初始训练航线带飞与检查，合格后成为新乘务员。

为了保证每一名受训的客舱乘务员能更好地胜任其相应的岗位，培训的理论内容除了进行企业文化教育、礼仪及形象设计的要求外，主要包括在正常及紧急情况下正确使用所执机型的各种设备与设施；掌握正常与紧急情况下的标准处置程序，熟知机组成员的责任及任务，具备正常及情急情况下机组成员相互协调能力，胜任客舱安全管理及客舱服务能力。专业的实训均在模拟舱进行，理论联系实际，完成乘务员岗位技能训练（客舱/厨房）、客舱设备使用训练、乘务员技能训练、客舱安全设备及紧急处置程序训练、客舱服务场景模拟、客舱资源管理训练等内容。

2）两舱乘务员

两舱即头等舱和公务舱，是差异化服务的体现。由于两舱的票价不同，服务的规范与要求也有明显的差异，其享受的服务比经济舱更优质，因此，两舱乘务员需要具备良好的素质与服务能力。普通乘务员可以通过飞行时间的积累，并参加升舱考核后成为两舱乘务员。普通乘务员经过考核后可以成为两舱乘务员。

3）区域乘务长

区域乘务长主要负责一定区域的服务管理责任，如头等舱乘务长、公务舱乘务长和经济舱乘务长。区域乘务长一般设置在大型客机上，在主任乘务长领导下开展工作，两舱乘务员通过考核成为区域乘务长。

4）乘务长/主任乘务长

乘务长或主任乘务长是乘务组负责人，组织领导客舱服务工作，在机长的领导下，按客舱服务规范，组织乘务组开展客舱服务工作，检查与监督服务质量，解决服务中出现的问题，负责在紧急情况下，按机长的指令指挥乘务组行动和疏散旅客。

3. 空乘/空保的招聘标准与程序

成为空乘与空保，首先要符合各个航空公司的招聘条件，报名参加各个航空公司组织的招聘面试，经过考核面试合格（经过初试、复试、终审）、政审、体检、培训合格等环节后，与航空公司签约。

应聘考核公司的空姐/空保，应聘者不受所学专业限制，只要符合应聘条件即有机会参与选聘，当然，如果有机会进入高校的"航空服务与艺术"专业或其他空中乘务专业的学习，由于接受系统的专业学习与严格的训练，在应聘时会具有优势。目前，全国有众多本科、专科院校招收空中乘务专业的学生。

以下是某航空公司招聘乘务员的标准与招聘程序。

1）招聘标准

（1）年龄。

① 大专（含）以上学历：18～25 周岁（含）。

② 研究生（含）以上学历：18～28 周岁（含）。

③ 成熟乘务员：18～30 周岁（含），且累计飞行须满 1200 小时。

（2）身高。

① 女：163～173 厘米。

② 男：173～185 厘米。

（3）体重（kg）。

① 女：[身高（cm）-110]×90%～[身高（cm）-110]

② 男：[身高（cm）-105]×90%～[身高（cm）-105]

（4）视力（C 字表视力标准）。

① 女：矫正视力 0.5 以上。

② 男：裸眼视力 0.7 以上。

（5）素质条件。

① 学历。

国内院校应聘者：普通全日制大学专科（含）以上学历的 2020 年应届及往届毕业生，专业不限；对于综合条件优秀的成人教育应聘者可适当放开，须提供《教育部学历证书电子注册备案表》。

国外院校应聘者：须提供教育部留学服务中心的国外学历学位认证书，专业不限。

② 具有良好的英语口语水平。

③ 普通话发音标准，口齿清晰，表达流利。

④ 五官端正、身材匀称、动作协调、形象气质佳。

⑤ 具有乘务飞行经历、医护经验或持有小语种相应等级证书的应聘者，可在同等条件下优先录用。

（6）其他。

① 拥有中华人民共和国公民身份。

② 本人及家庭成员无犯罪记录，符合空勤人员背景调查相关要求。

③ 男性须取得乘务员、安全员双执照。

④ 符合空勤人员体检相关要求。

2）招聘流程

网上报名—资质审核—邮件/短信通知面试—面试—体检—政审—培训—签约。

三、机务维修人员

机务维修人员是指在地面担任航空器机体、发动机及通信电子设备维护工作的人员，民航法上称之为"地面机械员"，属于民航运行的保障单位。民航机务维修是一项十分专业、技术性强，且责任重大的工作，其工作目标是保障航空器飞行安全，机械原因飞行事故万时率控制在 0.1 以下，飞机完好率始终保持在 80% 以上。

机务维修人员与技术水平关系民航的安全与发展，而且随着我国民航的高速发展需求量越来越大，根据波音公司（Boeing Co.）的航空专业人员评估预测报告，到 2025 年，我国的各类机务人员的需求最大，需求量将达到 96 400 人。由于专业的特殊性，转正后航空维修人员年收入福利待遇要明显高于其他机械行业，职业生涯发展比较顺畅，也是航空企业重点保护的技术人才。图 8-5 所示为机务维修人员的工作现场，图 8-6 所示为场内维修发动机维修现场。

图8-5　机务维修人员的工作现场　　　　图8-6　场内维修发动机维修现场

目前，我国机务维修人才主要来源于与机务维修相关的高校专业及获得民航局授权的 147 部单位（维修人员培训机构）。一个具有一定专业教育水平进入机务维修部门（航空公司或专业的机务维修机构）的人，一般来说，先从勤务做起到机械员，然后考取基础执照，再考取机型的机型执照，之后获得该机型的放行权。维修人员执照包括基础部分和机型部分。维修人员执照基础部分可以在没有机型签署的情况下颁发。申请维修人员执照机型部分的申请人应当首先取得维修人员执照基础部分。

航空公司机务维修人员大部分招考大学机械、电机、电子、航空等工科类毕业或高工以上毕业的学生。新进人员在公司服务 2～4 年后，会要求参加民航局所设的地面机械员考试，才能从事适航签证工作，而通过考试，取得执照也是机务维修人员升迁、考核、加薪的一个重要依据。机务维修是一项专业、高技术性的工作，它不仅需要懂得机械、电子方面的常识，更需要了解飞机构造、航空通信等更专业的知识，并且肩负保障整架飞机安全的任务，要求飞机达到"零事故"的状况，所以机务维修首先重在训练，不但新进人员要训练，现职人员也要每年接受在职训练或专业训练，培训安排是严格按照民航局相关法规执行的。

每年，各航空公司、机场或专门飞机维修公司都会面向社会和高校现招聘应往届毕业生进入维修行列。由于不同的招聘单位的性质不同，招聘条件也有差异，但基本条件是基本一致的，归纳起来有以下几个方面要求。

第一，全日制专科以上学历的，除机务维修专业外，招聘机械、电子信息工程、通信工程、自动化材料等专业毕业生。

第二，大专需取得英语四级证书，有些要求英语 B 级，这是强行要求。

第三，学习成绩，通常对绩点有要求。

第四，身体健康状况，满足机务维修人员入职体检要求，能够正常履行岗位职责。

四、空管人员

像汽车行驶必须遵守交通规则，要接受警察和红绿灯的指挥一样，飞机在天上飞行也要遵守交通规则，也要受到专门机构的指挥与调度，这就是空中交通管制，而完成这项工作的人员就是空管人员。

空管人员（空中交通管理人员的简称）是利用通信、导航技术和监控手段对飞机飞行活动进行监视和控制，保证飞行安全和有秩序飞行。在飞行航线的空域划分不同的管理空域，包括航路、飞行情报管理区、进近管理区、塔台管理区、等待空域管理区等，并按管理区不同使用不同的雷达设备。在管理空域内进行间隔划分，飞机间的水平和垂直方向间隔构成空中交通管理的基础。由导航设备、雷达系统、二次雷达、通信设备、地面控制中心组成空中交通管理系统，完成监视、识别、导引覆盖区域内的飞机的活动。图 8-7 所示为空管塔台工作室。

图8-7　空管塔台工作室

除了保障空中交通安全以外，空中交通管制部门还担负着协调各部门对空域的使用、为国土防空系统提供空口目标识别情报、预报外来航空器入侵和本国飞机擅自飞入禁区或非法飞越国界等多项任务。

目前，我国民航招收空管人员主要有三种模式，一是直接从相关院校招收交通运输（空管）专业的学生；二是学校相关专业的学生通过空管资质培训（俗称+800 小时），参加"民航空管专业人员执照管理系统"考核合格获取"民用航空空中交通管制员执照"；

三是空管部门招收社会其他专业的应届毕业生，再由单位送到相关院校参加为期一年的空管专业培训，这种模式称为 4+1 或 3+1。

管制员执照类别包括机场管制、进近管制、区域管制、进近雷达管制、精密进近雷达管制、区域雷达管制、飞行服务和运行监控八类。

五、签派人员

签派是指负责组织、安排、保障航空公司航空器的飞行与运行管理的工作。《中国民用航空飞行规则》规定飞行签派工作的任务是：根据航空公司的运行计划，合理地组织航空器的飞行并进行运行管理，争取航班正常，提高服务质量和经济效益。航空公司签派室由助理飞行签派员、飞行签派员和主任飞行签派员组成。签派是民航安全的幕后的无名英雄，始终在默默地保护着航班的安全，是飞机飞行信息的守护者，有人把签派员比喻成不把杆的飞行员，除了制订飞行计划与签署飞行放行单外，还要对航班进行全程监控。

签派员属于航空公司的人员编制，是一个航空公司不可或缺的人员。他们的主要工作是搜集飞行信息，制订并申请飞行计划，与机长共同放行每个航班，属于非常重要的工种，可以根据情况推迟、调配甚至取消航班。每一个航班都需要签派员签字放行，还要提供给飞行机组相应的飞行计划（FPL）、天气实况（METAR）和预报（TAF）、航行通报（NOTAM），并对其正确性对放行的航班负责。

与空管类似，目前我国民航招收签派员也主要有三种模式：一是直接从相关院校招收交通运输（签派）专业的学生；二是学校相关专业的学生通过签派资质培训（俗称 800 小时），参加"民航签派专业人员执照管理系统"考核，合格后获取民用航空签派员执照；三是航空公司招收社会其他专业的应届毕业生，再由单位送到相关院校参加为期一年的签派员专业培训。这种模式称为 4+1 或 3+1。

招收签派员的条件比较宽松，一般满足下列条件即可参加签派 800 小时培训。

（1）参加飞行签派员执照理论考试的人员应当年满 21 周岁。

（2）参加飞行签派员执照实践考试的人员应当通过"民用航空飞行签派员执照管理规则"规定的理论考试，并满足规定的经历要求。

（3）获得飞行签派员执照资格一般应当符合下列要求。

① 年满 23 周岁。

② 一般具有全日制大学专科（含）以上学历。

③ 持有大学英语四级或以上证书，口语表达能力良好。

④ 能够读、说、写并且理解汉语。

⑤ 通过了"民用航空飞行签派员执照管理规则"规定的实践考试。

六、地勤服务

民航的地勤是相对于空勤而言的，地勤服务人员从广义角度讲主要由机场与航空公司两部分人员组成，如航空管理部门、旅客业务部门、航空货运部门等；从狭义的角度看，民航地勤服务是指航空公司、机场等相关机构为旅客提供的各种服务，如 VIP 要客服务、售票、CIP 服务、中转、值机、安检、行李运输、问询、引导等服务。

1. 贵宾服务

贵宾服务包括宽泛的范围，可以分为三类：一种是 VVIP、VIP 和 CIP，VVIP 是服务于国家级重要客人；VIP 次之，服务于国家级一般客人；而 CIP 更为经济、实用，服务于公司的重要客人。目前，在国内外几乎所有的机场均设置贵宾服务厅，其业务主要是为中外贵宾等政务要客、中高端商务的商务贵宾抵离机场提供接待服务。图 8-8 所示为国外某机场豪华的要客室。图 8-9 所示为国内某贵宾服务室。

图8-8　国外某机场豪华的要客室　　　　图8-9　南方航空公司在国内某机场
　　　　　　　　　　　　　　　　　　　　　　　　设置的贵宾服务室

贵宾服务也同属于民航服务的范畴，但由于服务品质关系到国家的国际形象，关系到航空公司的客户关系，也是航空公司竞争力的体现，因此，对贵宾服务高位从业人员要求是比较严格的。

要客服务人员通常面向社会和高校民航服务类专业的学生公开招聘，并通过系统的培训、考核合格才能上岗，当然，许多要客室的服务人员由优秀的空乘人员转岗而来。

要客服务人员的招聘条件一般有以下几个。

（1）诚实，正派，品行端正，有较强的安全保密意识和高度的工作责任感，无不良嗜好，无不良行为记录，无违法犯罪记录，特别是对政治素质要求高。

（2）做事认真，思维敏捷，遇事能灵活应变，有较好的团队意识和服务意识。

（3）18～23 岁，身高 165 厘米以上，大专学历，体貌端正，普通话标准，具有良好的中、英文口头表达能力，性格开朗，为人诚恳，工作主动热情能吃苦。双眼裸视均在 0.8 以上，无色盲、色弱，身体体检符合地勤人员的健康标准。

（4）受过以下专业培训者优先考虑：受过专业英语培训者，受过国际标准服务礼仪培训者（含服务意识，服务技巧，服务沟通），受过民航服务专业知识培训者（含紧急状态培训）。

2. 安全检查服务

机场安全检查是民航安全的一道至关重要的屏障，是机场的重要部门，岗位的重要性是不言而喻的。其工作包括对乘坐民用航空器的旅客及其行李，进入候机隔离区的其他人员及其物品以及空运货物、邮件的安全技术检查；对候机隔离区内的人员、物品进行安全监控；对执行飞行任务的民用航空器实施监护。

作为乘机出行离港的每一位乘客，在值机后必须接受人身和行李检查，这也是为了保证旅客自身安全和民用航空器在空中飞行安全所采取的一项必要措施，是法律赋予安检人员的权力与责任。为了确保安全，一些机场可能要求旅客的皮带、鞋子、照相机、移动电话、随身携带的玩具等接受检查，如发现可疑物品时采用开箱（包）检查的方式，必要时也可以随时抽查，乘客有责任及义务配合安检部门的检查。民航和公安部门明确规定了禁止携带的物品和安检的具体规定，如禁止打火机、火柴、锂电池、充电宝、不能携带但可以托运的物品、严禁携带和托运的物品、限制携带的液态物品等。

对违反《中华人民共和国民用航空安全保卫条例》规定，携带《民航旅客禁止随身携带或者托运的物品》所列物品的及违法行为者，安检部门应当及时交由民航公安机关处理，如有下列情形之一者：① 携带枪支、弹药、管制工具及其仿制品进入安检现场的；② 强行进入候机隔离区不听劝阻的；③ 伪造、冒用、涂改身份证件乘机的；④ 隐匿携带危险品、违禁品企图通过安全检查的；⑤ 在托运货物时伪报品名、弄虚作假或夹带危险物品的；⑥ 其他威胁航空安全的行为。

民航安全的特殊性决定了从事安检工作的人员必须经过专业培训，并获得民航安全员检查证书，必须持证上岗，安检证全国通用。

安检员资格证书可以通过相应高校专业学习同时考取（如民航局所属院校），也可以在机场安检员招聘后，由机场安检部门组织培训，参加民航局相应的考试取得安检员五级职业资格证书后，根据民航局相关申报条件，逐步考取民航安检四级、三级、技师资格证书，并经过选拔、聘任晋升至中级安检员、高级安检员、安检技师。

安检员招聘条件一般包括以下几项：① 学历：中职/高职同等以上学历；② 年龄：18～25 周岁；③ 身高：女 162 厘米以上；男 172 厘米以上；④ 其他：品德好，心理好，举止端，五官正，肤色好，身材匀，无明显疤痕，色嗅觉正常，双眼裸视不低于5.0，无传染病，无遗传病史，无犯罪记录，无色盲、色弱，无口吃，无纹身，等等。

3. 值机（CHECKIN）柜台服务

值机就是为旅客办理乘机手续，分为柜台值机和非柜台值机（自助值机）。在候机楼的值机柜台办理值机手续是常规值机方式，旅客到了机场后直接去机票所属航空公司的值机柜台办理值机手续，寻找自己的航班号对应的柜台去办理手续。图 8-10 所示为北京大兴国际机场人工值机柜台。

机场值机人员主要岗位职责是负责地面旅客运输的国内值机保障，为旅客办理登机牌、行李托运、收取逾重行李费等，并回答旅客值机询问及对服务做解释，为出港航班的正常运行提供有效保障。

值机是技术性与服务沟通相结合的岗位，也是最基本的民航服务窗口，几乎涉及每个出行的乘客。上岗人员需要具备良好的服务形象，亲和、热情、耐心和积极主动的服务意识，熟练掌握值机的规范与操作程序，严格按照地面服务手册要求接收特殊旅客、特殊行李，妥善处理各类不正常或突发事件。

图8-10　北京大兴国际机场人工值机柜台

4. 其他岗位

在围绕乘客出入港服务过程中，有些岗位面对乘客，也有许多岗位是鲜为人知的，如机场的安全保卫、联检、中转、行李运输、乘客引领、咨询服务等，均是民航运输中不可或缺的岗位。当然，如果将地勤服务拓展到广义的范畴，那么覆盖的范围更广，这里就不赘述了。

思 考 题

1. 理解民航企业文化与民航发展的关系。
2. 从民航主要岗位与对从业者的要求中体会民航的特殊性。

复 习 题

1. 简述民航的特点及民航文化的特殊性。
2. 简述民航主要岗位内容与特点。
3. 简述民航主要岗位从业人员的职业发展与从业要求。

第九章

民航法律基础知识

本章学习目的

民航活动跨越国境,建立了国际往来的桥梁。民航运行的要素包括了不同部门和利益群体,另外,民航运行受制于各种因素,因此,民航系统庞大,各种关系错综复杂,而要使这个系统良好地运行,造福于人类,为其运行保驾护航的不仅是道德、规范所能涵盖的,更需要在法律层面做出规制。从民航的早期发展开始,法律就如影随行,一方面,民航的发展需要法律去规制民航运行中的各种关系与行为规范,避免各种利益冲突;另一方面,民航法律的建立与健全为民航持续发展奠定了基础,提供了坚实的保障。可以说,对于民航的运行,无论是国际合作、民航体系架构等宏观层面,还是机场运行、航空公司运行等微观环节,处处都在民航法律法规的范畴内,不允许或严禁出现违法违规的行为。以民用航空活动为调整对象的民航法律将不断完善和进步,在未来的民航发展中,将发挥越来越重要的作用。

本章的学习目的包括以下内容。

1. 通过对民航法律发展的了解,理解民航法律对民航发展的重要性;

2. 结合民航体系的运行,理解民航法律的功能;

3. 通过了解民航国际公约和我国民航法律体系,提高民航法律意识。

 导读

启发与切记——航空法规是用鲜血和生命换来的

民航的特殊性不言而喻,方方面面关系到民航的命脉——安全。民航早期是在探索中进行的,很多人为此付出生命的代价,即使时至今日,我们还能发现很多未知的因素,影响着民航的安全,因此,民航安全的神经一直是紧绷着的。

翻开世界航空史的章程,一幕幕都是辉煌与突破,当然,也有一幕幕令人记忆犹新的教训。从最早的载人气球到奥地利人的热气球空袭,天空这片广阔的区域被逐渐利用起来,但人们也意识到人类航空的应用需要法规来约束和管理才能得到真正安全和合理有效的利用;第二次世界大战中已经将航空器利用到战争领域,使得战争不断,破坏了世界和平,因此有了《芝加哥公约》《华沙公约》《东京公约》《海牙公约》等一系列公约和附件的制定;而《巴黎公约》的诞生对航空器和空域、领空、航空犯罪等各领域做了全方位的规定,具有民用性、平时性、国际性、综合性的特点。法律与实践并行,法律规范行为。民航法律是在航空业的不断发展和运用中得出的,各国人民付出了血汗和智慧,才总结出周全和人性化的规定。民航违规或缺乏法律规范的运行导致多起惨痛的民航事故发生,新近一起乌克兰客机被伊朗导弹击落的事件,使人们对和平飞行仍然抱有疑虑。民航法律与遵守,仍任重道远。

第一节 民航法律的含义及其调整对象和特征

一、民航法律的含义

民航法律是在规范各种民用航空活动中所产生的各种社会关系的法律规范。自古以来，人类就梦想飞行，但只有在人类基本征服空气空间基础上，民航法律才在 20 世纪初开始初步成型。

法是由一定社会物质生活条件决定的。按照马克思主义法律理论，法律是社会的组成部分，也是社会关系的反映；社会关系的核心是经济关系，经济关系的中心是生产关系；生产关系是由生产力决定的，而生产力则是不断发展变化的；生产力的不断发展最终导致包括法律在内的整个社会的发展变化。随着飞机的发明和航空科学技术的发展，人类凭借飞行工具可以自由遨游蓝天，这使人类能够广泛地利用航空发展各种生产关系，民航法律也才逐渐成为一门新兴法律学科。

二、民航法律的调整对象

民航法律的调整对象主要指民用航空活动所产生的各种社会关系，同时应协调民用航空与非民用航空，特别是与军用航空的关系。其中，民用航空指除军用航空和公务航空以外的一切航空活动。军用航空指军事部门使用航空器为军事目的进行的航空活动。公务航空指国家机关使用航空器为执行公务而进行的航空活动，例如，海关缉私、公安机关巡逻、追捕逃犯等使用航空器进行的航空活动。

民航法律调整民用航空活动产生的社会关系，其范围是十分广泛的。凡与航空器、航空器的正常状态、航空器的操作、航空器所有权及其正常转移、机场、信标、商业航空运输及其国际通航、可能造成的损害责任、保险等有关的问题，都在民航法律的范围之列，并受民航法律的约束，内容极其丰富。概括起来主要有以下几个方面。

1. 纵向关系

纵向关系是指民航主管机构与民航经营部门之间或上下级主管机构之间的领导与被领导的关系。国家民航主管机构根据社会对民航消费的需求和预测，确定旅游业发展的规模和重点发展的方向，并在此基础上制订发展民航业的方针和措施。

2. 横向关系

横向关系是指平等主体之间的关系，即民航企业之间的相互关系以及民航企业与消费者之间的关系。

3. 民用航空与非民用航空的协调关系

民航法不仅要调整好民用航空活动产生的社会关系，而且要调整与民用航空相关的其他活动，协调好它们之间的关系。

4. 具有涉外因素的关系

民航法律的国际性反映在国内法上，决定了国内航空法是一种涉外性很强的法律，因此，民航法律也调整大量具有涉外因素的社会关系，如国家民航主管机构对外国民航公司在中国境内投资经营所形成的关系、国内民航公司与外国民航公司之间的关系以及国内消费者和国外消费者乘坐国际航班和国内航班所形成的各种关系等。

三、民航法律的特征

1. 民航法律的国际性

民用航空所具有的国际性决定了民航法律具有国际性，因为航空运输的快速和长距离决定了航空运输从产生之日起就具有很强的国际性，所以民航法律从产生之日起也较其他法律具有更大的国际性。

航空活动的国际性主要由航空技术自身的特性、航空运输的特点和航空活动自身发展的需要决定。

首先，航空运输中介——空气空间的无边界性决定了航空活动具有国际性。航空运输的中介与海运和其他运输方式的中介不同。由于地理、种族以及政治上的原因，海运等运输方式的中介是在人为地划定边界的不同的国度里；而航空运输的中介是空气空间，空气空间是围绕地球的一个立体存在，并无有形的边界可言，不受高山峻岭所阻，不被江湖海洋所隔，航空器的起飞和降落就是一种界限。如果不用国际统一的法律规则，而适用各国千差万别的国内法，航空活动势必寸步难行，进而干扰、阻碍航空活动的发展。

其次，人类开展航空活动的目的是进行国际航空运输。对那些小国而言，航空器一起飞，就往往飞出了国界，使用高成本的航空器进行运输的意义不大。因此，航空在国家之间架起"空中桥梁"，国家之间的往来，有赖于它的发展。

再次，航空活动所使用的工具——飞机具有速度快的特性和优势，这决定了航空活动具有国际性。航空器是一种高速交通工具，飞行的距离越远，越能发挥它的优势，取得最佳效益，而无论大国，还是小国，民航用于国际航行是支撑民航发展的重要途径，因此，航空活动从一开始就具有国际性。一个最明显的例证就是制止航空犯罪问题。劫持飞机的罪犯很容易把一国国内航班劫往外国。一旦这种情况发生，国内航空活动就演变为国际航空活动。

总之，虽然各国的法律制度不同，航空法的形式也有所不同，但就其实质内容而言，各国航空法在某种程度上并没有本质上的不同。这一方面是由于各个国家都参加了国际条约，须履行承担的国际义务；另一方面，从历史根源上讲，民航法律发展史表明，在航空法中，外交公约先于国内法，因为航空运输一问世就成了国际运输。

2. 民航法律的独立性和综合性

从民航法律的产生和发展的历史以及现今研究的成果来分析，民航法律作为一个独立的法律部门未免牵强，而将民航法律作为一个独立的法律学科却是现实的，是符合民航法研究和发展的需要的。

所谓民航法律的综合性，是指调整民用航空及其相关领域中产生的社会关系的各种法律手段纵横交错，法律调整的方法多样，综合在一起构成民航法律。之所以说民航法律具有综合性主要基于两个方面的原因：第一，在航空活动的历史和实践中，公法和私法往往交织在一起，使传统上将法律划分为公法和私法的界线打破了；第二，民用航空部门是由多工种的人员组成的，开展民用航空活动是一项复杂的系统工程，所产生的社会关系也就呈现出多样性和复杂性。对这样的情况实施法律调整，必将形成多样性质的法律关系，自然需要调整手段与之相适应。

3. 兼具公法与私法的特点

一般来说，民航法律可以包括国际和国内两部分。从国际来讲，民航法具有国际性，主要是公法，具有公法的特点；从国内讲，其所具有的综合性的特点使其兼具公法和私法两个方面的特点。

民航法律作为国际法的组成部分，首先要解决的就是诸如主权、国籍、国家关系等公法问题。在民航法律中，1919 年的巴黎《航空管理公约》和取代它的现行 1944 年芝加哥《国际民用航空公约》，以及后来制定的为制止航空犯罪的 1963 年《东京公约》、1970 年《海牙公约》和 1971 年《蒙特利尔公约》，都是公法。

在私法领域内，不论是财产权利、合同法还是侵权行为法，因为各个国家间的法律规则和法律传统存在巨大的差别与冲突，达到统一和相互协调特别困难，但是，采取统一的原则和规则又是国际航空运输的必要的前提条件。1929 年华沙《统一国际航空运输中某些规则的公约》，正是对航空损害赔偿实行统一责任规则的成功之作，迄今为止一直是国际航空法的基本组成部分，然而，各国的法律冲突及法律传统等使在更广范围内形成民航法律统一规则的努力至今未取得满意的结果，例如，空中交通管制人员的责任、产品责任等仍待解决。

4. 民航法律是平时法

民航法律是平时法，是指民航法律仅调整和平时期民用航空活动及其相关领域所产生的社会关系，如遇战争或国家处于紧急状态，民用航空要受战时法令或紧急状态下的非常法的约束。例如，1944 年《芝加哥公约》第三条规定"本公约仅适用于民用航空器"，而不适用于"军事、海关和警察部门的航空器"。第八十九条规定："如遇战争，本公约的规定不妨碍受战争影响的任一缔约国的行动自由，无论其为交战国或中立国。如遇任何缔约国宣布其处于紧急状态，并将此通知理事会，上述原则同样适用。"

第二节 我国民航法律体系及其主要内容

一、民航法律的渊源

法的渊源是一个相当复杂的概念，这里仅研究民航法的组成和具体的表现形式，即民航法律的形式渊源。民航法律的形式渊源与一些其他法的渊源比较有其自身的特点，它主要是由制定法或成文法组成的。

1. 国际条约

国际条约是国家及其他国际法主体间所缔结而以国际法为准并确定其相互关系中的权利和义务的一种国际书面协议，也是国际法主体间相互交往的一种最普遍的法律形式。国际条约主要包括多边国际条约和双边协定两种形式。《维也纳条约法公约》的定义是："称'条约'者，谓国家间所缔结而以国际法为准之国际书面协定，不论其载于一项单独文书或两项以上相互有关之文书内，亦不论其特定名称为何。"国际条约的名称很多，主要有条约、公约、协定、议定书、宪章、盟约、换文、宣言等。

现今世界上比较有代表性的民航方面的国际条约，即批准和参加国较多、已经普遍适用的、现正在生效的国际公约，主要有三个序列，即：① 由 1944 年芝加哥《国际民用航空公约》为主体的序列。该公约是民用航空的宪章性文件，对国际法在航空领域的具体适用做了整体性规定。② 1929 年华沙《统一国际航空运输某些规则的公约》，以及一系列修订文件形成的序列，规定了国际航空运输中有关民事责任的国际私法规则。③ 由 1963 年东京《关于在航空器上犯罪和其他某些行为的公约》，1970 年海牙《关于制止非法劫持航空器的公约》和 1971 年蒙特利尔《关于制止危害民用航空安全非法行为的公约》等所形成的航空刑法序列。

2. 国际法的一般原则和习惯国际法

虽然国际条约是国际航空法最重要的渊源，但并不排除国际习惯作为国际民航法的渊源，当没有条约规定时，惯例就成了适用的规则。国际习惯有一个形成的过程，一旦被国际社会所接受和承认，便成了国际习惯法规则，具有普遍的约束力。民航法律作为国际法的一个组成部分或门类，它要受国际法一般原则和习惯国际法的制约，这是不言而喻的。

3. 国内法及法院判例

世界各国都有自己的民航法律，而且由于各国法律传统和法律制度的不同而千差万别。当然，各国的民航法律中既有与国际公约、条约相协调一致的方面，也有相矛盾或冲突而只适用于该国国内的具体规则，这是因为世界上还没有统一的调整国际航空法律关系的国际公约。但是，国际公约或条约在其拟定规则条款时，常常是以某种法系或某些国家的法律原则或规则为蓝图或基础而制定的，尤其在私法领域，这就需要对某个公约条款的解释与适用参照该国国内法，例如，虽然 1929 年《华沙公约》规定了在国际航空运输中限制承运人责任的原则，许多国家将此原则引入国内法，但在美国国内却实行不限制责任的原则。

4. 其他

在民航法律的形成和发展过程中，还有一些直接或间接的其他不十分规整的渊源。

国际组织的立法或准立法文件，是民航法律的另一种渊源。最显著的是国际民航组织（ICAO）和国际航空运输协会（IATA）的立法或准立法活动。1944 年《芝加哥公约》第五十四条"理事会必须履行的职能"的第十二款规定：国际民航组织理事会有权"按照本公约第六章（国际标准及建议措施）的规定，通过国际标准及建议措施；为便利起见，将此种标准和措施称为本公约的附件，并将已经采取的行动通知所有缔约国"，这就明文给予国际民航组织理事会以准立法权力，因为作为公约附件的"国际标准及建议措施"具有准法律约束力，虽然这些标准及措施大多只涉及具体执行公约条款的技术性细则。后来的实践证明，这是一项相当大的立法权，由理事会制定或修改的 18 个附件所包含的法律规则，有些是十分重大的法律问题。

二、我国民航法律体系及其主要内容

在我国，从层次上说，我国民航法的渊源以《中华人民共和国宪法》为依据，根据我国现行宪法的有关规定，民航法律分为法律、行政法规和部门规章三个层次。从构成上说，我国民航法律应以颁行的《中华人民共和国民用航空法》为核心，现已组成了一个内容齐全、层次分明、和谐协调的法律体系，使之成为一个独立的法律部门，主要由下列各部分组成。

1. 国家关于民用航空颁布的法律

1995 年 10 月 30 日，第八届全国人民代表大会常务委员会第 16 次会议通过了《中华人民共和国民用航空法》，由国家主席颁布，自 1996 年 3 月 1 日起施行。《中华人民共和国民用航空法》是中华人民共和国成立以来第一部关于民用航空的专项法律。该法的颁布施行，标志着我国民用航空法制建设进入一个崭新的历史时期。

2. 国家颁布的其他法律中关于民用航空的法律规范

鉴于民用航空是社会生活中不可缺少的一个组成部分，并占有一定的重要地位，在我国很多法律规定中，有不少关于民用航空的法律规范，涉及领空主权、空中航行和民用航空活动管理的法律规范，应编纂列入民航法律遵照执行。关于特别行政区的民用航空活动，遵照特别行政区基本法的有关规定执行。在这里需要说明的是，并不是从事民用航空的单位或个人凡应遵守的法律规范，都应该列入民航法律的范围之内，例如，任何单位或者个人都应遵守宪法及其相关法律，开办公司应依据公司法；纳税义务人应遵守税法；办教育应遵照教育法、教师法；科技工作者应遵守科技法。凡此种种，这些都不是民航法，即使是民航主管部门所做的规定，也只是根据民航部门的具体情况予以贯彻执行的问题，都不应划入民用航空法律体系之中。

3. 全国人民代表大会常务委员会在需要时就民用航空事项做出的决议和决定

1992 年 12 月 28 日，第七届全国人大常委会第 29 次会议通过了《关于惩治劫持航空器犯罪分子的决定》，规定凡以暴力、胁迫或者其他方法劫持航空器的，处 10 年以上有期徒刑或者无期徒刑；致人重伤、死亡或者使航空器遭受严重破坏或者情节特别严重的，处死刑；情节较轻的，处 5 年以上 10 年以下有期徒刑。全国人大常委会的这一决定，是对

1979 年《中华人民共和国刑法》的重要补充规定。这一重要决定经修改后已经并入 1997
年修订的《中华人民共和国刑法》之中。

4. 国务院的有关行政法规和民用航空主管机关的民用航空规章

国务院发布的（包括与中央军事委员会联合发布的）关于民用航空的行政法规，对依
法管理我国民用航空活动具有重要意义，是民航法律的重要组成部分。

中国民用航空局是主管全国民用航空活动的行政机关。民用航空局由局长签署的、以
"中国民用航空局令"的形式发布的规范性文件，总称为《中国民用航空规章》，属于执行
法律或者国务院的行政法规、决定、命令的事项，是对在中华人民共和国境内进行各项民
用航空活动的具体规定。

5. 关于民航法的立法、司法和行政解释

法律条文，即使是一部好的法律，都是在一定时期，根据客观情况和需要制定出来
的，是对历史经验的总结，并对社会发展有一定的预见性，但是，客观事物是千变万化，
不断发展的。由于主观与客观之间存在差异及静态和动态之间矛盾的绝对性，法律条文必
然具有局限性。此外，对法律条文理解不同或不正确，必然影响法律实施的正确性，因此
需要解释法律。

我国宪法规定由全国人民代表大会常务委员会行使对宪法和法律的解释权。1981 年 6
月，第五届全国人大常委会第 19 次会议通过了《关于加强法律解释工作的决议》，规定对
法律和法规的解释，要根据不同情况，分别由全国人大常委会、最高人民法院、最高人民
检察院、国务院和各主管部门以及各省、自治区、直辖市人大常委会和人民政府主管部门
负责进行解释和做补充规定。中国民用航空局由国务院授权对有关的行政法规进行解释，
并在其权限内对中国民用航空规章进行解释，都属于行政解释，对我国民航法的实施，依
法管理民用航空活动具有重要意义。

第三节　民航法律的发展历史和我国民航立法

一、民航法律的发展历史

1. 民航法的萌芽时期

（1）人类最早的第一部《航空法》——在蒙哥尔费埃气球首次载人飞行获得成功次
年，即 1784 年，在巴黎便发布了治安法令，规定未经警察当局批准，禁止气球升空。

（2）人类第一部航空法典的建议草案《浮空器的法律制度》——1902 年在国际法学
会的布鲁塞尔年会上，由法国著名法学家福希尔提出。

总之，在第一次世界大战（1914—1919 年）以前，人类的航空活动基本上还处于试
验阶段。这些热气球、飞船和简易飞机的各种性能还不稳定和成熟，除可执行若干军事使

命外，还谈不上作为运输工具运载旅客、货物和邮件。这个时期，各国尤其是英法两国虽在国内初步做了一些立法工作，但还谈不上成套规则。

2. 民航法的形成和完善时期

1914—1918 年第一次世界大战期间，航空被广泛用于战争，同时，各国都从航空技术的进步中认识到航空飞机作为一种新型运输工具，具有无限的发展前途，但战争使民用航空停顿。战争刺激航空技术和航空制造业的发展，为战后和平时期大力发展民用航空准备了物质条件。

1）国际航空法的基本原则的突破

早在 1916 年，美洲大陆各国在智利首都圣地亚哥举行的泛美航空会议上，通过了一套原则，即：空气空间被宣布为国家财产；各国对其领土之上的空气空间拥有主权；飞机必须具有国籍，涂有本国标记；但在美洲各国之间，各美洲国家的飞机可自由航行；等等。这些都为第一次世界大战后欧洲乃至世界的国际航空立法准备了条件。

2）《空中航空管理公约》诞生

1919 年 10 月 13 日，在巴黎签订了《空中航行管理公约》，简称 1919 年《巴黎公约》，共 9 章 43 条，有 8 个附件，并根据公约的规定，建立了常设管理机构——国际空中航行委员会。在《巴黎公约》的基础上，在第一次世界大战后的巴黎和会上，在航空法发展史上具有极其重要意义的第一个国际航空法典——《空中航空管理公约》产生了。公约第一条规定，各国对其领土之上空气空间具有完全的和排他的主权，这一规定为国际航空法奠定了基石，至今仍然如此。

尽管后来出现了 1926 年《马德里公约》和 1928《哈瓦那公约》，但除在商业权利方面稍为详细些外，基本规则与《巴黎公约》没有多大差别。基本上是与《巴黎公约》一致的，因此，关于空中航行的规定，《巴黎公约》在很大程度上促进了法律制度的统一。此外，按该公约第三十四条设立了国际空中航行委员会（ICAN），作为常设性国际机构。它是今天国际民用航空组织（ICAO）的前身。

3. 现代民航法律的发展时期

1）芝加哥会议

第二次世界大战把人类的航空科学与技术推向一个更高的新阶段。美国在战争中的有利地位，使它一跃而成为航空超级大国。芝加哥会议正是这个背景的产物。

为了规划第二次世界大战后大发展的国际民用航空事业，1944 年，时任美国总统罗斯福出面邀请同盟国和中立国出席芝加哥"国际民用航空会议"。这是航空法发展史上规模空前而影响最为深远的盛会，除德意日等"轴心国"没有资格派代表出席，苏联因不满某些中立国没有派代表出席外，实际与会的共 52 国。

这次会议的主要成就是制定了被称作国际民航宪章的《国际民用航空公约》（通称《芝加哥公约》），该公约取代了 1919 年《巴黎公约》和 1928 年《哈瓦那公约》，因此，《芝加哥公约》是现行国际航空法的基础文件。公约于 1947 年 4 月 4 日生效，迄今已有150 多个国家批准或加入。我国也于 1974 年加入。

　　按照芝加哥会议的临时协议，在芝加哥公约未生效前先设立"临时国际民用航空组织"（PICAO）作为 1947 年正式国际民航组织（ICAO）的前身。根据公约第六十四条，该正式国际民航组织于 1947 年 5 月 13 日成为联合国的一个"专门机构"。

　　2）航空私法规则的完善

　　例如，航空私法规则的完善在国际民航组织（ICAO）成立后，根据各国要求，在原航空法专家国际委员会（CITEJA）第一小组研究和文件草案基础上，于 1948 年在日内瓦讨论通过了《关于国际承认航空器权利的公约》（通称 1948 年日内瓦公约）。对已依登记国法律登记的飞机产权以及购买、租赁、抵押等权利的国际承认问题，做出了统一规则。这是国际航空私法方面另一个重要国际公约，该公约已于 1957 年 9 月 17 日起生效。我国未加入。

　　3）航空刑法的形成

　　（1）《关于航空器上犯罪和其他某些行为的公约》。从 20 世纪 60 年代开始航空刑法取得了突破性进展。从 1956 年起，在国际民航组织法律委员会范围内经过八年艰苦讨论，三易其稿，才于 1963 年在东京制定了《关于航空器上犯罪和其他某些行为的公约》。该公约在国际法上第一次认可了航空器登记国的刑事管辖权。但各国对这个公约相当不满意，致使东京公约迟迟达不到 12 国批准的数目，不能生效。

　　（2）《制止非法劫持航空器公约》和《制止危害民航安全非法行为公约》。为了应对国际恐怖主义恶浪冲击，1970 年海牙《制止非法劫持航空器公约》、1971 年蒙特利尔《制止危害民航安全非法行为公约》应运而生。除犯罪定义不同外，其他规则基本相同的这两个公约不仅为航空刑法制定了一套相当完备的规则，还是对传统国际刑法若干禁域的突破，形成了"或引渡或起诉"的独特体制，推动了国际刑法的发展。

二、我国民航立法

1. 中华人民共和国成立之前民航立法

　　北洋政府 1919 年筹办航空事宜曾拟具航空条例草案，到 1921 年成立航空署后，先后公布《京沪航空线京济运输暂行规则》《京济间载客暂行章程》《飞机乘客应守规则》《招商代收及接送客货暂行办法》。当时的中国政府没有加入 1919 年巴黎《空中航行管理公约》。

　　在民国时期，1935 年 1 月 19 日颁布了《外国民用飞机进入国境暂行办法》。1941 年1 月 18 日颁布了《空中交通规则》和《航空无线电台设施规则》。1941 年 5 月 30 日颁布了《民用航空法》，但以不符合当时中国实际情况为由，出于国防政策考虑被废止。1947年 1 月 20 日成立交通部民用航空局，陆续颁布了《民用航空驾驶员检定给照暂行规则》《民用航空人员体格标准暂行规则》《空中交通暂行规则》《民用航空器登记暂行规则》《民用航空器标志暂行规则》《空中交通管制员检定给照暂行规则》《航空器灯光及目视信号规则》《民用航空器适航证书请领规则》。在国际航空法方面，当时的中国政府于 1929 年派代表参加并签署了 1929 年《华沙公约》，但未获批准；1944 年派代表参加了"国际民用航空会议"，签署了 1944 年芝加哥《国际民用航空公约》，并于 1946 年 2 月 20 日送交了批准书。此外，当时的中国政府还签署了 1948 年日内瓦《关于国际承认航空器权利的公约》，但未获批准。

2. 中华人民共和国成立之后民航立法

1949 年 10 月 1 日中华人民共和国成立，中华人民共和国政府成为中国唯一合法政府。1950 年 11 月 1 日中央人民政府人民革命军事委员会颁布《中华人民共和国飞行基本规则》，民用航空局公布《外国民用航空器飞行管理规则》；1951 年 4 月 24 日，中央财政经济委员会颁布《飞机旅客意外伤害强制保险条例》；1951 年 5 月 24 日，政务院公布《进出口飞机、机员、旅客、行李检查暂行通则》，这是中华人民共和国成立后早期颁行的航空法规。此后，民航局根据航行、维修、商务等业务工作的需要，制定了有关的条例、规定、规则、细则、条令、办法、规程、手册等规范性文件，加强了中国民航的规章制度建设，为中国民航的发展起到了积极的作用。但鉴于当时的历史条件，中国民航并未走上法制道路。

1978 年改革开放后，我国的民航立法走向健康发展的道路。1979 年 4 月 4 日，决定制定中国航空法，从此，当时的中国民用航空总局成立了航空法领导小组和起草小组，中国民航步入了法制轨道。1979—1995 年，除研究起草和反复修改航空法草案之外，还起草或修订发布了关于民用航空的行政法规 11 部，民用航空规章近 100 个以及大量的规范性文件，中国民航法制建设成绩显著。

1992 年 12 月 28 日，第七届全国人大常委会第 29 次会议通过了《关于惩治劫持航空器犯罪分子的决定》，规定凡以暴力、胁迫或者其他方法劫持航空器的处罚规定。全国人大常委会的这一决定，是对 1979 年《中华人民共和国刑法》的重要补充规定。这一重要决定经修改后已经并入 1997 年修订的《中华人民共和国刑法》之中。

1995 年 10 月 30 日，第八届全国人民代表大会常务委员会第 16 次会议通过了《中华人民共和国民用航空法》，使中国民航法制建设步入了崭新的阶段。

1997 年 1 月出台了《关于修订和废止部分民用航空规章的决定》，对部分不适合民航发展的规则条款予以修订或废除，使民航法规系统与时俱进，为民航发展保驾护航。

进入 21 世纪，民航规章无论是数量上，还是涉及的范围，都在不断扩大。其中，2005 年颁布的民航规章就相当于 20 世纪 90 年代 10 年间的 80% 的数量，涉及飞行安全、服务质量、行政管理、企业经营等层面。据民航局官网公示，目前有法律法规 41 个、民航规章 254 个、规范性文件 859 个、标准规范 748 个。

三、《中华人民共和国民用航空法》

《中华人民共和国民用航空法》（以下简称《民用航空法》）分为"总则""民用航空器国籍""民用航空器权利""民用航空器适航管理""航空人员""民用机场""空中航行"

"公共航空运输企业""公共航空运输""通用航空""搜寻救援和事故调查""对地面第三人损害的赔偿责任""外国民用航空器的特别规定""涉外关系的法律适用""法律责任""附则"16 章，共 214 条，是宣告国家领空主权，规范民用航空的行政管理和民商关系，并规定了行政处罚和刑事处罚的重要法律。涉及面相当广泛，内容极其丰富。

1. 立法宗旨

为了维护国家的领空主权和民用航空权利，保障民用航空活动安全地和有秩序地进行，保护民用航空活动当事人各方的合法权益，促进民用航空事业的发展，制定本法。

2. 立法原则

民用航空活动是现代社会中不可缺少的组成部分，涉及的法律关系十分复杂，又具有国际性强的特点，应尽可能采用国际通行做法，因而起草《民用航空法》遵循了下列原则。

1）适应社会主义市场经济体制需要的原则

借鉴国际航空立法的经验，坚持纵向的行政管理法律规范与横向的民商法律规范并重，对民商法律关系做了较多规定，以便有效地保护参与民用航空活动有关各方当事人的合法权益。

2）适应改革开放实际需要原则

坚持改革、开放、搞活是党的"一个中心，两个基本点"的基本路线的重要组成部分。根据民用航空活动国际性强的特点，从中国的实际出发，尽可能地采用了国际航空法律规范，以便中国的民用航空法律制度与国际通行的规则接轨。

3）确保民用航空活动安全地和有秩序地进行的原则

航空运输工具速度快，风险大，技术要求高，因而《民用航空法》强化了安全管理规范，将安全管理置于民用航空行政管理的首位。

4）与国家其他法律相互衔接、协调、配套的原则

《民用航空法》是一部规范民用航空活动的重要法律，也原则上协调了民用航空与军用航空的关系，是中国航空法律体系（子系统）的核心部分，又是整个国家社会主义法律体系（母系统）的组成部分，因而在国家其他法律中有明确规定的，《民用航空法》不再重复规定，而应援引这些法律规定；《民用航空法》对有些事项只做了原则规定，而明确授权国务院和中央军事委员会做出具体规定，并授权国务院民用航空主管部门根据法律和国务院的决定，在本部门的权限内，发布有关民用航空活动的规定、决定，从而使我国航空法律体系形成法律、行政法规和规章三个层次，组成相互衔接、协调配套的有机统一整体。

3. 立法意义

《民用航空法》是中华人民共和国第一部全面规范民用航空活动的法律，是我国民航发展历史的重要里程碑。实施《民用航空法》，推行"依法治理民航"战略，大力加强民航法制建设，促进了我国民航事业在新时期的持续、快速、健康发展。

四、我国民航法律的修改与完善

以后中国民航的立法工作将以修改《民用航空法》为重点，并将对依据该法规体系框架制定的法律规范进行全面梳理；另外，对民航业反对垄断、鼓励公平竞争政策的制定也将成为以后的工作重点。

民航法颁布实施三十多年来，国务院和民航局制定并颁布了一大批与民航法相配套的行政法规、规章，这些法律、法规、规章极大地促进了中国民航事业的发展。但随着民航事业的快速发展和民航体制改革的深化，民航法及民航行政法规、规章与新形势不相适应的情况日渐突出，为此，民航局决定把今年立法工作的重点放在民航法规体系框架的修改上，民航总局政策法规部门及各业务司局将借鉴市场经济发达国家民用航空法律制度，结合民用航空行政主体职能与行政相对人地位的变化，加强法规和规章的立、改、废研究。

第四节　民航法律基础、法律制度简介

一、有关空气空间和领空的法律制度

1. 空气空间的法律界定

空气空间是航空器活动的主要场所，指在地球表面上空大气层以内，但不包括外层空间的部分。空气空间的法律地位在国际法上出现过多种不同的主张，例如，根据罗马法，土地所有人的权利上至天空，下至地心，因此，按照这种理论，空气空间属于土地所有人。1900年和1911年，国际法学会两次举行会议讨论空气空间的法律地位问题，概括起来有以下几种理论：空气空间完全自由论；空气空间有条件自由论；空气空间海洋比拟论；空气空间国家主权论；空气空间有限制的国家主权论。

理论上的这种争论在第一次世界大战前结束了，各国的实践彻底否定了空气空间自由的主张，空气空间主权原则得到正式确立。第一次世界大战结束后，1919年在巴黎签订了世界上第一个关于空中法律问题的国际条约，即《巴黎航空公约》。《巴黎航空公约》正式确认了空气空间的国家主权原则。

1944年12月7日，由国际民用航空组织通过的《国际民用航空公约》（亦称《芝加哥公约》）再次确认国家对其领土上空空气空间的主权原则。国家对在其上的空气空间享有主权，并不排斥国际航空事业的发展，国家可以在互惠和对等的基础上，通过达成协议的方式，相互允许对方国家的民用航空器进入或通过其领土上的空气空间。

2. 领空与领空主权

领空是指主权国家领陆和领海上空的空气空间，是国家领土的组成部分。领土主权是指一国对其领土享有最高权力，不允许任何国家和个人侵犯其领土，同时对其领土内的一切人和物享有排他的管辖权。国家领土由各种不同的部分组成，包括陆地、水域、陆地及水域的底土、陆地及水域的上空。国际航空法对组成领土一部分的领空主权做了如下规定：每一国家对其领土之上的空气空间具有完全的排他的主权。《巴黎航空公约》最早确认这一基本原则，《国际民用航空公约》接受并认可了这个基本原则，使各国能够对外国航空器的飞行施加种种限制，从而为维护国家的领空主权提供了法律依据。实际上，这一原则在关系到人类生命安全时，仍然要受到国际惯例的约束和限制。

按照《巴黎航空公约》和《国际民用航空公约》的规定，国家对其领土上空的空气空间享有完全的排他的权利，即领空主权。领空主权主要体现在以下四个方面：① 自保权；② 管辖权；③ 管理权；④ 支配权。

二、民用航空器国籍

1. 民用航空器国籍的概念界定

国籍最早是用来识别某一自然人属于某一个国家的一种法律上的身份，它是指一个人作为某一国家的国民或公民而隶属于该国的一种法律上的身份。也就是说，国籍表示个人具有某个国家的公民或国民资格或身份，与该国保持着永久的法律联系，处于该国的属人优越权之下。这样看来，只有个人才是各国国籍法的主体。但航空器的国籍不同于自然人，航空器的国籍因航空器登记取得登记国国籍，航空器不得具有双重国籍，航空器的所有权转移也必须进行登记。航空器颁发国籍标志的国家有责任要求该航空器遵守该国的空中规则。对航空器来说，在国际航空运输中得到所属国的保护具有很重要的意义，同时也有利于航空器自身的管理，比如对航空器上发生的事件具有管辖权等。

2. 民用航空器国籍的意义

（1）民用航空器国籍表明民用航空器与登记国家之间在法律上的隶属关系，民用航空器因此获得国籍国在航空运输方面提供的各种优惠。取得我国国籍的民用航空器，不仅在航空运输政策、税收优惠等方面享有照顾，必要时还可享受我国使领馆的保护与帮助，而且在公海上或外国领空发生刑事、民事案件时，我国也享有管辖权。

（2）按照有关国际公约，民用航空器只要取得一国国籍，便受登记国法律保护。国籍国对在域外的本国航空器享有相关的权利，并承担相应职责，同时该民用航空器还享受登记国和参加或缔结的国际条约中所享有的权利。

（3）在航空运输中可能遇到适用法律的冲突问题。由于民用航空器兼具动产和不动产性，因此，处理这类法律纠纷通常考虑到民用航空器与登记国之间法律上的真正联系，以航空器的国籍为"连接点"，代之以登记国法。比如对民用航空器所有权和抵押权的问题，《民用航空法》第一百八十五条规定："民用航空器所有权的取得、转让和消灭，适用民用航空器国籍登记国法律。"第一百八十六条还规定："民用航空器抵押权适用民用航空器国籍登记国法律。"

三、民用航空器权利和租赁

民用航空器权利是指以民用航空器为客体而发生的相关民事权利。民用航空器是民法上重要的物，围绕民用航空器产生了各种法律关系，如民用航空器所有权、使用权、抵押权、优先权以及权利登记制度。民用航空器的权利主要包括对民用航空器的所有权、抵押权和优先权。这种权利是指权利人对作为"整体"的航空器所享有的权利，而不是对民用航空器的各个组成部分分别享有和设定的权利。

为了国际民用航空的未来发展，1948 年 6 月 19 日，国际民用航空组织大会在日内瓦通过了《关于国际承认航空器权利的公约》，其目的在于，通过为航空器权利人提供尽量多的担保权益和利益的保护，为航空运输企业争取到一种财务支持手段，摆脱无力购买航空器的财务困境，从而促进国际民用航空事业的发展。该公约共 23 条，其核心内容是解决各国有关航空权利的法律冲突，在各地区法律基础上发展和统一了有关民用航空器权利的规则。与航空领域的其他国际公约相比，其自成体系、独成一类。该公约于 1953 年 9 月 17 日起生效，在实践中显示出了广泛的适用性和普遍的影响力。

一套国际统一的调整物上担保、产权保留和租赁利益的法律制度给债权人提供必要的保障，同时也保护债务人的利益。基于以上理由，2001 年国际统一私法协会和国际民航组织在南非开普敦召开外交会议，68 个国家政府的代表和 14 个国际组织的代表参加了会议。在外交会议最后一天的会议上，共有 26 个国家签署了《移动设备国际利益公约》（简称《开普敦公约》）及《有关航空器设备特定问题议定书》（简称《开普敦议定书》），中国也是签署国之一。《移动设备国际利益公约》已经于 2004 年 4 月 1 日生效，《有关航空器设备特定问题议定书》于 2006 年 3 月 1 日生效。

《移动设备国际利益公约》及《有关航空器设备特定问题议定书》旨在促进高价值移动设备的融资租赁交易，通过强化债权人利益，减少债权人、出租人的交易风险来降低购买租赁航空器的国外融资利率和担保费用，同时为融资多样化创造条件。它们弥补了《日内瓦公约》的不足，和《日内瓦公约》一起为保护航空器权利人的利益提供了法律基础。

《民用航空法》在总结实践经验的基础上，参考、借鉴《日内瓦公约》的原则和制度，从实际出发，在《民用航空法》中单设第三章"民用航空器权利"，确立了民用航空器权利制度在我国民用航空法中的地位和作用，除此之外，还有较多航空行政法规和规章或全部或部分对航空器权利制度设定了规范。

四、民航运输的分类及民航运输合同

民用航空运输是使用航空器运送人员、货物、邮件的一种运输方式。可以用于运输的航空器有气球、飞艇、飞机、直升机等。现代航空运输使用的航空器主要是飞机，其次是直升机。航空运输是现代运输方式。民用航空运输业是物质生产部门，属于第三产业。民用航空运输与铁路、公路、水上和管道运输是主要的五大运输方式，组成了整个运输业。

民用航空运输业既是物质生产部门，又是面向社会的服务性行业。

1. 民用航空运输的主要形式

1）从运输性质及适用的法律分类

民用航空运输可分为国内航空运输和国际航空运输。国内航空运输完全适用国内法的规定。国际航空运输除应适用国内法的有关规定外，还应适用国际法的有关规定。当国际法与国内法有不同规定时，在我国，则适用我国缔结或者参加的国际条约的规定；国内法和国际条约没有规定的，可以适用国际惯例。

《民用航空法》第一百零七、第一百零八条规定如下。

"本法所称国内航空运输，是指根据当事人订立的航空运输合同，运输的出发地点、约定的经停地点和目的地点均在中华人民共和国境内的运输。

"本法所称国际航空运输，是指根据当事人订立的航空运输合同，无论运输有无间断或者有无转运，运输的出发地点、目的地点或者约定的经停地点之一不在中华人民共和国境内的运输。"

"航空运输合同各方认为几个连续的航空运输承运人办理的运输是一项单一业务活动的，无论其形式是以一个合同订立或者数个合同订立，应当视为一项不可分割的运输。"

2）按管理方式及法律规定分类

民用航空运输可分为定期航空运输和不定期航空运输。

定期航空运输一般称"定期航班"，又称"定期飞行"，是指按照公布的时刻由预定的飞行实施、对公众开放的收费航班；不定期航空运输又称"不定期航班""不定期飞行"，指飞行时间不固定、时刻不予公布、公众可以乘坐的收费航班。

2. 民用航空运输合同概念

《中华人民共和国合同法》第二百八十八条规定："运输合同是承运人将旅客或者货物从起运地点运输到约定地点，旅客、托运人或者收货人支付票款或者运输费用的合同。"

民用航空运输合同是航空承运人与消费者（即旅客、货物托运人以及收货人、邮政机构）之间，依法就提供并完成以民用航空器运送服务达成的协议。

五、民航航班延误与补偿

航班延误是社会中的常见现象，在中国和世界范围都是普遍存在的。只要是乘坐飞机出行的人，就或多或少遭遇过航班延误。我国作为在世界民航运输量上仅次于美国的第二大国，在航班准点率的排名上经常处于明显的落后状态。根据引起延误的原因，可采取不同的补偿措施。

天气自然原因造成的延误。天气自然因素造成的航班延误非承运人所能控制，承运人对这种延误无须承担赔偿责任，但承运人要尽到告知和协助的义务。

航空管制因素造成的延误。由于我国的航空管制是基于维护空中交通秩序，防止航空器互撞或航空器与地面障碍物相撞的主要目的，由国家有关部门对航空器遵守飞行规则而实施的监督控制，这是航空公司无法控制的，一旦因管制发生延误，航空公司也是利益的受损者，航空公司只需尽到告知义务，无须承担延误的违约责任。

航空公司自身原因造成的延误。由航空公司自身原因造成延误，航空公司构成违约，需要按相关的法律法规承担违约责任，对旅客补偿经济损失或承担后续的承运责任。

旅客个人原因造成的延误。由旅客个人原因造成延误，航空公司无须承担延误违约责任，责任由旅客自行承担。至于出现诸如霸机、冲击机坪等行为，这已超出合同违约责任的范围，触及了民航安全的底线。情节严重时，旅客需负刑事责任。

六、民航航班"超售"与处理

航班超售是民用航空业通用的一种飞机座位管理方法，就是航空公司的每一航班实际订座数大于飞机客舱内可利用座位数，也就是说，按照国际航空运输行业通行的做法，为了满足广大旅客的出行需求，减少因部分旅客临时取消出行计划而造成的航班座位虚耗，航空公司可能会在部分容易出现座位虚耗的航班上进行适当的超售，以保证更多的旅客能够搭乘理想的航班，这对航空公司和旅客都将是双赢的局面。

但是，自航班超售这项国际惯例引入我国航空客运市场后，因为各方面的原因，尤其是民航局、航空公司相关制度建设滞后，大多数旅客对航班超售十分陌生。因航班超售致使旅客行程延误的情况非常严重，难免会产生各种纠纷，并且旅客也容易出现各种过激行为。目前，我国并未出台相关法律对航班超售行为进行规范。对市场主体来说，"法无禁止即可为"。且根据《民法总则》的规定，当我国缔结或者参加的国际条约与我国的民事法律产生冲突时，优先适用国际条约；我国法律和我国缔结或者参加的国际条约没有规定的，可以适用国际惯例，所以，在我国，航空公司超售机票的行为也是合法的。

一旦因超售导致乘客不能按预定航班出行，机场相关区域内会通过告知书或广播等形式发布航班超售信息，并需要进行后续处理。

（1）优先安排最早可利用的航班保障旅客尽快成行。

（2）或按非自愿退票处理，不收取退票费。

（3）或按非自愿变更航程处理，票款多退少不补。

（4）如所安排的后续航班为次日航班，将免费为旅客提供膳宿。

如果涉及补偿，通常的办法如下。

（1）超售补偿采用运输信用证、里程、现金三种补偿方式。

（2）对于持里程兑换奖励客票的自愿者或被拒绝登机的旅客，超售补偿和降低舱位等级补偿应采用里程补偿方式。

七、乘客信誉与民航"黑名单"

"黑名单"一词来源于世界著名的英国的牛津和剑桥等大学。在中世纪这些学校规定对于犯有不端行为的学生，将其姓名、行为列案记录在黑皮书上，谁的名字上了黑皮书，即使不是终生臭名昭著，也会使人在相当时间内名誉扫地。后来，这个方法被当时一位英国商人借用以惩戒那些时常赊欠不还、不守合同、不讲信用的顾客。商人们争相仿效，继而各行各业都兴起了黑皮书，不少工厂老板把参加工会的人的名字列在"不予雇用"栏下，于是，"黑名单"便在工厂主和商店老板之间秘密地传来传去。

航空旅客黑名单最早出现在 20 世纪 80 年代的美国，那时候的黑名单主要用于防范恐怖分子，黑名单上旅客的名字也很少，但是在美国"9·11"事件后，黑名单上旅客名字的数量呈井喷式增长。

在 20 世纪末 21 世纪初，随着航空旅客不轨行为的愈演愈烈，各大航空公司也纷纷在运输总条件中规定了拒载事项，形成了自己的"黑名单"，因此，在航空旅客运输的实践中存在着两种不同类型的黑名单，一个由政府制定用来防范潜在的恐怖分子，另一个由航空公司制定用来规制不轨旅客。

目前，我国的法律对此还没有明文规定。一般来讲，航空黑名单是指政府有关管理部门和航空公司针对旅客罢机和存在其他恶劣行为严重影响航空公司航班正常飞行所发生的事件，而采取的对个别极端旅客拒载的黑名单措施。

规范航空"黑名单"的法律制度，关键在于用法律来强化航空"黑名单"的约束性和可信性。现在我国有关航空"黑名单"制度只是航空公司的内部规定和民航局部门规章中的零星规定和中国航空运输协会（以下简称"中航协"）规定，因此，我们今后应该适时修订有关法律，或者通过国家有关机构进一步进行司法解释，或者颁布相关法律实施细则。

第五节　民航法律主要国际公约

一、《芝加哥公约》

《芝加哥公约》1944 年 12 月 7 日订于美国芝加哥，1947 年 4 月 4 日起生效。中国是该公约的签字国，当时的中国政府于 1946 年 2 月 20 日交存了批准书。中华人民共和国政府于 1974 年 2 月 15 日承认了该公约。

《芝加哥公约》分"序言"和"空中航行""国际民用航空组织""国际航空运输""最后条款"四个部分，经修订后共 22 章 99 条，是国际航空法最基本的公约。它取代了 1919 年 10 月 13 日在巴黎签订的《空中航行管理公约》（简称 1919 年《巴黎公约》）和 1928 年 3 月 20 日在哈瓦那签订的《商业航空公约》（简称 1928 年《哈瓦那公约》）。

根据《芝加哥公约》成立的国际民用航空组织（ICAO）是联合国系统中负责处理国际民航事务的专门机构，总部设在加拿大蒙特利尔，其主要活动是研究国际民用航空的问题，制定民用航空的国际标准和建议措施，鼓励使用统一的航行、安全、安保等方面的国际规章。

关于《芝加哥公约》有以下几个要点。

1. 法律地位

1）国际民航组织是国际法主体

这种主体资格是由成员国通过《芝加哥公约》赋予的。《芝加哥公约》第 47 条规定："本组织在缔约国领土内应享有为履行其职能所必需的法律能力。凡与有关国家的宪法和法律不相抵触时，都应承认其完全的法人资格。"

2）国际民航组织的权利能力和行为能力

协调国际民航关系，努力在国际民航的各领域协调各国的关系及做法，制定统一的标准，促进国际民航健康、有序地发展。

解决国际民航争议。多年来，国际民航组织充当协调人，在协调各国关系上发挥过不可替代的作用。

缔结国际条约。国际民航组织不仅参与国际条约的制定，还以条约缔约方的身份签订国际条约。

特权和豁免。国际民航组织各成员国代表和该组织的官员，在每个成员国领域内，享有为达到该组织的宗旨和履行职务所必需的特权和豁免。

参与国际航空法的制定。在国际民航组织的主持下，制定了很多涉及民航各方面活动的国际公约，从《芝加哥公约》及其附件的各项修正到制止非法干扰民用航空安全的非法行为，以及国际航空私法方面的一系列国际文件。

3）国际民航组织是政府间的国际组织

国际民航组织是各主权国家以自己本国政府的名义参加的官方国际组织，取得国际民航组织成员资格的法律主体是国家，代表这些国家的是其合法政府，对此，《芝加哥公约》第 21 章做出了明确规定，排除了任何其他非政治实体和团体成为国际民航组织成员的可能，也排除了出现两个以上的政府机构代表同一国家成为国际民航组织成员的可能。

4）国际民航组织是联合国的一个专门机构

在芝加哥会议上，《国际民用航空公约》起草人已预见到二战后会出现一个联合国类型的组织，因此，他们在《芝加哥公约》中写入了如下一项规定，涉及国际民航组织将有可能成为此种组织的组成部分。第 64 条规定"本组织对于在其权限范围之内直接影响世界安全的航空事宜，经由大会表决后，可以与世界各国为维护和平而成立的任何普遍性组织缔结适当的协议"。

2. 公约的宗旨和目的

《国际民用航空公约》第 44 条规定国际民航组织的宗旨和目的在于发展国际航行的原则和技术，并促进国际空中航空运输的规划和发展，共涉及国际航行和国际航空运输两个方面问题。前者为技术问题，主要是安全；后者为经济和法律问题，主要是公平合理，尊重主权。两者的共同目的是保证国际民航安全、正常、有效和有序地发展。

3. 我国加入情况

我国是国际民航组织的创始成员国之一，当时的中国政府代表张嘉璈于 1944 年 12 月

7 日签署了《芝加哥公约》，并于 1946 年 2 月 20 日交存了批准书，我国正式成为国际民航组织的创始成员国。1950 年 5 月，我国政府致电联合国秘书长和国际民用航空组织，要求驱逐台湾当局的代表。1971 年 11 月 19 日，国际民航组织秘书长通知我国政府，国际民航组织第 74 届理事会通过决议，承认中华人民共和国政府的代表为中国驻国际民航组织的唯一合法代表。1974 年 2 月 15 日，我国政府致函国际民航组织，承认《芝加哥公约》，并从即日起恢复参加国际民航组织的活动。1974 年 9 月 24 日至 10 月 15 日，中国代表团出席了国际民航组织第 21 届会议并当选为理事国，同年 12 月，中国政府派出了驻国际民航组织理事会的代表。

中国自 1974 年以来，连续 10 次当选为国际民航组织二类理事国，并于 2004 年竞选成为一类理事国。2019 年 9 月 28 日，我国在加拿大蒙特利尔举行的国际民航组织第 40 届大会上高票当选一类理事国，这是自 2004 年来中国第六次连任一类理事国。

二、《国际航班过境协定》与《国际航空运输协定》

1.《国际航班过境协定》

国际上通称《两种自由协定》，1944 年 12 月 7 日订于芝加哥，1945 年 1 月 30 日起生效。该协定规定，缔约各国之间相互给予对方国际定期航班第一种飞行自由（不降停的过境权）和第二种飞行自由（非商业性的经停权）。

2.《国际航空运输协定》

国际上通称《五种自由协定》，1944 年 12 月 7 日订于芝加哥，1945 年 2 月 3 日起生效。该协定规定，缔约各国之间相互给予对方国际定期航班第一种至第五种自由权利。该协定虽已生效，但由于只有 12 国参加而无实际意义。其作用在于对五种自由，即国际航空运输的业务权做出了明确的定义。

这两项协议规定，每一个缔约国应当给予其他缔约国五项权利。

（1）不降停而飞跃一国领土的权利。

（2）非运输义务性（如加油、修理）降停的权利。

（3）卸下来自航空器所属国领土的旅客、货物和邮件的权利。

（4）装载前往航空器所属国领土的旅客、货物和邮件的权利。

（5）装卸前往或者来自任何其他缔约国领土的旅客、货物和邮件的权利。

三、《统一国际航空运输某些规则的条约》

航空业的跨国特征是与生俱来的，因而航空货物运输的产生、发展必然伴随着调整这种运输方式的统一实体法规范的国际公约的产生、发展，又因为航空业历史较短，得以吸收了包括海运在内的其他各种运输方式有关国际公约、惯例的精神，并根据航空业的自身特征做出了修改，这其中较有影响力的国际航空运输公约有：① 《华沙公约》（1929

年）。② 《海牙议定书》（1955 年）。③ 《瓜达拉哈拉公约》（1961 年）。④ 《危地马拉议定书》（1971 年）。⑤ 《蒙特利尔第一号附加议定书》（1975 年）。⑥ 《蒙特利尔第二号附加议定书》（1975 年）。⑦ 《蒙特利尔第三号附加议定书》（1975 年）。⑧ 《蒙特利尔第四号附加议定书》（1975 年）。

这些文件中《华沙公约》是最基本的，随后的各项议定书都是对《华沙公约》的补充或修改，所以这八份文件又被合称为"华沙体系"。它们彼此内容相关却又各自独立，《华沙公约》的缔约国并不自然成为以后各次议定书的参加国，也不一定受其管辖。其中以《华沙公约》和《海牙议定书》的适用最为广泛，已经为世界大多数国家所认可。

《华沙公约》全称为《统一国际航空运输某些规则的公约》，是 1929 年 10 月 12 日由德国、英国、法国、瑞典、苏联、巴西、日本、波兰等国家在华沙签订的，因而简称《华沙公约》。它是最早的国际航空私法，也是目前为止为世界上大多数国家接受的航空公约，其目的是调整不同国家"在航空运输使用凭证和承运人责任方面"的有关问题。《华沙公约》规定了以航空承运人为一方和以旅客，货物托运人、收货人为另一方的航空运输合同双方的权利、义务关系，确定了国际航空运输的一些基本原则。

第二次世界大战后，由于航空运输业的飞速发展以及世界政治形势的急剧变化，《华沙公约》的某些内容与现实的要求脱节，《修订 1929 年 10 月 12 日在华沙签订的"统一国际航空运输某些规则的公约"的议定书》，即《海牙议定书》正是因此诞生的，该协定签订于 1955 年，1963 年 8 月 1 日生效。我国参加《华沙公约》和《海牙议定书》的时间分别是 1958 年和 1975 年。

四、关于国际民用航空安全保卫的条约

至今已签订了下列五个法律文件。

1.《关于在航空器内犯罪和某些其他行为的公约》

《关于在航空器内犯罪和某些其他行为的公约》简称 1963 年《东京公约》，1963 年 9 月 14 日订于东京，自 1969 年 12 月 4 日起生效。《东京公约》主要明确了空中刑事管辖权问题，规定航空器登记国对在飞行中或在公海海面上，或在不属于任何国家领土的其他地区地（水）面上的航空器内犯罪和某些其他行为有管辖权，但"不排除（航空器非登记国）按照本国法行使任何刑事管辖权"。这里所说"犯罪"，是指"违反（登记国）刑法的犯罪"，所说的"行为"，是指"可能或者确已危害航空器或其所载人员或财产的安全，或者危害航空器内的正常秩序和纪律的行为，不论此种行为是否构成犯罪"。同时，《东京公约》规定了机长的权力。

2.《制止非法劫持航空器的公约》

《制止非法劫持航空器的公约》简称 1970 年《海牙公约》，国际上通称《反劫持公约》，共 173 国批准或加入。我国于 1980 年 9 月 10 日加入，同年 10 月 10 日起生效。1970 年 12 月 16 日订于海牙，自 1971 年 10 月 14 日起生效。

1970 年《海牙公约》规定，凡在飞行中的航空器内用暴力或用暴力威胁，或用任何其他胁迫方式劫持或控制该航空器，或此类未遂行为或者是实施此类行为或此类未遂行为的人的共犯，即构成刑事犯罪，"各缔约国承允以严厉刑罚惩治犯罪"。

3.《制止危害民用航空安全的非法行为的公约》

《制止危害民用航空安全的非法行为的公约》简称 1971 年《蒙特利尔公约》，国际上通称《反破坏公约》，共 174 国批准或加入。我国于 1980 年 9 月 10 日加入，同年 10 月 10 日起生效。1971 年 9 月 23 日订于蒙特利尔，自 1973 年 1 月 26 日起生效。

鉴于 1970 年《海牙公约》只适用于在飞行中的航空器内的劫持航空器的犯罪，因此有必要予以补充，以制止其他危害民用航空安全的犯罪，于是，紧接着签订了《蒙特利尔公约》，把适用范围从空中的劫持航空器的犯罪，扩伸到地面破坏航空器和航行设施的犯罪，明确规定了五种行为和此类未遂行为及其共犯都是犯罪，各缔约国都应严厉惩罚。

4.《制止在用于国际民用航空的机场的非法暴力行为以补充一九七一年九月二十三日订于蒙特利尔的〈制止危害民用航空安全的非法行为的公约〉的议定书》

《制止在用于国际民用航空的机场的非法暴力行为以补充一九七一年九月二十三日订于蒙特利尔的〈制止危害民用航空安全的非法行为的公约〉的议定书》简称 1988 年《蒙特利尔补充议定书》，1988 年 2 月 24 日订于蒙特利尔，自 1989 年 8 月 6 日起生效。该议定书补充规定了任何人用一种装置、物质或武器，在用于国际民用航空的机场内对人实施暴力行为，造成或足以造成重伤或死亡的，或者破坏用于国际民用航空的机场的设备或停在机场未在使用中的航空器，或者中断机场服务以及危及或足以危及该机场的安全，以及上述未遂行为及其共犯，都是犯罪。

5.《关于注标塑性炸药以便探测的公约》

《关于注标塑性炸药以便探测的公约》简称 1991 年《蒙特利尔公约》，1991 年 3 月 1 日订于蒙特利尔，自 1991 年 6 月 21 日起生效。鉴于塑性炸药难以被探测，因此，恐怖分子用塑性炸药进行恐怖活动，危及民用航空以及生命、财产的安全，因此，要求生产塑性炸药时加添一种可跟踪的元素，使之成为"注标塑性炸药"，以便探测。该公约就有关事项做了规定。

五、关于航空器对第三人造成损害的条约

1.《关于外国航空器对地（水）面上第三人造成损害的公约》

《关于外国航空器对地（水）面上第三人造成损害的公约》简称 1952 年《罗马公约》，1952 年 10 月 7 日订于意大利罗马，1958 年 2 月 4 日起生效。1952 年《罗马公约》分为 6 章，共 39 条，就外国航空器对地（水）面上第三人造成损害的责任原则、责任范围、责任的担保、诉讼程序规则做了规定，其目的在于力争在最大可能范围内，将世界各国适用航空器对地（水）面上第三人造成损害的责任规则统一起来。《罗马公约》的最早

版本是 1933 年 5 月 29 日制定的《统一航空器对地（水）面上第三人造成损害的某些规则的公约》，但只有 5 个国家批准，是公约生效的最低数目。1938 年 9 月 29 日又通过了《统一航空器对地（水）面上第三人造成损害的某些规则的公约的附加议定书》（亦称《布鲁塞尔保险议定书》）。1952 年《罗马公约》取代了上述 1933 年《罗马公约》和 1938 年《布鲁塞尔保险议定书》，但由于参加的国家数少，未能达到预期的统一规则的目的。

2.《修改一九五二年十月七日在罗马签订的〈关于外国航空器对地（水）面上第三人造成损害的公约〉的议定书》

《修改一九五二年十月七日在罗马签订的〈关于外国航空器对地（水）面上第三人造成损害的公约〉的议定书》简称 1978 年《蒙特利尔议定书》，1978 年 9 月 23 日订于蒙特利尔。该议定书较大幅度地提高了责任限额，以"挽救"1952 年《罗马公约》，达到统一对第三人造成损害赔偿规则的目的，但至今仅 3 国批准，尚未生效。

六、对航空器权利的公约

《关于国际承认航空器权利的公约》简称 1948 年《日内瓦公约》，1948 年 6 月 19 日订于日内瓦，1953 年 9 月 17 日起生效，该公约涉及：① 航空器的所有权；② 航空器的占有人通过购买获得航空器所有权的权利；③ 根据为期至少六个月的租赁合同使用航空器的权利；④ 为担保债权协议设立的航空器抵押权和其他类似权利。在航空器销售或租赁合同中常提及这个公约。公约的主要原则是保护债权人的利益。

思 考 题

1. 如何认识民航法律与民航发展的关系？
2. 民航法律产生的背景是什么？
3. 民航法律在民航发展中的作用有哪些？

复 习 题

1. 民航法律的概念是什么？
2. 民航法律的调整对象有哪些？
3. 民航的国际公约包括哪些？
4. 我国加入国际民航公约的情况怎样？
5. 我国民航法律法规的状况怎样？

第十章

智慧机场与发展简介

本章学习目的

随着社会的进步和科技的发展，特别是 5G 技术的应用，民航服务不断吸收新的理念，拥抱科技进步，使民航呈现出时代的气息。从新中国民航起步的"八一开航"，到改革开放四十多年的飞速发展，我国的民航已经跻身世界前列，使中国民航以威严的形象屹立于世界民族之林。目前，我国正在进入从民航大国向民航强国迈进的时代，民航不仅要规模上增长，适应社会与经济发展的要求，还要加强民航服务的内涵建设，以旅客为核心，以乘客体验为诉求，把现代科技进步的最新成果，特别是云计算、大数据、互联网、物联网、5G 技术以及智慧化等最近成果融入民航、机场服务保障中，开辟实现我国民航服务跨越式发展的重要途径。在民航新的发展周期中，我国的民航管理部门明确提出了"平安机场、绿色机场、智慧机场、人文机场"建设的发展战略目标，而智慧机场建设正成为加速"四型机场"的关键支撑。

本章的学习目的包括以下内容。

1．了解智慧机场的国内外发展状况；

2．了解智慧机场包括的主要内容；

3．了解智慧机场的未来发展趋势。

 导读

现如今，随便一物，只要粘上"智慧"二字，就仿佛布满了光环，如智慧城市、智慧社区，以及现在的智慧机场。究竟智慧二字，智在哪、慧在哪，似乎并不是大家所关注的问题。"智慧"给人一种期待与向往，但其带来的生活方式的转变是实实在在的，任何人都无法回避。

民航局的信息表明，2018 年，全国民用机场年旅客吞吐量达到了 12.6 亿人次，飞行起降量达到了 1108.9 万架次，十年来的年均增长率分别达到 11%和 19%；全国千万级机场数量达到 37 个，3000 万级机场 10 个，然而，我国的千万级机场却普遍面临着容量饱和或者濒临饱和的问题，影响旅客便捷高效舒适出行，必须向数字化、智能化新技术谋求机场发展空间，从而支撑行业安全运行、方便旅客出行。

民航的智慧化的未来发展一定会超越人们想象，就像其他蓬勃发展的联网技术与行业一样，今天的智慧民航、智慧机场的起步，预示着未来的无限可期，而且会突飞猛进。当然，智慧机场所带来的不仅仅是乘客出行体验的改变，更预示着新技术、新模式的出现。从智慧民航走进民航，短短的十年间，我们看到广泛应用的智慧技术已经涵盖了智能运控、智能运行、智慧服务、智慧安检等。比如，机场空侧的运行调度，航班起飞降落时间的优化问题，机场运行过程中的人员身份识别，作业时间与地点数据自动采集，运行线路监测与规则监控，等等。在机场运行管理中重要的安全管理方面，智能技术也应该大有所为，如机场围界的智能监控、飞行区交通秩序管理、飞行区外来物的智能监控、作业现场的智能监管等领域，智慧技术与系统集成将快速走向成熟。

第一节　智慧机场概念与发展背景

一、智慧机场概念与构成

1. 智慧机场概念

智慧机场是近十几年出现的新的机场服务模式，但在短短时间内便在世界范围内得到迅速发展。早在 2008 年 11 月，IBM 公司就提出"智慧地球""智慧城市"概念。在我国，2014 年 8 月 29 日，国家发改委、工信部等八部委印发的《关于促进智慧城市健康发展的指导意见》提出，到 2020 年建成一批特色鲜明的智慧城市，迄今为止，我国已有上百个地区提出建设"智慧城市"。民用机场是城市交通中的重要组成部分，甚至可以说机场本身就是一个微型城市。随着对"智慧城市"重视程度的提高，"智慧机场"概念也应运而生并开始逐渐得到认可和推广。

对于智慧机场的描述，目前尚没有很规范统一的说法，很多观点属于探讨性的。其原因在于随着当前信息技术的迅猛发展，不断有新的技术和理念应用于机场，使得"智慧机场"的内涵和实现不断延展；同时，由于机场是一个涉及多方作业人员的庞大复杂基础服务设施，拥有空侧、航站楼、陆侧等多方面的复杂业务场景，不同的作业人员、不同的业务场景对"智慧机场"的需求和理解也不尽相同。

2017 年，孙伟在《感知、互联、通向智慧机场（一）对智慧机场的定义》一文中把智慧机场定义为"智慧机场就是运用信息和通信技术手段感测、分析、整合机场运行系统的各项关键信息，从而对包括服务运营、安全、后勤保障等辅助功能在内的各种需求做出智能响应。其实质是利用先进的信息技术，实现机场智慧式管理和运行，提高机场运行效率，进而为旅客提供良好的服务，促进机场的可持续发展"。图 10-1 所示为智慧机场示意图。

2. 智慧机场的构成

也有观点认为：智慧机场就是通过智能平台将航空公司、旅客、航空器、机场等单位有机融合，使所有单元联通和互动，使各个运营单位在同一平台上协同作业，打破传统各自为政、各系统独立存在的模式，让旅客出行更高效、安全、便捷，真正实现"智慧"融合。从航空港功能分区来看，航班在进港和出港的过程中，主要涉及航空器着陆、进/出港滑行、地面服务保障和起飞等业务流程；以旅客为业务对象主要包括旅客进/出港、值机、边检、安检、摆渡、登机等业务流程；在行李方面，涉及进/出港行李机下保障、运输、提取、分拣等环节。可以发现，不同的业务对象涉及不同的业务流程。机场各个业务对象的流程全部覆盖了机场空侧、航站楼和陆侧三大区域，因此，要全面实现"智慧机场"就必须实现"智慧空侧""智慧航站楼""智慧陆侧"的建设和发展。图 10-2 所示为智慧机场系统示意图。

图10-1　智慧机场示意图

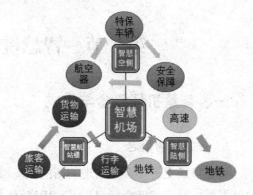

图10-2　智慧机场系统示意图

在上述三个模块中，与乘客关系最为密切的是智慧航站楼所提供的智慧服务，其也是在为众多机场打造智慧机场实践中最受重视的，自中国民航局提出"真情服务"的理念以来，为旅客提供便捷的登机服务是未来机场航站楼运行的重要目标。这其中包括以下几个部分。

（1）利用视频智能分析技术对旅客在航站楼内的全流程进行跟踪和服务，获得航站楼内旅客人流实时分布情况，实现航站楼内旅客密度、排队情况的智能监测和预警。

（2）大数据和云计算技术可用于对旅客航空信息及消费信息进行深度挖掘，为旅客推送个性化、精准化的商业广告服务。

（3）网络舆情技术可运用于对旅客在网络媒体上表达的异常情绪甚至是不安全隐患进行侦察和情感分析，为旅客服务满意度提升和机场安全预警提供依据。

（4）借助移动互联网技术改善机场商业经营模式，将传统的线下商业与"互联网+"结合在一起，形成机场线上与线下商业融合发展的新模式。

机场除了为旅客的出行提供便捷舒适的服务以外，还负责对旅客行李进行高效准确的分拣、运输和提取。在复杂的机场业务中，机场行李处理系统是机场最庞大、最复杂的系统之一，行李高速自动分拣技术可实现行李的精准、快速分拣和运输，RFID 识别（Radio Frequency Identification，又称无线射频识别）技术及追踪技术对行李进行全流程节点追踪，防止行李错装、漏装，提高行李装运准确率，并将相关信息实时推送至机场、航空公司和旅客。视频智能分析技术、大数据与云计算技术、网络舆情技术、移动互联网技术、行李高速自动分拣技术和 RFID 识别及追踪技术都将助力于智慧航站楼的发展，成为智慧机场建设的不可分割的重要组成部分。

二、智慧机场发展的背景

民航机场作为以运输旅客为目的的重要场所，智慧机场的建设体现了以旅客为核心的指导思想，是当代民航"以人为本"发展的必要趋势，并通过对机场运行、航班保障、商业推广等业务和服务的精细化、协同化、可视化、智能化运行与管理，确保旅客出行过程中的安全性、高效性、便捷性和舒适性。运用物联网、大数据、云计算、移动互联网等新一代信息技术建设智慧机场是我国智能综合交通运输管理的需要，也是我国民航智慧运行管理的需要，更是我国从民航大国向民航强国迈进的必经之路。

1. 发挥民航产业链的拉动作用，为社会发展保驾护航

民航是一个国家经济结构的主要支柱，强国需要强民航，而民航在赶超国际水平过程中，只有以智慧技术为依托，以智慧民航的理念引领民航的高速、高水平发展，才能提高民航全产业链整体服务质量，从而满足人民日益增长的美好生活对高质量民航服务的需求。

民航服务不仅自身产业链的价值巨大，而且，其上游的制造，下游的旅游、休闲，临空经济的拓展和延伸的产业链更是充满着无限的活力和经济发展的动能。从智慧民航、智慧机场作为突破口，可以更好地增加民航发展的活力，更好地与当今技术水平相衔接，与世界发展水平相辉映，展现民航服务的标志性属性。

2. 借助现代智能技术，凸显民航服务魅力，满足人民对美好生活的追求

民航服务是一个多要素的系统集成，而实现智慧化是民航从传统服务迈向新时代的必然选择。目前，大数据、云计算、智能识别、5G、人工智能等技术不断突破，已经具备了工业化的条件，民航的高大上的气质得到了更扎实的技术依托；同时，人们对美好生活的追求，更多地体现在出行过程的体验性——便捷、舒适、安全、轻松，机场人流密集，且瞬间集聚性高，使用先进高效的技术手段尤为重要。人们通过航空港出行，不再按照传统的流程、模式与技术手段按部就班进行，而是一张脸庞、一个二维码、一个指纹就能节约大量的时间与程序，不仅效率提升，体验性更得到了极大的提高。

比如，提高机场效率和旅客体验最重要的一个环节就是安检，目前打造智慧机场的科技与设备最多的也体现在这个方面。新科技手段的应用必定会改革现有的安检手段和流程。由于安全是民航的首要任务，因此仅仅靠机场来完成这方面的改革是不可能的。智慧机场的建设必须依托行业内甚至行业外的融合及跨越。

3. 提高民航运行系统的集成性与协调性，使机场服务要素联动

民航局在"加快民航基础设施建设，推进民航强国发展战略"中提到："随着行业发展规模的不断扩大，民航运行体系的复杂性进一步增强，各子系统之间的相互影响更加突出，对行业发展协调性的要求越来越高，如空管的 CDM 协同决策系统、机场的 A-CDM 协同放行系统，在整合资源、提高航班正常率以及系统整体运行效率等方面都具有积极作用，但由于在基础设施规划、建设、标准等方面的不同步、不兼容等问题，导致系统之间协调性不够、联动性不强。"网络的本质在于互联，信息的价值在于互通，通过民航智能化的发展，使空管服务机场，机场服务航空公司，航空公司服务旅客等所有的服务，不仅仅是单向的、简单用服务链条描述，而要具备双向互动性，使机场、航空公司、空管、油料等民航网络节点相互连接，智能互动。另外，海关、边防等环节与民航出行密不可分，需要在智慧机场的系统中得到有效的落实与提升。

4. 由智能、智慧弥补人的行为的缺憾，使民航服务更趋于完美

很多民航服务过程中的缺憾是人的行为的局限性所致，尽管机场的保障人员、服务人

员尽心尽力，但有些问题是人的简单行为所不能及的，透过智慧、智能，可以跨越个性的"瓶颈"，比如航班延误后有许多旅客不理智，很多原因是旅客得不到有效透明的信息，如果航空公司、空管以及机场针对旅客的信息是开放的，那么许多情况下完全可以得到旅客的理解。如果数据是开放的，无论是行业管理者或者相关方都会知道导致延误的环节在哪里，这样就可以通过数据挖掘出问题的短板在哪里，从而带动技术流、资金流、人才流等去解决问题。我们也可以通过数据发现短板在哪里，通过数据的流动倒逼管理模式的改革，推动管理改革和体制机制创新。

5. 建立严谨、科学的服务保障体系，使民航出行更安全便捷

未来，民航安全的压力显而易见，为了减少各种风险因素对安全的影响，管控需要更严格、更系统，而传统的安防体系尽管严谨规范，但面对复杂问题往往会显得力不从心，而智能安防、智能监控、智能应急处理等会发挥更大的作用。

第二节　国内外智慧机场的发展状况

由于智慧机场是民航快速发展的制高点，也是现代智能技术汇集的场所，各国均十分重视智能机场的建设，除了在发展战略上布局之外，在实现层面上，进行了大量工业性实践，在提高机场运行效率和旅客体验方面获得了满意的效果，无人值机、无人托运行李、人脸识别、自助登机等智能系统已经在国内外大型机场运行。

一、国外智慧机场发展状况

在国际上，纽约、华盛顿、迪拜、波士顿等多家机场，2017 年起启用全息影像的投放技术，其中伦敦卢顿机场从 2013 年起世界上第一个利用客运放置全息影像，已经有1620 万出港人次看到，所有乘客都有机会听到他们宣传，如手提行李尺寸、登机随身携带物品及液体的规定等。据统计，全息影像技术的使用减少了 12%被保安拒绝的包裹数量，伦敦希思罗机场减少了 7%的液体携带搜查。

作为全球最繁忙的机场之一，迪拜国际机场是使用人工智能（AI）的领导者。在综合运用机场智慧技术的迪拜国际机场，从 2018 年起陆续使用乘客人脸自动识别技术替代普通的护照检查流程，这是世界上最早引进"人脸识别系统"的机场，解决旅客在当前机场服务旅程中存在的痛点，实现体验升级。图 10-3 所示为迪拜机场人脸自动识别技术。

据有关资料介绍，从迪拜出发的旅客无须通过出境检查，而是进入一个专门的设置了约 80 个人脸识别技术摄像头的通道，通过面部识别、虹膜扫描技术实现出境安检。据悉，通道内部将高清放映水族池画面。这将吸引乘客的目光，让他们看向通道的不同角落，让摄像头可以更好地记录面部特征。图 10-4 所示为迪拜机场的智能隧道（Smart Tunnel）。

在办理登机的过程中，旅客只需要花 15 秒穿过隧道，在此过程中完全不需要放下行李、拿出护照或等待工作人员确认，就可以完成整个检查。尽管现在这项专属服务仅提供给商务舱和头等舱旅客，但随着技术的成熟，智能隧道将全面地运用到所有旅客的检查服务中。它将包括值机、行李托运，甚至安检环节，旅客将无须再打开箱包，也无须被工作人员用金属探测器贴身扫描。排队将不复存在，检查流程将变得更加高效便捷。

图10-3 迪拜机场人脸自动识别技术

图10-4 迪拜机场的智能隧道

　　行李托运采用类似于亚马逊仓库物流的方式，既能通过机器人实现运输过程全自动化，又能对每个行李实现精准的实时跟踪定位，避免丢失，从而缓解旅客对托运行李丢失的焦虑。而另一方面，在未来，将结合自动驾驶技术提供一体化的行李托运服务，AI 会充当重要的行程协调角色，将安排自动驾驶汽车提前装载好行李，并在路边接旅客到达机场。待到达目的地后，AI 将安排自动驾驶汽车直接把行李送到用户所在的酒店，旅客将不用再拖着行李赶路，行程更加轻松愉悦。图 10-5 所示为迪拜机场的智能行李托运系统。

　　另外，虚拟助手的个性化服务也进行了尝试，如银川国际机场就是很典型的例子。对旅客而言，在陌生且规模庞大的机场中，快速定位并找到正确的方向是一大挑战。传统的方式通常是采用信息杂乱的机场导视标志，以及零星的人工咨询柜台来帮助乘客。如果是在异国旅行，语言不通会使人工咨询变得困难重重。在首尔的仁川国际机场，旅客已习惯于看到机器人四处游走，帮助他们指引方向。旅客只需提供他们的航班号，机器人就会告知具体的登机时间、是否延误等相关信息，并亲自引导他们到达登机口。同时，机器人还能以韩语、日语、中文和英语与旅客进行流畅的交流。图 10-6 所示为机器人 Troika 在仁川国际机场。

图10-5 迪拜机场的智能行李托运系统

图10-6 机器人Troika在仁川国际机场

　　在未来，机器人将不再需要实体的承载，而是以全息投影生成的虚拟形象呈现，交流可覆盖更多国家的语言，集成人工智能（AI）、面部识别、语音识别等技术，为旅客提供富有人情味的服务。虚拟助手可以通过扫描旅客的面部、指纹等生物信息，快速识别身份，像朋友一般贴心地为每一位旅客提供定制化服务，譬如介绍购物的折扣，建议当地旅游景点，帮忙预订酒店，安排出租车接送，等等。

二、我国智慧机场的发展状况

我国自 2011 年"智慧机场"概念提出以来，国内民航机场行业迅速将智能化服务作为一大要点，争相为客户提供更便捷安全的服务，以凸显我国机场服务的国际水平。

到"十三五"末，我国运输机场数量将增加到 241 个，新建成一批支线机场、通用机场，全面构建由京津冀、长三角、粤港澳大湾区三大世界级机场群，北京、上海、广州、成都、西安等十大国际航空枢纽、29 个区域枢纽和非枢纽运输机场组成的覆盖广泛、分布合理、功能完善、集约环保的现代化机场体系，有力支撑了航空运输需求的快速增长。

截至 2019 年年底，国内有 229 个机场和主要航空公司实现"无纸化"出行；37 家千万级机场国内旅客平均自助值机比例达 71.6%；毫米波安全门、人脸识别自助验证闸机等新设备在枢纽机场加快使用；机场高级场面活动引导控制系统（A-SMGCS）、行李跟踪系统（RFID）、生物识别、射频识别等新技术也在积极推进应用。同时，8 家航空公司、29 家机场开展跨航司行李直挂试点；15 家航空公司 410 架飞机为 805 万旅客提供了客舱 Wi-Fi 服务；民航行李全流程跟踪系统（RFID）已实施建设。在行业监管方面，飞行服务品质基站建设实现对 3800 余架运输飞机、日均 16 000 多个航段的安全监控；在数据共享方面，72 家民航单位实现了航班信息、机场资源、航空器信息、客货信息、机组信息及运行品质分析等关键领域的资源共享。

在民航局有关十五规划制定的《推动新型基础设施建设促进民航高质量发展实施意见》和《推进新型基础设施建设五年行动方案》中，着重提出以"安全为底线、智慧民航为主线"的有关要求，积极主动推动行业数字化、智能化、智慧化转型升级。提出要进一步深化供给侧结构性改革，向技术贡献度更高、服务体验更佳、资源利用更集约、生态环境更友好的方向转变。确认智慧民航是未来民航发展的大蓝图、大战役，这张蓝图要依靠新型基础设施能力的支撑、拉动和牵引。

从智能机场的实现侧面看，首当其冲的是与广大旅客出行密切相关。航空出行可分为四个阶段：交通、值机、安检、登机。我国的智慧机场的建设正是聚焦在这四个方面，其中目前更多地聚焦在自助值机和智能安检这两个环节，相继推出了自助值机、一证通关、人脸识别、快速安检等一系列便捷智能化渠道，同时旅客可以借助自助航显、自助导引、自助问询、自助行李托运、自助登机等各种自助服务，享受最佳体验，感受智慧化服务。

目前，我国已经出现智慧机场特征的服务包括以下几个方面。

1. 自助行程单打印值机服务

行程单就是《航空运输电子客票行程单》，是由国家税务总局监制并按照《中华人民共和国发票管理办法》纳入税务机关发票管理的，是旅客购买国内航空运输电子客票的付款及报销的凭证。行程单既是专用发票，又是运输凭证，还是航空运输合同成立的初步证据和记名式有价证券（票证）。根据国家税务总局、民航总局的规定，2006 年 6 月 1 日起行程单可作为旅客购买电子客票的报销凭证。

目前，很多航空公司在机场开设了自助行程单打印服务，旅客凭身份证就可以在相应航空公司的行程打印机上输出自己的行程单。图 10-7 所示为机场设置的国航自助行程单打印值机。

2. 自助值机服务

自助值机让旅客更好地体验查询、订票、登机一站式的轻松服务，旅客可以通过特定的值机凭证在自助值机设备获全部乘机信息，并根据屏幕提示操作选择座位、确认信息并最终获得登机牌、发票。整个过程完全由旅客自行操作，是一种全新的 DIY（自己动手）值机方式。自助值机服务目前应用十分广泛，我国的大部分机场均可以自助值机。图 10-8 所示为广州白云国际机场自助值机。

图10-7 国航自助行程单打印值机　　　　图10-8 广州白云国际机场自助值机

据《新京报》2019 年 9 月 26 日消息，目前，北京大兴国际机场自助设备覆盖率达 80%，配备有 400 余台自助值机和自助托运设备，其他大型机场已经开通自助值机服务，国内自助值机推广速度很快，很快达到了大中型机场的普及程度。

3. 安检自助验证闸机服务

安检自助验证闸机用于对旅客实施自助安检查验，由旅客自助完成身份证件和生物特征采集、计算机系统自动进行旅客登机牌和证件资料的比对识别，实现了旅客查验工作的自动化。旅客只要持有效证件和登机牌，如护照、身份证、港澳通行证等，完成人证合一验证，就可快速通过安检。图 10-9 所示为深圳宝安国际机场安检自助验证闸机。

4. 自助行李托运

自助行李托运经由自助行李交运柜台完成，实现了"一站式"自助值机、行李托运服务，即旅客自己"选座位""打印登机牌""打印行李条""交运行李"等动作可在同一柜台一次性"搞定"。熟练操作的话甚至不足一分钟就可以搞定。2014 年，广州白云国际机场在全国机场中首个推出行李自助托运服务。图 10-10 所示为某机场乘客在体验行李自助托运系统。

图10-9　深圳宝安国际机场安检自助验证闸机　　图10-10　某机场乘客在体验行李自助托运系统

5. 多证件识别仪

电子护照阅读器 SDK 在打造智慧机场方面，可让旅客体会到智能化、便捷化的服务品质。多证件识别仪能够快速准确地读出各种符合 ICAODoc 9303 标准的旅行证件（护照、通行证等），包括证件上的机读码、护照号码、姓名、性别、签发机关以及护照芯片信息等内容，便于 SDK 对接调取相关数据。

多证件识别仪目前主要用于海关检查、口岸出入境检查、出境游旅行社、涉外饭店住宿登记、使领馆签证登录、国际航班旅客资料采集等领域，可以进一步提高机场等重要场所的反恐防暴工作水平。2016 年 4 月，呼和浩特国际机场航站楼出入启用图睿身份证识别系统，出入候机楼的人员将进行实名记录，该机场成为全国首家运行这种安防模式的民用机场。图 10-11 所示为呼和浩特国际机场航站楼出入启用图睿身份证识别系统。

图10-11　呼和浩特国际机场航站楼出入启用图睿身份证识别系统

6. 自助检验检疫闸机

自助安检通道查验闸机用于对旅客实施自助安检查验，由旅客自助完成身份证件和生物特征采集、计算机系统自动进行旅客登机牌和证件资料的比对识别，实现了旅客查验工作的自动化。

自助安检查验系统按照模块化、标准化、人性化原则进行设计，尽可能降低了维护难度、维护成本，设备运行安全、可靠、高效。

旅客只要持有效证件和登机牌，证件如护照、身份证、港澳通行证等，完成人证合一验证，就可快速完成证件的识别过程。旅客站在设备前方，面向摄像头，设备自动捕捉到旅客面部特征，信息比对正确，闸机打开，旅客便可通过闸机登机，无须提供身份证。人脸识别安检方式安全性高，并且可以提高管理人员的工作效率、降低管理成本，同时人机对话的验证方式也可让旅客感受到更友好、有序的方式。图 10-12 所示为某机场自助检验检疫闸机。

7. 自助 Wi-Fi 取码机

中国公民无论是在机场还是其他地方，通过手机验证码或者微信认证就可以连上免费 Wi-Fi 了。而外国人则不同，由于其特殊性，根据公安部门关于公共场所 Wi-Fi 实名认证的有关规定，必须进行实名认证才可以联网。如今，在国内大型国际机场，如北京首都国际机场，为推进智慧机场的建设，国际航站楼全新升级，自助实名认证上网机为外国旅客获取网络提供了切实便利。图 10-13 所示为某机场自助 Wi-Fi 取码机系统。

图10-12 自助检验检疫闸机　　　　图10-13 某机场自助Wi-Fi取码机系统

8. AI 服务机器人

机场服务机器人具有室内定位、自主导航、定点巡航、寻迹行走、自由行走等功能。在行走过程中，机器人能主动感知周边环境，实现智能避障。同时，还采用语音和触屏方式进行人机交互，并依托机器人发布机场重要活动和新闻信息。

我国很多大型机场推出了 AI 服务机器人，如重庆江北机场，科沃斯机场服务机器人可以协助机场服务大使迎来送往，通过语音和屏幕终端与旅客进行交流互动，旅客可以通过科沃斯机场服务机器人获取航班信息、服务流程、机场设施等各类信息，值得一提的是，只要旅客使用科沃斯机场服务机器人，它们就能准确定位，为旅客提出最优路径指引。图 10-14 所示为 AI 机器人服务情景。

图10-14 重庆江北机场AI服务机器人

案例介绍

北京大兴国际机场致力于打造全球超大型智慧机场标杆

北京大兴国际机场作为数字化兴起背景下的交通枢纽，以打造全球超大型智慧机场标杆为目标，广泛应用了各项智慧型新技术：多方协同和智能指挥调度、大数据分析技术、智能标签技术、智能视频分析技术等，重点建设了 19 个平台的 68 个系统，以实现对大兴机场全区域、全业务领域的覆盖和支撑，例如：大兴机场的自助值机设备覆盖率预计将达到 86%，自助行李托运设备覆盖率将达到 76%；安检通道均引入了人脸识别等智能新技术，旅客从进入航站楼一直到登机口，可实现全流程自助、无纸化通行，大大提升通行效率。

众多的"黑科技"，让旅客出行成为最为炫酷的乘机体验，因为大兴机场支持 100%"无纸化"乘机、支持 100%面像登机（即刷脸登机）、国内国际自助全覆盖、全程无须出示登机牌。先进的科技与人性化服务相互交织、融合，这正是一座"智慧"机场的炫酷体现。

此外，大兴机场全面采用了 RFID 行李追踪系统，可实现旅客行李全流程的跟踪管理，旅客可以通过手机 App 实时掌握行李状态，这将有效缓解旅客等待行李的焦虑感。据悉，大兴机场行李系统共安装了 82 套 RFID 识别设备。大兴机场还建立了统一的运行信息数据平台，纳入了各相关单位的系统数据信息，并整合大数据分析等技术，全面掌握航班运行状态与地面保障各环节信息，实现信息精准掌握、运行智能决策，总体提升机场运行效率。图 10-15 所示为北京大兴国际机场航站楼。

亮点 1：刷脸就可坐飞机

在机场，乘客无须身份证件、无须扫描二维码，只需"刷"下脸，就能看到自己的登机口信息。到了登机口，对应航班乘客可直接登机，而其他乘客则会被提醒阻拦。但在这之前，乘客需要提前准备好身份证，事后也需将身份证妥善保存。每个环节都是一个非常简单的操作，但所有流程加起来便变得非常烦琐。

其中，东航率先在大兴机场推出智慧服务系统——刷脸就可坐飞机。东航联合华为公司、联通公司等在大兴机场正式推出基于 5G 网络的东航智慧出行集成服务系统。该系统综合运用 5G+AI 等技术，实现了从购票到登机全程刷脸等功能。旅客只需要通过人脸识别，就可以完成购票、值机、托运、安检、登机等各个出行流程。图 10-16 所示为北京大兴国际机场人脸识别系统。

图10-15　北京大兴国际机场航站楼　　图10-16　北京大兴国际机场人脸识别系统

借助人脸识别系统，凡今后在北京大兴国际机场乘坐东航航班的旅客无须再像以往那样出示身份证、二维码。旅客只需要通过人脸识别，就可以完成购票、值机、托运、安检、登机等各个出行流程。

同时，东航客舱乘务员可通过机舱口人脸识别系统进行旅客复验、旅客清点确认、座位引导等工作，有效提升服务精准度。

亮点 2：行李托运智能化

行李托运和提取比较占用乘客的时间，使用无源电子行李牌使问题得到化解。如东航在全球首发 RFID（射频识别）永久行李牌基础上，与华为公司合作开发了 5G 行李跟踪解决方案，旅客可以随时在东航 App 查询自己托运的行李状态。东航无源电子行李牌可反复使用，不易损坏，永久跟随旅客。图 10-17 所示为北京大兴国际机场无源电子行李识别系统。旅客通过行李"身份证"就能轻松查询到行李的位置，做到快速提取。

亮点 3：智能乘客服务

北京大兴国际机场的智能机器人可以回答旅客提出的问题，航站楼内，有一批特殊的机器人"服务员"将为旅客提供服务（包括虚拟人像机器人和实体机器人）。机器人将为旅客提供接待迎宾、信息查询、路径指引、业务咨询、音视频播放等相关服务。虚拟机器人可以协助机场服务大使迎来送往，通过语音和屏幕终端与旅客进行交流互动，旅客可以通过它们获取航班信息、服务流程、机场设施等各类信息。值得一提的是，只要旅客使用机器人，它们就能为旅客提供最优路径指引。图 10-18 所示为北京大兴国际机场智能服务机器人。

图10-17　北京大兴国际机场无源电子行李识别系统　　图10-18　北京大兴国际机场智能服务机器人

实体机器人则具有室内定位、自主导航、定点巡航、自由行走等功能。在行走过程中，机器人能主动感知周边环境，实现智能避障。同时，能通过语音和触屏方式进行人机交互，并发布机场重要活动和新闻信息等。

通过配备的便携式人脸识别装置设备，东航地服人员可快速自动识别旅客，提醒旅客登机信息，避免旅客误机。

亮点 4：智能全面安防保障体系

北京大兴国际机场整合联动视频监控、门禁、飞行区围界、消防报警等多种安全安保手段，建设了统一的大安防平台，形成全面的安防保障体系，同时，深度运用安防智能分析技术，通过图像分析、生物识别等手段，实现安全事件预测和主动预警，提升安全防范能力。

机场建设了大规模的智能旅客安检系统，在身份检查环节，旅客需经过"两道门"的核验，过去的人工证件检查岗已换成机器查验。第一道门，机器可对旅客登机牌和身份证件进行核验；第二道门则通过人脸拍照，即"刷脸"实现身份比对。

另外，配套了国际上先进的智能人体安检设备——"毫米波门"，以替代人工手检，旅客只要停留 2 秒即可通过安检。

亮点 5："无感通关"100 秒通关

出境时采用"海关+安检，一次过检"的工作模式，出境旅客只提交一次行李、接受一次检查。而且柜台后方的新型 X 光机体积更小，海关关员将远程对过检行李进行电脑审图。

进境旅客取完行李后，需要进入海关监管通道，排队搬箱过机检查，平均每名旅客通关时间大约在 5~7 分钟。而北京大兴国际机场海关首次在行李检查区全面配备了新型高速 CT 检查设备，传送速度提升至 0.5 米/秒。而普通型 CT 检查设备的传送速度为 0.28 米/秒。以"100%先期机检+通道挑查"取代传统的 100%现场过机检查，如果旅客的行李当中并没有违禁品，在提取到托运行李之后，将会快速通过海关现场，实现免排队、免搬箱、免查验、零等待，真正实现"无感通关"。

第三节　智慧机场的未来发展

和智慧城市建设一样，随着智能技术及 5G 技术的推广，国内外机场对"智慧机场"的建设都非常重视，并做了广泛的推广，特别新建或新改造的机场都不同程度地引入了人工智能技术。打造智慧机场，势必对提升旅客出行体验、隐性增强安防措施、提升服务水平、创新管理效益等方面都有很好的推进作用。

目前，国内已有郑州新郑国际机场、成都双流国际机场、西宁曹家堡国际机场、深圳宝安国际机场、上海虹桥国际机场、上海浦东国际机场、银川河东国际机场、兰州中川国际机场、广州白云国际机场和天津滨海国际机场等荣获国际航空运输协会（IATA）颁发的"便捷旅行"白金机场认证书以及海口美兰国际机场、上海虹桥国际机场等取得国际航空运输协会（IATA）"金色机场"认证。取得这些认证的重要考核指标之一，就是旅客可在机场体验到自助值机、自助行李交运、自助证件核查、自助机票改签、自助登机、自助遗失行李申报 6 项自助服务，意味着有效缩短乘机流程耗时，使旅客体验更高效更绿色的航空出行，也标志着国际民航行业对机场在智能化服务方面所做努力的肯定。

机场的智慧化使民航服务走向更高的台阶，使人们在生活节奏加快的情况下，快捷乘机需求得到满足，例如，自助服务体验、无纸化一证通关、行李跟踪定位服务以及智慧服务平台、机场云数据，可见，我国的智能化推进了机场迈向智慧化的进程。

一、引例

未来智慧机场如何发展？下面引荐 2019 年 9 月 4 日"知乎"发表的《未来机场的智能化体验升一级》的一段描述，其构思了智慧机场为乘客带来未来的智能出行服务，可以引领我们做出思考。

一辆无人驾驶汽车来到你的家门口，通过车载面部扫描系统确认身份及航班信息后，车内的机器手臂将大件行李取进车内，并自动办理托运手续。你只需携带好随身物品，前往机场。

到达后，你缓缓地走向机场大门，安装在大门四周的机器将通过面部与虹膜识别，迅速核验你的身份信息，随身携带物品的检测将同步进行。这一切都在不知不觉中完成，你轻轻松松地就走进了航站楼。

此时，在你面前的空气中出现了一个虚拟助手，用你的母语告诉你，从这里走到你的登机口只需 10 分钟，而航班由于天气原因将延误 30 分钟。它发现你偏爱的品牌正好在做促销活动，因此推荐你到免税购物中心。你在虚拟助手的带领下走到柜台，挑选好商品，同时虚拟助手帮你在系统中直接下单，并登记你希望在旅行归来后的哪一天收到商品。

在智能化技术与服务设计的共同推动下，机场的出行体验将变得更加高效、便捷，富有人情味。明天的机场将不再单纯地作为一个飞行旅途的站点，而是一个旅客享受沉浸式、个性化服务的综合场所。机场不再只是一趟出行旅程的开端或结束，而是以其流畅的出行体验以及贴心的顾客服务，变身为一段让旅客享受的智能化旅途。

这将是机场智能出行的未来，而实际上，这一切并不遥远。

二、智慧机场的未来发展

智慧机场将随着人们的消费观念、信息技术与智能技术的发展而发展，而发展方向必然根据"智慧空侧""智慧航站楼""智慧陆侧"的建设和发展而展开。

1. 智慧空侧，实现飞行保障智能化

机场空侧以保障航空器安全、高效的运行为核心工作，通过对气象数据、空管数据、场面雷达数据、跑道异物监测系统数据、自动泊位与引导数据、特种车辆调度数据、围界安全监控数据等多源异构信息进行实时的获取，实现对空侧安全的监控和预警；再通过对相关数据的整合、分析、挖掘，实现对跑道滑行道运行能力、特种车辆调度、跑滑结构的智能化评估与优化建议，从而实现为空侧高效的运行提供合理的资源保障和配置。核心是空中交通在管制过程中使用人工智能技术的研究与应用。

2. 智慧航站楼

机场航站楼是旅客航空出行的首要场所和重要场景，旅客对服务的高满意度和商业的高经济创收是航站楼运营的核心工作。旅客在航站楼内实现自助化服务是智慧航站楼的重要体现，例如自助值机、自助行李托运、自助安检等服务。各种自助设备有助于对旅客的值机、行李、安检、购物、登机等关键信息进行采集，从而成为构建面向旅客服务的大数据体系的重要信息源。为旅客提供个性化、精准化的服务也是智慧航站楼的重要应用场景，利用构建的旅客大数据体系进行深度分析和挖掘，可以为旅客个体提供个性化的楼内引导、航显提醒、广告推送等应用。

智慧航站楼的建设主要围绕着智慧服务，包括以下几个方面。

1) 更便捷高效的登机流程

简化现有的机场手续办理流程（值机、行李托运、安检、边境管制、登机等），旅客在排队过程中，通常无法坐下休息，也很难专注于某项娱乐活动，往往还会焦虑是否能按时赶到登机口，采取面部识别、虹膜扫描、人工智能等技术，机场会成为新一代的旅行体验场所。在未来某一天，或许我们可以完全避免排队，登上一架飞机可能如同登上一辆普通的公共汽车那样简单，如迪拜机场的智能隧道（Smart Tunnel）那样，机场登机如同走路一样轻松。特别是安检环节，智能化与安全的结合，将提升机场服务水平。

2) 省心而安全的行李托取

在托运环节，自助办理，电子追踪；在运行环节，既能通过机器人实现运输过程全自动化，又能对每个行李实现精准的实时跟踪定位，避免丢失，从而缓解旅客对托运行李丢失的焦虑。而另一方面，在未来，将结合自动驾驶技术提供一体化的行李托运服务，人工智能（AI）会充当重要的行程协调角色。AI 将安排自动驾驶汽车提前装载好行李，并在路边接旅客到达机场。到达目的地后，AI 将安排自动驾驶汽车直接把行李送到用户所在的酒店，旅客将不用再拖着行李赶路，行程更加轻松愉悦。

3) 全自助智能出入关服务

采用更智能化的方式，使境外旅行的安检、行李提取、联检（边检、海关、检疫）等便捷高效。

4) 虚拟助手的个性化服务

通过机器人提供的各种服务，乘客从信息杂乱的机场导视标志，以及零星的人工咨询柜台服务中心摆脱出来，异国旅行时，语言不再是交流的障碍。

未来，机器人将不再需要实体的承载，而会以全息投影生成的虚拟形象呈现，交流可覆盖更多国家的语言，集成人工智能（AI）、面部识别、语音识别等技术，为旅客提供富有人情味的服务。虚拟助手可以通过扫描旅客的面部、指纹等生物信息，快速识别身份，像朋友一般贴心地为每一位旅客提供定制化服务，譬如介绍购物的折扣，建议当地旅游景点，帮忙预订酒店，安排出租车接送，等等。

3. 地面交通综合化、智能化

由于民航运输依靠航空器起降和飞行的这一自身特点，城市机场通常选择离城市中心较远的地带，这便使得旅客搭乘飞机出行通常会付出较高的时间代价，并且随着城市交通的不断发展，机场从以往的单一交通发展成如今综合高速、高铁、地铁等多交通形成的复杂枢纽，如何保障旅客和车辆在机场与城市之间快速、便捷、舒适地通行已成为机场陆侧运行与管理的重要任务。智慧陆侧的发展可依靠建设机场综合交通，实现民航运输与地面交通运输的无缝衔接，多交通方式及多区域通行的智能调度与资源分配不但能满足旅客不同的出行需求，还可为旅客节约出行时间，降低出行成本。

交通运输管理平台（GTC）是对机场综合交通实施运行监测、信息服务、资源调配、应急处置、协同管理的综合运输管理服务平台，该平台整合各种交通方式、班次和旅客信息，实现陆侧交通的引导、调度和流量监控，管理多交通方式的协同运行和资源调配，为旅客的高效出行提供保障。

在智能化技术与服务设计的共同推动下，机场的出行体验将变得更加高效、便捷，富有人情味。可以预见，未来的机场将不再单纯作为一个飞行旅途的站点，而是一个旅客享受沉浸式、个性化服务的综合场所。机场不再只是一趟出行旅程的开端或结束，而会提供融人性化和高效安全为一体的贴心的出行体验，出行将变成智能化旅途。

当然，智慧服务只是智慧机场的一部分，未来的发展中，还会出现智慧跑道、智慧调度、智慧空管、智慧航企等显现智慧民航的特色功能的智慧系统，从而提高民航安全水平、服务品质和运行效率。未来，我国民航规模将会不断扩大，这将给"智慧民航"的创新和应用带来新的机会及发展空间。全球民航业正在快速进入"智慧民航"时代，民航业新一轮产业变革正渐行渐近。

思　考　题

1. 智慧机场会给未来民航发展带来哪些变化？
2. 智慧机场的主要功能体现在哪里？

复　习　题

1. 智慧机场的含义与功能是什么？
2. 未来智慧机场的发展前景如何？

参 考 文 献

[1] 刘得一，张兆宁，杨新湦. 民航概论[M]. 3 版. 北京：中国民航出版社，2011.

[2] 孙继，朱新华. 航空运输概论[M]. 北京：中国民航出版社，2009.

[3] 郝勇. 民用飞机与航空运输管理概论[M]. 北京：国防工业出版社，2011.

[4] ILLMAN P E. 飞行员航空知识手册[M]. 王同乐，杨新湦，译. 北京：航空工业出版社，2006.

[5] 诺曼·阿什弗德，H. P. 马丁·斯坦，克里费顿·A. 摩尔. 机场运行[M]. 高金华，译. 北京：中国民航出版社，2006.

[6] 李永. 中国民航发展史简明教程[M]. 北京：中国民航出版社，2011.

[7] 胡月，邓广山. 航空运输地理[M]. 北京：科学出版社，2018.

[8] 马春婷. 民航法规基础教程[M]. 北京：科学出版社，2018.

[9] 刘岩松. 民航概论[M]. 北京：清华大学出版社，2018.

[10] 陈文华，狄娟，费燕. 民用机场运营与管理[M]，北京：人民交通出版社，2008.

[11] 吕雄. 民航概论[M]. 北京：科学出版社，2017.

[12] 汪泓，周慧艳. 机场运营管理[M]. 北京：清华大学出版社，2011.

[13] 黄永宁，张晓明. 民航概论[M]. 北京：旅游教育出版社，2009.

[14] 杨俊，杨军利，叶露，等. 飞行原理[M]. 成都：西南交通大学出版社，2012.

[15] 潘卫军. 空中交通管理基础[M]. 成都：西南交通大学出版社，2005.